2판

영유아 수학교육

이경민 · 이혜경 · 이은영 공저

Mathematics Education for Young Children

학지사

2판 머리말

"수학은 정답을 찾는 일이 아니라 인간이 답을 찾아가는 과정이다."

-『수학이 필요한 순간』(김민형, 2018)

우리는 이미 와 있는 미래, 4차 산업혁명 시대를 살고 있다. 4차 산업혁명으로 우리의 삶은 현실과 가상의 경계를 넘나들고 시간과 공간의 개념을 새로 쓰는 과정에서 모든 콘텐츠를 연결시키며 급속한 변화를 보이고 있다. 이러한 변화는 교육의 패러다임도 변화시키고 있다. 미래교육자들은 오늘의 학생을 어제의 방식으로 가르치는 것은 그들의 내일을 빼앗는 것이라고 보고, 미래사회에는 변동 가능하고 불확실하며 복잡하고 모호하여 예측 불가능한 사회로 전통의 교과 경계를 넘나드는 융합 역량이 필요하며, 이러한 현상들에 다양하게 적응하고 실제적 능력을 수행할 수 있는 실천적인 역량이 필요하다고 이야기한다.

수학교육은 지금까지 분화된 교과목의 하나라든지 입시를 위한 주입식 · 암기식 문제풀이로 이해되는 측면이 강했으며 끊임없이 문제를 풀며 정답을 찾고 암기하는 경험은 학습자에게 수학은 재미없는 것으로 인식되었고, 결국 70% 이상이 '수포자'가 되는 슬픈 현실을 만들었다. 사실 수학은 교과목으로서만 존재하는 것이 아니라 우리의 일상생활 모든 곳에 존재하며 우리의 일상생활, 산업, 경제, 사회와 매우 밀접한 관계가 있다. 우리는 매일 생활하면서 주어진 상황에서 수학적 사고를 통해 수없이 많은 결정을 내린다. 하루에도 수없이 무언가를 선택하고 논리적으로 추론하며 고도의 수학적 사고를 통해 창의적으로 문제를 해결하는 수학적 삶을 살고 있다. 이러한 수학적 역량은 우리가 살아감에 있어 중요하게 요구되는 능력으로 미래사회가 요구하는 매우 중요한 역량이다.

영유아를 위한 수학교육의 목적은 영유아의 수학적 소양과 수학적 문제해결 과정에 기반을 둔 수학능력을 기르는 것이다. 이러한 목적을 달성하기 위해 교사는 영유아수학교육의 중요성을 제대로 인식하고 수학교육이 영유아들의 삶과 놀이 속에서 실행될 수 있도록 영유아의 흥미를 반영하여 놀이와 직접적 경험을 통한 일상생활의 수학교육이 이루어지도록 해야 한다.

초판이 나온 지 어느새 5년이라는 시간이 지났고, 그 사이 놀이중심 누리과정의 개정 등 유아교육 분야에 적지 않은 변화가 있었다. 이에 저자들은 개정의 필요성에 합의하고 개정 작업을 진행하여 개정판을 내게 되었다. 2판에서는 개정 누리과정의 방향과 내용을 적극 반영하여 놀이중심 영유아수학교육의 이해와 실천력을 높일 수 있도록 필요한 부분을 수정·보완하였다. 특히 개정판에서는 '삶과 놀이 속에서의 수학교육 실행'에 초점을 두고 많은 논의와 협의를 거쳤으며 그 결과를 담아내려고 노력하였다.

개정판은 크게 [이론] 편과 [실제] 편으로 구성되어 있다. 영유아수학교육의 이론편은 모두 8개의 장으로 영유아수학교육을 위해 반드시 알아야 할 이론과 내용들을 다루고 있다. 제1장은 '현대사회와 영유아수학교육'으로, 영유아수학교육의 필요성과 목적 및 영유아수학교육의 동향, 현황, 개선 방향 등을 다루고 있다. 제2장은 '영유아수학교육의 이론적 기초'로, 행동주의, 발견학습, 구성주의 이론의 주요 개념과 그것이 수학교육에 주는 시사점 등을 다루고 있다. 제3장은 '영유아수학교육과 교육과정'으로, 2019 개정 누리과정 속의 수학교육을 주로 다루면서 표준보육과정 및 초등교육과정의 수학교육과의 연계도 함께 알아보고 있다. 제4장은 '영유아수학교육의 내용'으로 수학적 개념, 수학적 과정 기술, 수학적 태도를 다루고 있다. 제5장은 '영유아수학교육의 교수-학습 방법'으로, 교수-학습 원리를 비롯하여 다양한 수학교육 접근법을 소개하고 있다. 제6장은 '영유아수학교육을 위한 환경'으로 유아교육기관에서 수학적 환경을 어떻게 구성해야 하는지와 수학놀이 및 활동 자료를 기술하였다. 제7장은 '영유아수학교육과 교사'로, 수학교육을 위한 교사의 역할과 교사의 수학적 역량 증진 방안을 제시하고 있다. 제8장은 '영유아수학교육의 평가'로, 평가의 목적, 방법과 함께 평가의 활용 방안을 다루고 있다. 영유아수학교육의 실제 편은 영유아들이 놀이 속에서 어떻게 수학적 경험과 배움이 일어나는지, 교사는 놀이 지원을 어떻게 하여야 하는지, 영유아들의 놀이를 어떻게 확장할 수 있는지 등을 '7가지의 실제 놀이 사례'를 중심으로 풀어냈다.

영유아의 삶과 놀이 속에서 수학교육을 어떻게 수행해야 하는가는 가장 중요한 문제이지만 그 문제의 답을 찾는 일은 매우 어려운 일이다. 이에 대한 정답을 찾는 일은 결국 교사의 몫이다. 이를 위해 교사는 수학적 역량을 증진하고 영유아수학교육의 전문성을 개발하는 것이 매우 중요하다. 이 책이 예비교사와 현직교사 모두의 수학적 역량과 전문성 증진의 밑거름이 되고 교사가 영유아의 삶과 놀이 속에서 수학교육을 어떻게 수행할 것인가의 답을 찾는 단초가 되기를 기대한다.

마지막으로, 이 책을 집필하는 데 많은 분의 도움이 있었다. 특히 수학교육이 이루어지는 유아교육현장의 모습과 영유아들의 활동 장면 등을 책에 소개할 수 있도록 도와준 최수현, 이미영 선생님, 시립수청어린이집 원장님과 선생님들께 감사드린다. 아울러 책이 나올 수 있도록 수고해 주신 학지사 김진환 사장님과 편집부 여러분께 감사를 전한다.

2020년 8월

저자 일동

1판 머리말

우리는 수학을 왜 배워야 하는가? 우리나라에서 이에 대한 생각과 고민을 충분히 하면서 재미있게 공부한 경험이 있는 사람은 많지 않다. 우리나라 학생 중 수학 때문에 학교에 가고 싶지 않다고 하는 일명 '수포자(수학포기자)'의 비율이 무려 70% 이상이라는 통계가 있다. 개념 이해가 무엇보다도 중요한 수학교육이 주입식 및 암기식 문제풀이 중심으로 변질되고 있는 것이 무엇보다도 가장 큰 원인일 것이다.

흔히 '수학'이라고 하면 '입시에 중요'하나 '입시가 끝나고 나면 나와는 상관없는' 과목이 아닐까 한다. 그러나 수학은 우리의 일상생활, 산업, 경제, 사회와 매우 밀접한 관계가 있으며 미래사회는 수학적 역량을 갖춘 인재를 요구하고 있다.

우리는 매일 생활하면서 주어진 상황에서 수학적 사고를 통해 수없이 많은 결정을 내린다. 예를 들어, 영화 한 편을 보는 데도 우리는 다양한 수학적 경험을 한다. 대부분의 사람은 영화를 보기 위해 최근 영화 순위를 검색하고 상영 시간과 좌석을 선택한다. 그러고 나서 영화표를 예매할 때 할인율이 가장 높은 카드를 골라 결제한다. 예매 일에는 극장까지의 지하철 노선표를 확인하고 이동 시간을 예측하여 극장에 도착한다. 도착 후에는 극장에서 팝콘이나 음료를 선택할 때 가격과 크기를 비교 · 분석하여 자신에게 가장 유리한 결정을 한다. 이러한 일련의 경험은 모두 수학적 사고를 요구하는 것이다. 우리의 일상은 수학적 경험의 집합체라 할 수 있다. 따라서 수학은 수학을 학문적으로 다루는 특정한 사람이 아닌 모든 사람이 삶을 살아가는 데 필요한 필수 수단이며, 수학적 사고는 일상의 삶이 편리해지도록 도와준다.

또한 수학은 사회 전반의 분야에서 다양하게 활용된다. 수학적 논리와 알고리즘은 IT, BT, 금융, 우주항공 등 전 산업 분야, 선거 예측 및 정책 효과 분석 등 다양한 사회과학에 광범위하게 활용되고 있으며, 정보통신, SW, 보안, 문화 콘텐츠 등 미래 유망산업의 경쟁력 또한 그 국가의 수학 경쟁력에 크게 좌우된다. 정의, 추론, 논증, 분석 등 수학적 도구와 활동을 통해 길러지는 창의력 및 사고력과 문제해결능력은 21세기 지식정보화 시대에 요구되는 필수 역량이라 할 수 있다.

영유아를 위한 수학교육의 목적은 영유아의 수학적 소양과 수학적 문제해결 과정에 기반을 둔 수학능력을 기르는 것이다. 이러한 목적을 달성하기 위해 교사는 영유아수학교육의 중요성을 제대로 인식하고 학습자인 영유아의 흥미를 반영하여 직접적 경험을 통한 일상생활의 수학교육이 이루어지도록 하여야 한다. 그를 위해 교사는 어떻게 해야 하는가? 저자들은 이 책을 집필하는 과정에서 이 질문의 답에 대해 끊임없이 논의하였고 그 결과를 책에 담고자 하였다.

이 책은 크게 10개의 장으로 구성되어 있다. 1장은 '현대사회와 영유아수학교육'으로, 영유아수학교육의 필요성과 목적 및 영유아수학교육의 동향, 현황, 개선 방향 등을 다루고 있다. 2장은 '영유아수학교육의 이론적 기초'로, 행동주의, 발견학습, 구성주의 이론의 주요 개념과 그것이 수학교육에 주는 시사점 등을 다루고 있다. 3장은 '영유아수학교육과 교육과정'으로, 누리과정 속의 수학교육을 주로 다루면서 표준보육과정 및 초등교육과정의 수학교육과의 연계도 함께 알아보고 있다. 4장은 '영유아수학교육의 내용'으로 수학적 개념, 수학적 과정 기술, 수학적 태도를 다루고 있다. 5장은 '영유아수학교육의 교수-학습 방법'으로, 교수-학습 원리를 비롯하여 다양한 수학교육접근법을 소개하고 있다. 6장은 '영유아수학교육을 위한 환경'으로 유아교육기관에서 수학적 환경을 어떻게 구성해야 하는지 기술하였다. 7장은 '영유아수학교육과 교사'로, 수학교육을 위한 교사의 역할과 교사의 수학적 역량 증진 방안을 제시하고 있다. 8장은 '영유아수학교육의 평가'로, 평가의 목적, 방법과 함께 평가의 활용 방안을 다루고 있다. 그리고 9장과 10장은 각각 영아 및 유아를 위한 '수학교육의 실제'로 해당 실제를 생활주제별로 담았다.

앞서 제시한 내용은 교사의 수학적 역량을 증진하고 영유아수학교육의 전문성을 개발하는 것을 목표로 구성된 것이다. 이 책이 예비교사와 현직교사 모두의 수학적 역량과 전문성 증진의 밑거름이 되기를 기대한다.

마지막으로, 이 책을 집필하는 데 많은 분의 도움이 있었다. 특히 수학교육이 이루어지는 유치원 현장의 모습과 유아들의 활동 장면 등을 책에 소개할 수 있도록 도와준 전유정, 신혜정, 유은하, 임영주, 김희정 선생님, 고은주 원감님, 김혜은, 전시정 원장님께 감사드린다. 아울러 책이 나올 수 있도록 수고해 주신 학지사 김진환 사장님과 편집부 여러분께 감사를 전한다.

2015년 8월

저자 일동

차례

영유아수학교육의 이론

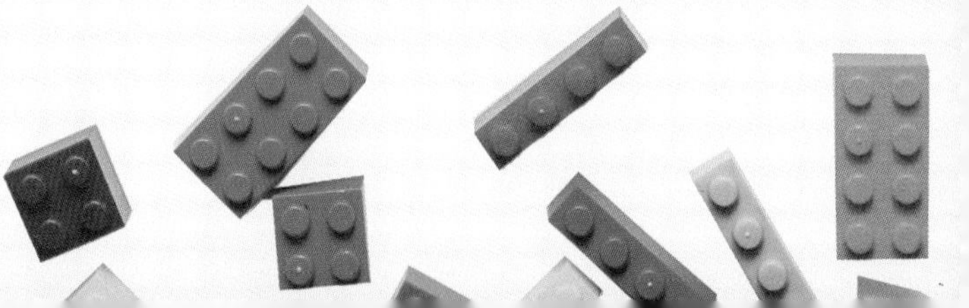

/ 제1장 /

현대사회와 영유아수학교육

일상의 삶에서 문제를 해결하고 의사소통을 하는 데 필요한 능력은 자연적으로 터득되기도 하지만 사회적 관계를 통해 배우기도 해야 한다. 수학과 관련해서 우리는 본질적으로 많고 적음을 가늠하거나 서로 같고 다름을 비교해 보는 능력들을 선천적으로 갖고 있다. 하지만 선천적인 능력만으로 수학을 모두 이해할 수는 없다. 수학은 사회적으로 약속된 상징체계를 기반으로 하기 때문에 경험과 교육을 통해 배우고 익혀야 할 분야이기도 하다. 수학적인 배움을 제공하기 위한 교육적 접근은 시대와 철학적 배경에 따라 변화를 거듭해 왔으며, 이러한 변화를 살펴봄으로써 영유아에게 수학을 쉽고 재미있게, 또한 의미 있게 제시하는 보다 나은 방법에 대한 고민을 시작해 보고자 한다.

1. 영유아수학교육의 필요성 및 목적

세상을 살아가는 데 있어서 사람이 갖추어야 할 필수적인 요소로 언어를 꼽는 것을 주저하는 사람은 드물다. 반면에 "세상을 이해하는 데 수학이 필수다."라는 말에

동의하는 사람은 얼마나 될까? 삶을 살아가기 위한 필수 수단으로서 우리는 수학교육을 받아 왔다. 그럼에도 수학교육이 필요하다는 점에 곧바로 수긍하기 어려운 이유는 무엇일까? 아마도 첫 번째 이유는 일상생활 속에서 경험하는 수학에 대해 '지금 한 일은 수학이야.'라는 생각을 잘 하지 않는 것처럼 수학에 대한 인식이 낮기 때문이다. 또 다른 이유는 수학에 대한 부정적인 경험일 것이다. 대체로 우리는 학창 시절을 보내면서 수학에 대한 긍정적인 경험보다는 부정적인 경험을 더 많이 해 왔다. 학교수학은 수학이 본래 지닌 목적보다는 문제를 풀기 위한, 성적을 위한 공식 암기와 풀이에 집중되어 있다. 이러한 교육과정은 수학을 우리 삶의 일상과는 거리가 먼 지식으로 인식시키게 되었다. 수학을 가르치기 위해서는 수학이 지닌 수학적 탐구심과 논리적 사고 과정 그리고 문제해결이라는 본질적 의미를 다시 되짚어야 할 필요가 있다.

수학의 어원은 그리스어의 mathemata인데 이 말의 의미는 '배우는 모든 것'이다. 어원에 따라 의미를 해석해 보면, 수학은 셈이나 숫자를 다루는 한정된 개념이 아니라 살아가면서 사물에 대해 생각하고 알게 되는 지식 전반과 연관되어 있는 것이다. 하나의 지식이 다른 지식과 어떠한 연관이 있는지, 원인과 결과, 그리고 대상에 대한 개념으로 정리될 때 논리적 모순은 없는지 탐구하고, 규칙적으로 발견되는 사건이나 현상에 대해 알아 가는 학문이 수학이다. 다시 말해, 수학은 숫자와 셈에 한정된 사고의 과정이 아닌 인간 생활 전반에서 이치를 터득해 나가는 과정과 결과에 대한 학문인 것이다. 특히 현대사회에서는 과거에 비해 산업의 발달이 가져온 경제 규모의 폭발적 증가, 컴퓨터와 과학기술의 발달에 따른 생활 양식의 변화에 따라 모든 사람에게 수학적 사고의 중요성이 더욱 증가하고 있다. 고도화 · 전문화되는 현대사회에서 수학교육의 필요성을 생각해 보면 다음과 같다.

첫째, 수학 지식의 습득은 자연스럽게 이루어진다. 영유아가 자신의 가족과 다른 가족을 구분하고, 용기에 담긴 음식을 보고 양이 더 많은 음식을 선택하는 일은 자연스럽다. 또한 사람들이 음식을 정해진 인원수만큼 나누어 먹으려면 어떤 방법이 좋은지 생각해 보거나 약속 시간을 정한 후 약속 장소까지의 교통편과 거리, 교통 상황 등을 고려하여 출발 시간을 미리 계산해 보는 것도 자연스럽다. 이 모든 행동과 사고의 과정은 수학적 사고를 기반으로 한다. 이러한 사고 과정은 인위적으로 외부에서 주어지는 경험이라기보다는 생애 초기부터 자연스럽게 누적된 경험의 결과다. 이렇듯 수학은 우리가 경험하는 일상생활 전반에서 경험을 통해 배우고 생각하는 과정을 거쳐서 습득된다. 초기에는 매우 어렵고 복잡한 과정처럼 보이지만 몸에 배어 익숙해지고 나면 자연스럽게 일상적인 일이 된다. 수학적 사고를 통해 일상생활을 하고 경험을 통해 수학적 지식을 습득하는 과정은 의식적 노력의 결과라기보다는 무의식적이면서 자연스럽게 습득되는 과정인 것이다. 즉, 자연스러운 경험이 누적되면서 수학적 사고와 논리적 귀결로 이어지는 것이다.

둘째, 수학적 사고는 일상의 삶이 편리해지도록 도와주며, 사회 전반의 분야에서 수학의 쓰임새는 다양하다. 고대의 토지 측량에서부터 현대 산업사회의 복잡한 사회구조와 세분화 및 전문화된 분야에까지 수학의 중요성은 더욱 증대되고 있다. 컴퓨터의 발달로 인터넷, 기상, 우주, 의학, 과학 등의 분야에서 발달이 가속화되었으며, 정보의 저장과 활용, 복잡한 체계 안에서의 논리적 사고 과정을 통한 창의적 사고가 요구되고 있다. 수학적 사고는 논리적인 과정을 통해 문제를 해결하고 일의 절차를 구조화하도록 하는 데 도움이 된다. 사회에서 필요로 하는 사람은 언어적 · 시각적 · 기계적 정보가 작업에 혼재해 있는 문제들을 해결하려는 성향을 지닌 사람이며, 이는 무엇인가 잘못이 있을 때 그 상황을 다룰 수 있는 능력을 의미한다. 이에 따라 수학적 능력에 대한 요구는 수학을 학문적으로 다루는 특정한 사람이 아니라 모든 사람에게 필수적인 것으로 변화하고 있다.

미래에는 수학적 문제를 해결해야 하는 사람들을 위한 일자리가 200만 개가 넘을 것으로 예측되고 있으며(Glenn, 2000), 현대의 삶은 양적인 주제(예: 예산, 이자, 날씨예보 등)뿐만 아니라 그래프, 퍼센트, 표와 같은 수학적 언어에 기초하고 있다. 21세기의 시민은 웹사이트 검색, 뉴스, 금융, 선거 참여 등에서 수학을 필요로 한다(Boaler, 2008; 신준식 외 역, 2013). 이를 위해서는 다양한 상황에서 새로운 상황에 맞는 방법을 찾고 융통성 있는 사고를 바탕으로 관련 자료를 분류하며 추론할 수 있는 사고가 필요하다. 이때 수학적 사고 혹은 논리적 귀결에 익숙한 사람은 자료의 정리나 의사결정에서 매우 합리적이며, 그 효율성 또한 높아지게 된다. 현대사회를 살아가는 젊은 세대에게 수학은 새로운 시민의 권리(Moses & Cobb, 2001)로서 배우고 익혀야 하는 필수적인 내용이다.

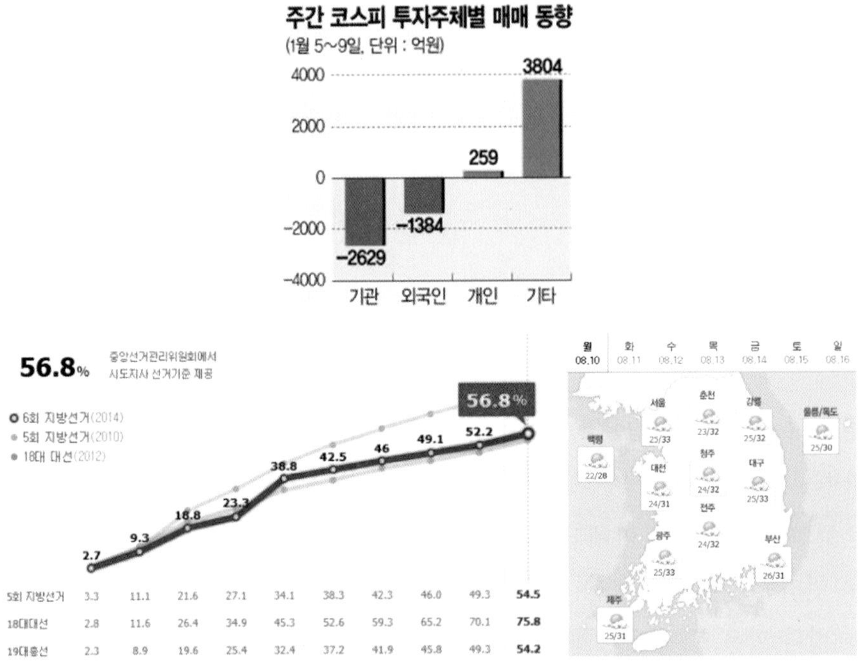

[그림 1-1] 일상생활에서 수학의 활용 예

셋째, 수학능력은 한 사회의 국가경쟁력을 좌우하는 중요한 역량이다. 21세기 지식정보화 사회에서 수학적 능력을 갖춘 우수한 인재의 양성은 산업의 전 분야에서 필요한 인적 자원의 개발뿐 아니라 데이터 분석을 통한 반도체와 통신의 기술 개발, 금융, 생명공학, 보안과 같은 분야에서의 국가 경쟁력 강화와 결부되어 있다. 국가 경쟁력에 영향을 미치는 수학교육의 방향에 대해 각국은 수학교육의 시기를 앞당기고 연령에 적절한 수학적 경험을 제공함으로써 유아교육기관에서 의도적 · 체계적으로 지도하도록 하고 있다. 또한 수학적 능력과 소양을 갖춘 국민을 길러 내기 위해 유아기의 교육과정에서부터 질 높은 수학교육을 강조하고 있다. 미국수학교사협의회(National Council of Teachers of Mathematics, 이하 NCTM)는 1989년 학교수학을 위한 교과과정과 평가 기준을, 2000년에는 학교수학을 위한 원리와 기준을 발표하면서 유아부터 12학년까지의 수학교육을 연계하여 제시하였다. 또한 영국에서는 생애 초기의 기초 단계 유아교육과정에서도 영유아기에 갖춰야 할 핵심 역량으로 문제해결 능력, 추론 능력, 수리 능력을 제시하고 있다(박은혜, 신은수, 조형숙, 2012). 각국의 교육과정을 통해 영유아가 갖추어야 하는 역량으로 수학적 사고와 능력을 중시하는 것은 이른 시기부터 수학교육을 시작하여 체계적인 연계성의 바탕에서 사회 구성원 모두가 수학적으로 사고하고 학습하는 과정을 통해 수학을 활용하도록 하기 위함이다. 현대사회의 추론적·문제해결적 사고가 중요시되는 특징과 결부되어 사회 구성원 모두가 수학적 역량을 갖춰 나갈 때 국가 경쟁력은 더욱 높아질 수 있다.

이와 같이 개인의 논리적 사고 능력이 향상됨에 따라 개인의 삶이 편리해질 뿐만 아니라 산업사회에서의 직업인으로서, 나아가 국가 경쟁력의 관점에서 수학이 매우 중요해졌다. 영유아기부터 수학에 익숙해지고 점차 생활에서 능숙해지도록 하는 시민 수학교육의 필요성 역시 커지고 있다.

영유아는 일상생활을 통해 자발적으로 비형식적·형식적 수학 경험을 하고, 문제를 해결하며, 수학적 사고를 발달시켜 간다. 인생의 초기에 이루어지는 영유아기의 경험은 이후 수학적 사고와 태도를 형성하는 바탕이 된다. 수학교육은 자발적 경험을 통해 얻은 수학적 지식을 보다 체계적인 과정으로 이끌고 수학과 관련한 긍정적인 태도를 형성하는 방향으로 이루어져야 한다. 현대사회 수학교육의 목적은 영유아기부터 수학을 통해 일상생활 속에서 부딪히는 다양한 문제를 해결할 수 있는 비판적으로 사고하는 사람(critical thinker)을 길러 내는 것이다(김미경, 정경미, 2013). 여기서 비판적 사고란 정보를 수집하고 정리하여 정보의 의미를 파악할 수 있도록 한 후 문제해결에 필요한 과정을 수립하고 이에 따라 주어진 정보를 활용하는 능력을 말한다.

현대의 정보화 사회를 살아가는 영유아를 위한 수학교육의 목적은 다음과 같다.

첫째, 영유아의 수학적 소양을 기르는 것이다. 수학적 소양이란 수학이 세계를 움직이는 데 담당하는 역할을 인식하고 수학에 근거한 사고를 하며, 건설적이고 반성적인 방식으로 수학을 관련짓기 위하여 축적되는 수학적 태도를 말한다(OECD/PISA, 2003; 홍혜경, 2010 재인용). 영유아의 수학적 소양은 수학적 탐구과정이 주변 사람으로부터 지지받고 격려받을 때 길러질 수 있다. 영유아가 수학을 긍정적인 정서를 갖도록 하는 데는 교사의 역할이 중요하다. 자신의 수학적 탐구를 표현하는 데 긴장하지 않고 편안하게 느끼도록 분위기를 만들어 주어야 한다. 이런 환경을 영유아가 독립적으로 사고하며 새로운 아이디어를 시도해 보도록 하여 스스로 성취감을 느낄 수 있게 된다.

둘째, 영유아가 수학적 개념을 획득하게 하는 것보다 문제해결 과정을 통해 수학능력을 기르게 하는 것이다. 수를 차례로 세거나 단순한 기억 및 암기를 통해 수학적 개념을 획득하는 것은 영유아의 수학적 사고 발달에 큰 영향을 미치지 못한다. 영유아는 자신의 생활과 결부된 간식 나누기, 순서 바꾸기와 같은 문제를 해결하는 과정에 적극적으로 참여하면서 수학적 지식을 사용하고, 이를 통해 사고하는 수학능력이 발달한다. 수학능력은 합리적으로 문제를 해결하는 능력의 기초가 되며, 다양한 정보 사이에서 문제해결에 적합한 정보를 선별 · 선택하여 조직화할 수 있도록 돕는다.

NCTM(2000)은 수학에 대한 긍정적인 태도를 개발하고, 주변 세계를 탐색하고, 수학적 언어를 사용하여 의사소통하고, 논리적으로 추론하며, 문제해결을 하는 수학적 사고 능력인 수학적 소양 기르기를 목표로 제시하였다. 우리나라 2019 개정 누리과정에서는 생활 속의 문제를 수학적으로 탐구하는 데 중점을 두고 있다.

종합해 보면, 현대 영유아수학교육의 목적은 수학적 소양과 수학적 문제해결 과정에 기반한 수학능력을 기르는 데 있다. 이러한 목적을 달성하기 위해 2019 개정 누리과정과 보육과정에서는 내용으로 수량 알기, 공간과 도형, 측정, 규칙성, 자료 수집과 분류를 제시하고 있다. 수학의 과정 기술로 수학적 문제해결, 의사소통, 추론과 증명, 연계성, 표상을, 수학적 태도로는 수학의 가치 인식과 호기심, 끈기, 자신감, 공유와 협력 등을 가르칠 필요가 있다.

2. 영유아수학교육의 동향

영유아수학교육은 철학적 · 이론적 배경에 따라 행동주의, 인지적 구성주의, 사회적 구성주의를 거치면서 현재에 이르고 있다. 수학교육의 동향은 아동관과 교육에 대한 이론적 탐구 및 뇌 과학, 심리학자들의 새로운 연구 결과를 반영한다. 또한 교육과정의 적용 및 학습자의 학습 효과와 교육평가를 통한 개선 과정이 지속적으로 이루어져 왔다. 그동안 수학교육은 일상생활에 적용하기 어려운 면을 지니고 있었으며, 영유아의 발달에 적합하고 영유아의 흥미에 맞게 맥락적으로 이루어져야 한다는 지적이 있어 왔다(Copple, 2004; Kennedy, Tripps, & Johnson, 2004). 이에 따라 영유아의 일상생활에서 의미 있는 경험을 통한 교육과 교사의 의도적 접근, 수학적 대화의 적극적 사용을 통해 수학에 대한 긍정적인 정서를 형성하는 방향으로 교육이 이루어져야 한다는 견해가 제기되고 있다. 여기서는 수학교육의 대표적인 흐름 몇 가지를 짚어 보고자 한다.

영유아의 수학능력에 대한 제고

언어 습득을 위한 기본적인 능력을 타고나는 것처럼 수학능력도 태생적으로 타고나는 것이며(Chard, Baker, Jungjohann, Davist, & Smolkowski, 2008; Geist, 2001), 누구든 수학 유전자가 있어 수학을 할 수 있다는 주장(Devlin, 2002)이 주목을 받으면서 영유아기의 수학능력에 대한 관심이 증대되고 있다. 영아기 초기에 지닌 수학적 능력을 밝히는 연구뿐 아니라 전통적인 피아제(J. Piaget)의 견해를 반박하는 연구 역시 제기되고 있다.

연구에 따르면, 영아는 양적 변별, 분류, 추론 능력을 지니고 있다(Clements, 1984; Geist, 2003; Lipton & Spelke, 2005). 유아는 수에 대한 이해 능력 및 자신만의 방식으로 연산, 공간, 측정 등을 표상하는 능력을 보여 준다(Gelman, 1980). 이러한 연구들이 제시한 누적적인 결과들은 피아제가 주장한 수의 보존 개념, 비가역적 사고에 기반한 수학적 이해에 대한 제한적 능력을 지닌 유아관에서 벗어나 유능한 수학자로서 영유아를 바라보는 시각이 일반화되었음을 보여 준다.

영유아의 수학능력에 대한 견해의 변화는 영유아의 수학에 대한 의도적 접근의 필요성을 인식하도록 하였다. 또한 교육현장에서 영아기부터의 수학적 경험을 풍부하게 제공하고 보다 적극적인 교사의 역할을 강조하는 계기가 되었다.

다양한 이론적 관점에 따른 교육적 적용

수학교육에 대한 이론적 근거는 행동주의, 구성주의, 발견학습의 영향을 받아 왔다. 행동주의는 자극과 반응의 체계에서 강화와 처벌을 매개로 학습의 원리를 구성하였다. 그리하여 행동주의는 반복학습, 암기식 수학, 학습지를 통한 지식중심의 수학교육을 중시하였고, 과제의 난이도에 따른 학습단계에 대한 인식 형성에 기여하였다.

피아제의 인지적 구성주의는 학습자의 능동성, 환경과의 상호작용, 인지 발달의 단계를 강조하였는데, 이는 영유아기 수 이전 활동 경험의 중요성과 놀이 및 탐구 중심의 수학교육에 긍정적인 영향을 주었다. 비고츠키(Vygotsky)의 사회적 구성주의는 영유아 발달에 있어서 영유아와 연관성을 갖는 사회문화적 맥락의 중요성과 성인의 적극적인 역할을 강조하였고, 수학교육과 관련하여 영유아의 일상생활에서의 수학적 경험과 교사의 개입 및 중재를 통한 체계화된 교육에 영향을 주었다.

브루너(Bruner)의 발견학습은 나선형적 지식 구조와 다양한 표상 양식, 학습자의 적극적 발견을 강조함으로써 교육자가 수학교육의 내용 체계에서 연계성을 강화하고 학습자에게 다양한 표상 양식을 제공하도록 하였다. 최근의 다중지능 이론은 개인 차이에 대한 인식과 존중을 통해 잠재 능력에 맞는 개별화된 교육을 강조하는데, 수학교육에서 개별적 강점 지능 영역과 통합하여 교과 간 통합 적용에 기여하였다(홍혜경, 2010).

수학교육은 다양한 이론적 근거를 토대로 교육내용과 교수-학습 방법의 적용에 지속적으로 변화를 시도하고 있다. 즉, 각 이론의 단점을 보완하며 가장 바람직한 수학교육의 방향을 모색하고 시도해 오고 있다.

수학교육기준의 마련

생산력을 기반으로 한 사회에서 수학적 성취는 매우 중요하다. 생산성에 대한 수치화와 수학 성취의 높은 기준에 대한 최근의 경향을 따라 각 국가의 정부는 수학교육에 대한 지대한 관심을 갖고 있다(Chard et al., 2008). 이에 따라 학생의 수학적 성취를 높이기 위한 방안으로 교육과정에 대한 검토가 이루어지고 있다.

수학에서 지속적으로 낮은 성취를 보이는 미국에서는 후기에 나타나는 수학 성취에서의 어려움을 줄이고 성취를 향상시키기 위해 수학교육의 방향을 점검할 필요가 있었다. 그리하여 전통적인 단순 반복적 학습을 통한 기본 지식 습득의 문제점을 지적하고 학습자의 수학적 이해와 활용 및 적용 능력 향상을 목적으로 NCTM은 1989년에 어떻게 가르칠 것인가에 초점을 두고 수학교육의 기준을 마련하였다. 이어서 2000년에 발표된 NCTM의 기준에서는 수와 연산, 대수, 기하, 측정, 자료 분석과 확률의 다섯 가지 내용 기준 및 문제해결, 추론과 증명, 의사소통, 연계성, 표상 등의 다섯 가지 과정 기술을 제시하여 가르칠 내용과 교수-학습의 과정이 긴밀

하게 연계되어야 함을 강조하였다. 이후 NCTM은 2006년에 교육과정 핵심 영역(Curriculum Focal Points, 이하 CFP)을 발표하였는데, 2000년에 발표된 기준의 적용을 용이하게 하기 위한 목적에서 학년별 핵심 내용과 학생의 성취수준을 함께 제시하였다. 이는 수학교육의 내용에서 깊이와 문제해결을 강조하고 있다.

우리나라 수학교육의 내용도 국가수준에서 2019 개정 누리과정과 4차 표준보육과정을 통해 보편적인 내용의 지침을 제공하고 있다. 2019 개정 누리과정에서는 탐구 과정 즐기기와 더불어 수량 알기, 공간과 도형, 측정, 규칙성, 자료 수집과 분류를 수학적 탐구의 내용으로 제시하고 있다. 표준보육과정에서는 수량 지각, 공간과 모양 탐색, 규칙성, 구분하기 등으로 수학적 탐구 내용을 제시하고 있다.

국가수준의 수학교육내용을 마련하고 이를 교육·보육 현장에서 실시하도록 제시한 것은 유아교육기관에 다니는 영유아가 공통적인 수학적 탐구의 내용을 경험하게 된다는 것을 의미한다. 누리과정에서는 "일상에서 호기심을 가지고 탐구하는 과정을 즐기고, 생활 속의 문제를 수학적으로 탐구한다."를 목표로 하였다. 이는 만 3~5세 연령을 맡은 교사는 이 목표에 부합하는 교육적 경험을 준비하고, 유아는 모두 이러한 교육활동에 참여하게 된다는 사실을 나타낸다.

뇌 과학적 관점의 적용

학습을 가능하게 하는 신체구조는 뇌이며, 뇌의 복잡한 기능을 통해 기억과 학습, 활용과 창안이 이루어진다. 지난 30여 년간 뇌에 대한 연구는 교수-학습에 많은 정보를 제공해 오고 있다(Jensen, 2000; 신인선 외, 2002 재인용). 뇌 과학 연구는 영유아의 수학적 이해와 관련한 새로운 결과들을 보여 주었다. 영아기의 뇌가 효과적인 언어 습득과 말하기를 배우는 데 최적화된(Chomsky, 2006) 것처럼, 언어만큼 독립적으로 보이지는 않지만 이 시기에 수학을 배우는 것에도 영유아의 뇌가 구조화되어 있다고 한다(Brannon & Jordan, 2006). 따라서 일정한 시기가 지나야 수학학습이 가능하다는 견해는 비판을 받고 있으며, 영유아의 비형식적 수학 경험이 수학적 사고의 토대가 되므로 영유아 스스로 수학적 경험을 하는 과정에 주의를 기울여야 한다.

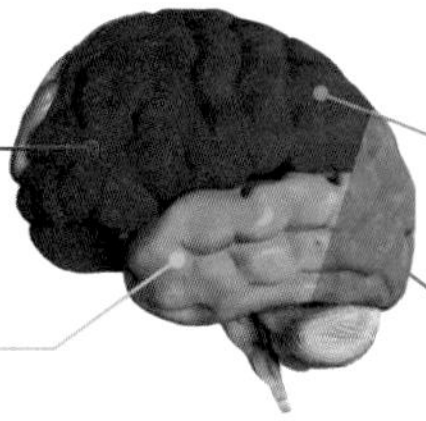

[그림 1-2] 뇌의 구조

수학학습에 있어서 뇌의 민감성과 관련된 연구 이외에도 수 단어의 습득과 사용, 수 상징에 대한 동작이 뇌 활동과 갖는 연관성에 대해서도 연구들이 이루어지고 있다. 두정엽과 근육피질은 수 감각, 숫자, 수 연산, 공간적 추론 문제를 해결할 때 활성화되고, 전두엽은 수 단어와 수량에 대한 언어를 표상할 경우 활성화된다. 두정엽은 공간적 · 감각적 기능을 담당하고, 전두엽은 감정과 운동, 지적 기능을 담당한다. 따라서 수학이 뇌의 분화된 영역에서 이루어지기도 하나, 전체적으로 좌우 반구가 효율적으로 사용되고 또한 통합적으로 사용되고 있다. 수학학습은 좌뇌와 우뇌의 고른 사용을 필요로 한다.

뇌에 기반한 수학학습에서 더욱 중요한 것은 학습을 하는 데 정서와 의미가 내용 지식 못지않게 중요하다는 점이다. 수학학습에 대한 지루함이나 불안은 스트레스 호르몬인 코르티솔 분비를 촉진하고, 이 스트레스를 줄이기 위해 전두엽이 작동되어야 하기 때문에 스트레스 상황은 수학적 문제해결에는 도움이 되지 않는다(Sousa, 2008). 정서는 뉴런들 사이의 반응이 일어나도록 하며, 정서적인 요소들은 학습자의 행동을 변화시킨다. 따라서 수학적 문제해결력을 돕기 위해서는 뇌 전체 영역의 활성화가 중요함을 인식하고 영유아가 수학적 경험을 할 때 부정적 정서 혹은 불안을 경험하지 않도록 주의하는 것이 필요하다. 또한 학습자에게 의미 있는 학습내용일수록 이전의 지식과 연결이 잘 이루어지고 신경회로망의 연결고리가 견고해진다. 의미는 실제적인 경험을 통해서 깊어질 수 있으므로, 영유아에게 수학적 경험이 제공될 때에는 실제적인 활동을 통한 경험이 되도록 하고 영유아 자신에게 의미가 생성될 수 있는 시간이어야 한다.

3. 영유아수학교육의 현황

"수학이 무엇에 필요한 것인가?"라는 질문을 던져 보자. 이 질문에 대부분의 사람은 계산을 하기 위해서라고 답할 것이다. 그렇다면 과연 수학은 계산을 하기 위한 학문인가? 이러한 시각은 수학 전체 중의 일부에 지나지 않는 계산 능력만을 부각시켜 보는 것이다. 수학에 대한 왜곡된 인식으로 수학은 산술적 계산을 위한 반복과 연습, 학습지 풀이 등으로 교육되어 왔으며, 이 때문에 학습자 전반에서 수학에 대한 흥미가 매우 낮게 나타나고 있다. 수학은 본질적으로 사물과 대상, 현상에 대해 생각해 보는 것이며, 이를 수 및 공간 등과 관련지어 설명해 보는 학문이다. 바람직한 수학교육을 실시하기 위해 수학의 본질에 대한 인식과 더불어 교수 방법에서도 현재를 짚어 보는 과정이 필요하다. 여기서는 수학교육의 현황을 수학에 대한 인식, 교육대상 연령, 교수 방법적 측면에서 살펴본다.

첫째, 교사는 수학교육이 필요는 하지만 어렵고, 수학을 가르치는 것은 더 어렵다고 여긴다. 수학 교과에 대한 인식을 예비교사, 현직교사에게 조사한 연구들에 따르면(서동미, 염지숙, 2006; 이혜경, 2012; 한종화, 2006), 모두 수학은 '어렵고 힘들다' 혹은 '피하고 싶다'는 의견이 대다수다.

> 제가 사실 유아교육을 한 것도 수학하기 싫어서예요. 수학을 잘 못해도 되고 나중에도 수학을 안 해도 되잖아요. (A 예비교사)
>
> 사실 수학에 대해 깊이 생각해 본 적은 없어요. 수학하면 숫자, 더하기, 곱하기 그 정도죠. 수학이랑은 안 친해요. (B 현직교사)

이와 같이 영유아 교사는 교사가 될 때 이미 수학과 거리를 두고 있거나 수학 자체에 대한 교사의 흥미가 낮은 것을 알 수 있다. 교사의 각 교과에 대한 태도와 흥미도는 교육계획에서 교육내용을 선택할 때 영향을 미친다. 수학교육내용에서 다루어야 할 개념만이 제시된 현재 교육과정에서 교사의 선택권은 매우 폭넓다. 교사가 내용 지식이 풍부하고 체계적인 교과 지식을 갖추었을 경우, 영유아의 의미 있는 경험을 포착하고 영유아의 발달과 흥미를 고려하여 단계적인 상호작용을 계획하게 된다. 반면, 앞서 제시한 사례처럼 교사 자신의 흥미가 낮을 경우, 영유아에게 수학과 관련한 교육적 경험의 빈도가 낮아질 가능성이 높아진다고 볼 수 있다. 교사의 교과에 대한 이해 정도와 정서적 태도는 영유아의 흥미와 지식 구성 방식에 영향을 미친다. 따라서 교사가 지니고 있는 태도는 수학교육의 양적 · 질적 측면 모두에 영향을 미치는 중요한 요소라 할 수 있다.

둘째, 수업이 이루어지는 현장에서 학습자의 흥미가 주목받지 못하고 있다. 교수-학습에서 학습자의 흥미는 교수자가 고려할 기본 사항이다. 그럼에도 불구하고 수학교육현장에서 영유아의 흥미는 주목받지 못하고 있다. 영유아는 일상에서 수학적 경험을 하고 있을 뿐 아니라 발달에 적합한 교육과 직접적 경험을 통한 교육이 강조되고 있음에도 불구하고, 이미 학습지나 학원을 통해 자신의 흥미와 관계없는 수학교육을 경험하고 있다. 교사 및 영유아기 자녀를 둔 학부모의 인식을 조사한 연구에 따르면, 일상생활에서 놀이를 통해 구체적인 사물이나 놀잇감을 활용하며 수학교육이 자연스럽게 이루어져야 한다고 인식은 하지만, 실질적으로는 가정 방문 학습, 학습지, 학원 수강 등의 형태로 조기교육을 하고 수학적 성취를 강조하는 것으로 나타났다(서현아, 배지미, 2004; 한종화, 2007). 영아 역시 학습지를 통해 수학을 경험하는 것으로 드러나(이기숙 외, 2002; 이혜경, 2013) 문제의 심각성을 짐작하게 한다. 또한 유아도 수학은 숫자나 문제풀이, '참 잘했어요' 도장 찍기 등으로 반응하였는데, 이를 통해 영유아들이 흥미에 따른 수학적 경험보다는 정답과 결과를 드러내는 방향으로 경험하고 있음을 알 수 있다.

그렇다면 학령기 학생은 어떨까? 우리의 학생들은 수학올림피아드에서 1등을 하는 대한민국의 아이들이지만 수학을 좋아한다는 비율은 매우 낮게 나타나고 있다. 왜 이런 현상이 벌어지는 것일까? 이는 수학을 셈으로 또는 숫자로 여겨 문제풀이 중심의 교육이 집중적으로 이루어지는 데 그 원인이 있다. 계산중심의 수학은 수학 문제를 풀기 위한 공식 암기에 치중하여 논리적으로 생각하고 비교하는 측면을 경시하였던 것이다. 이 때문에 수학은 암기 과목으로 인식되기도 하고, 공부하기 싫지만 평가 때문에 해야 하는 골치 아픈 학문이 되어 버렸다.

수학이 무엇을 다루는 분야인지에 대한 질문에서 대다수 응답자는 숫자, 수, 연산을 떠올린다. 이는 수학이 본질적으로 우리가 살아가는 세상의 사물들이 나타내는 질서를 이해하는 학문이라는 인식이 부족하기 때문이다. 우리가 경험하는 시공간적 사물의 질서는 숫자라는 상징을 이용해 시간, 규칙성, 수 등을 표상하는데, 표상의 본질보다는 표상이 되는 상징에 국한된 인식을 지니고 있게 된 것이다. 이는 수학의 분야에서 기하, 측정, 규칙성, 확률 등에 대한 인식이 부족하다는 것을 의미한다. 공간관계에 대해 알아보고 시간과 거리, 온도를 재어 보고, 내일은 비가 올 것인지를 생각해 보는 과정이 수학적이라고 인식하지 못하는 것이다. 이는 수학의 전 분야에 대한 고른 인식과 판단이 필요함을 의미한다.

쉬어가기

한국 수학 실력 OECD 1위, 흥미는 최하위권

출처: KBS 뉴스 인터넷 광장(2013. 12. 5.).

경제협력기구 OECD가 65개국 학생 51만여 명의 학업성취도를 비교 연구해 봤더니 한국은 OECD 회원국 중 수학에서 가장 높은 점수인 554점을 받은 것으로 나타났습니다.

반면, 수학에 대한 흥미와 즐거움을 포함한 내적 동기 지수에선 평가 65개국 중 58위로 낮게 나왔고, 학습적 동기를 의미하는 도구적 동기 지수 역시 65개국 중 62위로 많이 뒤처진 것으로 조사됐습니다.

이 소식을 접한 누리꾼들은 "한국에서 수학이란 대입 준비용 아닌가?", "결과만 중시하는 교육풍토에선 당연한 결과", "진정한 인간교육, 행복한 학생교육이 아쉽다."란 반응을 보였습니다.

셋째, 영유아기 수학교육의 중요성에 대한 인식이 미흡하다. 우리나라의 표준보육과정부터 누리과정에 이르기까지 수학적 탐구 능력과 태도 교육의 중요성에 대해 언급하고 있으나, 실질적으로는 교사와 부모의 영유아기 수학교육에 대한 인식과 교육은 아직 부족한 실정이다. 영아교사는 영아의 기본생활습관 형성이나 언어적 · 사회정서적 발달이 수학교육보다 우선한다고 인식하고 있으며, 유아교사와 학부모조차도 수학교육은 언어보다 그 중요성이 덜하거나 시기적으로 나중에 배워도 된다고 생각하는 경향이 있다(이혜경, 2012; 한종화, 2007). 따라서 수학적 이해의 중요성에 대한 인식이 교사로부터 비롯될 필요가 있다. 교사는 영유아기의 수학적 교육내용과 방법을 정하는 데 일차적 책임과 의무를 지닌 사람이기 때문이다.

수학교육을 시작하는 시기에 대한 인식도 부족하다. 일반적으로 학부모와 교사는 수학교육의 시작 시기를 유아기나 초등학교 시기부터 접근해야 한다고 본다. 영아기에는 기본생활습관 형성 및 신체 발달이 우선적 발달 과제이며, 유아기에는 사회성 혹은 언어 발달이 최우선 과제로 인식되고 있는 것이다. 인지 발달과 초등학교에서의 성취에 대한 막연한 불안으로 학습지를 시작하고 숫자 쓰기, 수 세기, 연산 등의 단계로 나아가기도 한다.

또한 교육과정의 실행에서도 피아제 이론에 근거하여 유아기의 보존 과제, 비가역적 사고를 중시하여 유아기 수학교육의 접근에 적극적이지 않은 측면도 간과할 수 없다. 하지만 최근 연구들은 영아의 수학적 능력에 대한 결과들을 밝혀내고 있다. 영아는 본질적으로 수학적 능력을 타고 나며, 3개월 미만의 아기도 분류 능력, 추론 능력이 있음을 밝히고 있다. 이제 수학적 이해의 과정을 언제부터 시작할 것인가의 논의와 망설임보다는 내용과 접근 방법을 고민하고 적용의 결과에 대해 평가하는 과정이 더 충분히 이루어져야 할 필요가 있다.

수학적 이해는 논리적으로 사고하고 문제를 해결하는 데 중요성을 지니고 있음을 인식하고 이에 따른 영유아기 수학 접근이 이루어져야 한다. 사고의 과정에 초점을 두면 언제 시작하는지보다 어떻게 사고하고 문제를 해결하도록 도울 것인지를 관심 있게 보게 되고, 이런 과정이 겹겹이 쌓여 수학적 사고가 발달하는 것이다.

넷째, 교수 방법적 측면에서 일상생활의 수학교육을 강조하고 있다. 수학교육의 목적은 영유아의 생활 맥락 속에서 수학적 상황을 인식하고 이를 해결하는 과정을 통해서 수학적 사고 과정뿐 아니라 수학을 즐기는 태도를 형성하는 것이다. 일상생활의 수학적 문제해결을 시도하고 수학적 언어를 사용하며 각자의 아이디어를 기반으로 의사소통하고, 추론하고, 수학적 개념과 절차를 이해하고 실행하는 것이 수반되어야 한다(NAEYC & NCTM, 2000). 수학교육의 목표도 일상생활에서 유용한 수학 개념을 형성하는 것이며, 이러한 목표를 달성하기 위해서 수학적 맥락인 일상생활 속에서 수학을 다루는 교수 방법이 필수적이라 하겠다.

옆 반에서 요리 활동을 한 후 나누어 준 부침개를 먹을 때 "어떻게 하면 우리 반 친구들이 똑같이 나누어 먹을 수 있을까?"를 질문하여 해결하는 과정에서 유아는 전체 유아의 수, 부침개의 숫자와 양, 나누는 방법 등을 의논하며 수학적 언어를 사용하고 합리적 문제해결의 과정을 경험할 수 있다. 이러한 나누기의 과정은 유아의 일상 맥락과 연관성이 있으며, 이와 유사한 상황에서도 적용할 수 있는 유의미한 경험이 된다.

일상생활을 통한 수학 활동을 보다 효과적으로 경험하고 이를 영유아에게 의미 있는 상황으로 연결 짓기 위해서는 교사의 민감성이 필요하다. 교사는 일과 중 놀이를 통해 순간적으로 발생하는 영유아의 수학 활동을 포착하고 교육적으로 의미 있는 경험이 되도록 적극적인 발문과 활동이 확장될 수 있도록 기회를 마련해야 한다. 따라서 교육과정에서 강조하는 일상생활에서의 수학과 더불어 교사의 수학적 발문을 통해 수학교육이 바람직한 방향으로 이루어지기 위해서는 교사의 수학적 상황에 대한 인식과 영유아의 수학적 이해를 발견할 수 있는 교사의 관심이 필요하다.

쉬어가기

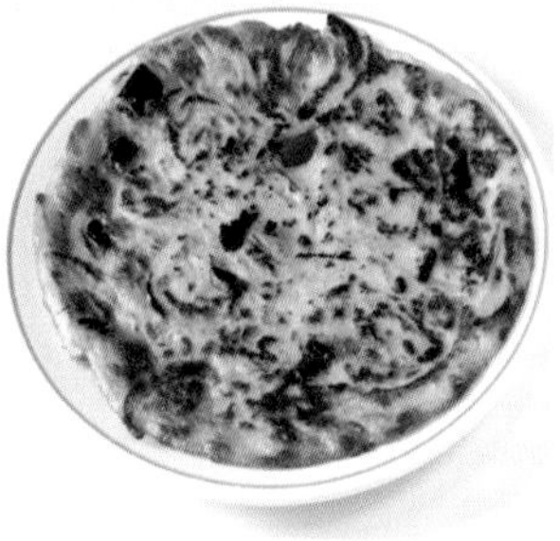

맛있는 부침개가 있어요.
어떻게 나누어 먹을까요?

네 조각으로 나누어 보세요.

다섯 조각으로 나누어 보세요.

조각을 나누며 사용한 수학적 언어는 무엇인가요?

4. 영유아수학교육의 개선 방향

영유아수학교육은 영유아기의 수학적 태도가 이후의 학령기, 성인기의 수학적 경험과 사고에 영향을 미친다는 측면에서 매우 중요하다. 우리는 영유아가 수학적 경험으로서 흥미롭고 지속 가능한 탐구 활동을 할 수 있도록 도와야 한다. 영유아 수학교육의 중요성이 강조되는 현대의 교육 흐름과 미래를 살아갈 영유아가 사회에서 수학적 능력을 발휘하고 적응하며 살아갈 수 있도록 초석을 마련한다는 의미에서 영유아수학교육의 개선 방향을 몇 가지로 정리해 보면 다음과 같다.

첫째, 수학의 본질에 대한 교사의 의식 전환이 필요하다. 수학은 정답이 정해진 학문이 아니라 해답을 찾아가는 과정이며, 해답에 이르는 길은 여러 가지 방법이 있고, 이를 나타내는 방법도 다양하다. 수학의 본질에 대한 이해는 교사의 수학적 접근 방법을 변화시킬 수 있는 기초가 된다. 문제해결과 논리적 사고 과정 및 탐구라는 수학의 본질을 다시 한번 상기해 보며 수학교육의 목적을 정립할 필요가 있다. 또한 교수 전략에서 단일한 해답이나 표상만을 고집하는 것이 아니라 영유아의 수학적 이해를 나타내는 다양한 상징이나 해결 방법을 수용하는 태도 역시 매우 중요하다.

둘째, 수학교육상황에서 영유아기 수학적 경험의 가치를 의미 있게 받아들여야 한다. 영유아기의 비형식적 수학 경험은 성장하면서 의미 있는 수학적 지식을 형성하는 데 기초가 되며, 비형식적 경험과 수학적 사고 간의 관계는 관련 정도가 매우 높다. 영유아기의 경험이 수학적 사고의 기틀이 된다는 신념을 가지고 일상생활에서 경험하는 수학적 경험을 의미 있는 방향에서 사고하도록 격려하거나 반복적인 경험을 제공하는 과정을 통해 영유아가 이를 내면화할 수 있도록 도움을 주어야 한다. 영유아는 반복적으로 경험하는 과정을 통해 규칙성, 원리, 결과를 경험하며, 수학적 상징체계가 담고 있는 함축적 의미를 이해하고 이를 활용할 수 있는 능력을 기를 수 있다. 수학교육을 언제부터 할 것인지에 대한 논란보다 더 중요한 것은 영유아기의 숫자 읽기, 시간, 계절, 일의 순서와 관련한 수학적 경험이 매우 가치 있는 경험임을 잊지 않고 교실 내에서 시도하는 것이다.

셋째, 영유아수학교육에서 교수 방법의 개선이 필요하다. 수학교육자는 일상생활을 통한 수학교육을 강조하고 있으나, 교사가 일상생활에서 드러나는 수학적 의미를 파악하고 이를 영유아와 의미 있는 교육적 상황으로 이끌기 위해서는 교사의 노력과 안목이 필요하다. 따라서 일상생활을 통한 교수가 활발하게 이루어지기 위해서 일상생활에 담겨 이미 익숙해져 버린 수학의 내용에 대해 상기할 필요가 있다. 유치원/어린이집의 하루 일과를 통한 경험 안에는 시간, 진행 순서, 공간적 위치와 방향, 수 세기 등의 수학적 내용이 포함되어 있다. 이는 수학적으로 수, 공간과 도형, 측정, 자료 수집과 같은 수학교육내용과 연결되며, 이러한 일과에 내재된 수학교육내용을 인식하고 있는 교사는 영유아에게 수학적 경험을 제공하는 교육적 시도를 자주 한다. 교사의 일상생활에서의 수학 내용에 대한 지각은 활동지 중심의 수학 활동을 줄이는 데 기여하며, 생활 속에서 수학적 사고의 적용 사례를 익힐 수 있도록 하는 데 도움을 준다.

또한 수학교육에서 교사의 의도적인 접근이 필요하다. 놀이 상황에서 자연스럽게 발생하는 수학적 경험만으로는 수학적 사고를 기르는 데 한계가 있으므로 교사는 수학 내용에 대해 염두에 두고 있어야 한다. 영유아들의 놀이 상황을 관찰할 때 수학적 개념과 연계한 적절한 질문을 하여 놀이 안에서 수학적 사고 과정을 경험할 수 있도록 해야 한다. 때로 유아들의 대화를 통해 진단 혹은 판단한 수학적 이해나 오류를 반복, 수정할 계획을 수립하기도 해야 한다. 수학교육은 독립적인 활동으로 진행되기보다는 동화, 과학, 문제해결 과정과 연계하여 통합적인 접근 방법이 주로 쓰이는데, 통합적인 활동 시 수학교육의 내용보다 동화의 줄거리, 요리한 음식 자체가 교육내용의 중심을 차지하는 문제가 있다. 따라서 수학을 교수할 때 영유아에게 가르칠 내용과 수학적 경험을 의미화하는 교수 전략이 보다 분명하게 제시되어야 할 것이다.

넷째, 교사교육이 보완되어야 한다. 영유아수학교육이 활발히 이루어지기 위해서는 교사교육이 전제되어야 한다. 교육내용을 결정할 권한을 지닌 교사가 각 교과에 대해 가지고 있는 지식의 정도는 교육의 질에 영향을 미친다. 교사가 교육행위를 수행하는 지침이 되는 표준보육과정 및 누리과정에는 수학적 탐구가 포함되어 있다. 하지만 예비교사의 교육과정에서 수학교육 관련 교과목의 이수는 필수가 아닌 선택이기 때문에 사전교육이 제대로 잘 이루어졌다고 보장하기 어렵다. 또한 교사들이 보고한 바에 따르면, 재교육과정인 승급교육이나 자격 연수, 기타 교사 연수에서도 수학과 관련한 연수 내용과 시간이 매우 부족한 것으로 나타났다.

> 수학은 잘 모르겠는데 해야겠다는 생각은 있고, 이게 딜레마예요. 그렇다고 해도 연수에 가면 음악이나 미술은 많이 배우는데 수학 연수는 따로 받아 본 적 없어요. 있다면 가고 싶은데……. (10년 경력교사)

이는 영유아수학교육을 담당하는 교사가 수학교육에 대해 배워 갈 수 있는 교사교육의 시간이 반드시 필요함을 의미한다. 교사가 수학교육내용에 대한 충분한 교육을 통하여 수학 교과의 특성에 대한 이해와 내용 지식을 갖출 때 영유아에게 적합한 교육이 이루어질 수 있을 것이다. 교사교육은 간단하게 몇 가지의 수학 활동이나 자료를 제공하는 것보다는 영유아의 발달과 개별 유아의 다양한 반응과 표상의 기초를 다지도록 함으로써 교사 스스로 적절한 활동을 교육내용에 맞게 구성할 수 있도록 하는 내용이어야 한다.

함께 토의해 보세요!

1. 1장에서 수학교육의 현황을 살펴봤어요. 나는 어떤 부분에서 공감하나요? 그 이유는 무엇인지 이야기를 나눠 보세요.

2. 수학교육의 개선 방향 중에서 해결이 가장 시급한 문제는 무엇이라고 생각하나요? 어떻게 해결할 수 있을지 의논해 보세요.

/ 제2장 /

영유아수학교육의 이론적 기초

수학교육 관련 이론은 영유아를 위한 수학교육의 목적, 내용, 교수-학습 방법을 정하는 중요한 요인으로 심리학, 사회학, 교육학 등 여러 분야의 이론과 관련이 있다. 특히 수학은 인간의 사고 능력과 밀접한 관련이 있는데, 영유아의 발달과 학습에 대한 이해는 교사로 하여금 효과적인 방법으로 수학교육을 하도록 이끌어 준다. 따라서 이 장에서는 우리나라의 수학교육에 많은 영향을 미친 행동주의 이론, 발견학습 이론, 인지적 구성주의 이론 및 사회적 구성주의 이론을 중심으로 이론별 특징과 그것이 영유아수학교육에 주는 시사점 및 한계점에 대해 살펴보고자 한다.

1. 행동주의 이론과 수학교육

1) 행동주의 이론의 주요 개념 및 특징

스키너

행동주의 이론에서는 유전적 요인보다 환경적 요인을 인간 발달에 중요한 영향을 미치는 요인으로 간주한다. 또한 행동주의 학자들은 인간의 발달을 객관적이고 과학적으로 밝히는 데 주안점을 두고, 인간의 내면세계가 아닌 관찰이 가능한 행동을 기초로 학습의 과정을 자극(S)과 반응(R)의 관계로 설명하였다. 이 이론은 러시아의 파블로프(I. Pavlov)에 의해 시작되었으며, 20세기에 들어서면서 미국의 손다이크(E. L. Thorndike), 왓슨(J. B. Watson), 스키너(B. F. Skinner), 밴듀라(A. Bandura)와 같은 학자에 의해 발전되었다.

(1) 강화와 처벌

행동주의 이론에서는 인간을 수동적인 존재로 보고, 외부에서 주어지는 자극에 따른 반응이 반복적으로 이루어지면서 학습이 일어남을 전제한다. 이 과정에서 반응에 대한 강화 혹은 처벌이 개체로 하여금 동일한 반응을 계속 유지할 것인지 아니면 소멸시킬 것인지를 결정하게 만든다고 보았다.

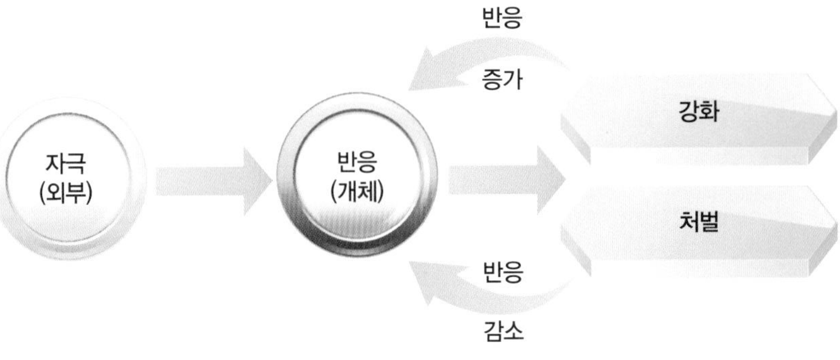

[그림 2-1] 자극-반응에 의한 조건화 학습 원리

유아에게 기대하는 행동 중의 하나인 정리하는 습관을 형성하는 과정을 예로 설명해 보면, 교사는 놀이 시간이 끝나고 놀잇감을 정리해야 함을 유아들에게 알려줄 것이다. 그러고 나서 놀잇감을 잘 정리하는 유아에게 칭찬스티커를 주고, 정리를 안 하는 유아를 꾸짖을 수 있다. 그러면 스티커를 받은 유아는 다음에도 스티커를 받기 위해 정리 정돈을 계속하려고 할 것이다. 하지만 야단을 맞은 유아는 앞으로 정리 시간에 돌아다니지 않게 될 것이다. 여기서 칭찬스티커는 바로 행동의 빈도를 증가시키는 강화물이 되며, 교사의 꾸지람이나 야단이 행동의 빈도를 감소시키는 처벌이 된다. 이렇듯 강화와 처벌이 결국 정리하는 습관(행동)을 형성하는 데 직접적인 영향을 미치는 요인이 된 것이다.

(2) 관찰학습과 대리학습

자극과 반응은 환경과 개체 간 일대일 반응으로 일어나지만, 인간은 다른 개체(타인)를 관찰하거나 이를 모방하고 동일시하면서도 학습해 나간다. 이러한 주장은 반두라(1973)에 의해 제기되었는데, 그 역시 행동주의 이론을 지지하지만 인간의 기본적인 인지 능력을 어느 정도 인정했다는 점에서 이전의 행동주의 입장과는 다소 차이가 있다. 인간의 행동은 매우 복잡하고 다양하기 때문에 고전적 조건 형성과 조작적 조건 형성 과정만으로 설명하기는 한계가 있다. 그리고 무엇보다 인간은 사회적 관계를 형성하며 살아가기 때문에 관찰에 의한 학습도 일어나게 된다. 다시 말해, 인간은 다른 사람의 행동을 주의 깊게 관찰한 후 그것을 그대로 따라하는 모방을 하는 것이다. 이와 관련된 예로, 옆에 있는 친구가 놀잇감을 정리하는 모습을 보고 자기도 그 친구처럼 놀잇감을 정리하는 상황을 들 수 있다.

[그림 2-2] 관찰학습

관찰학습 외에도 타인의 조건화 과정, 즉 자신과 타인을 동일시하여 또래나 다른 사람이 강화와 처벌에 의해 행동하는 것을 내면화하는 과정이 일어나기도 하는데, 이것을 '대리학습'이라고 한다. 즉, 친구가 놀잇감을 정리하고 나서 교사로부터 칭찬스티커를 받는 모습을 보고, 자신도 스티커를 받기 위해 정리 정돈을 열심히 하는 유아의 행동이 바로 대리학습의 예다.

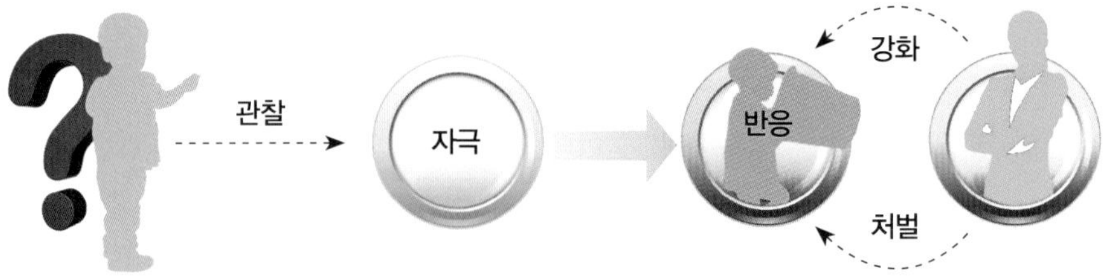

[그림 2-3] 대리학습 과정

2) 영유아수학교육에 주는 시사점

행동주의 이론을 기반으로 한 수학교육은 기본적으로 영유아는 수동적인 존재이고, 수학적 지식은 외부 세계에 존재하며 변하지 않는 것이라는 입장을 취하고 있다. 또한 교육의 효율성을 강조하면서 학문의 난이도와 복잡성을 고려한 수학교육과정의 체계 확립과 교사중심의 전통적인 교수 방법을 적용한다(Baroody, 1987). 이러한 행동주의식 수학교육을 교육내용과 교수-학습 방법 측면에서 살펴보면 다음과 같다.

(1) 수 세기와 수 연산 강조

행동주의 이론에서는 수학의 기초를 수(數)에 두고 있다(이지현, 1999; 한유미, 2009; Kennedy, Tripps, & Johnson, 2004). 실제로 길이나 부피를 측정하거나 통계 혹은 확률을 구할 때에도 수가 기본적으로 활용된다. 이러한 이유로 행동주의에서는 수와 관련된 지식을 습득하는 것에서부터 시작한다. 즉, 영유아는 1, 2, 3 혹은 하나, 둘, 셋, 넷 등과 같은 숫자와 수 이름의 관습적 표기를 먼저 익혀야 하고, 안정적으로 수를 셀 수 있어야 한다. 그리고 이후 덧셈, 뺄셈, 곱셈, 나눗셈의 수의 기본적인 연산 기술을 습득하고, 좀 더 효율적으로 수를 다룰 수 있도록 돕는 구구(number facts)나 다양한 수학 공식을 암기하게 된다. 이렇듯 행동주의 이론에 기초한 영유아기 수학교육은 수를 중심으로 수 세기, 수 연산을 중요한 교육내용으로 다루고 있다.

(2) 반복과 암기

행동주의 이론은 형식적이고 교사 주도적인 교육과 반복 · 암기에 의한 연습 및 훈련을 강조한다. 교육은 대개 대집단 형태로 이루어지며, 학습지를 주로 활용한다. 평가는 과정보다는 결과를 중시하며, 평가를 통해 한 단계를 완수해야만 다음 높은 수준 단계로 올라갈 수 있다. 교사는 학습 효과를 높이기 위해 영유아에게 적절한 보상(예: 스티커, 칭찬, 놀이 시간 보장 등)을 제공한다. 이러한 이유로 영유아교육전문가들은 교사중심의 행동주의 교수법이 영유아에게 적절하지 않다고 주장한다. 그럼에도 불구하고, 사설 업체나 기관에서 영유아를 대상으로 다양한 학습지를 개발하고 있고, 일부 유아교육기관 혹은 가정에서 여전히 이 같은 행동주의식 수학교육을 실시하고 있다(홍혜경, 2010).

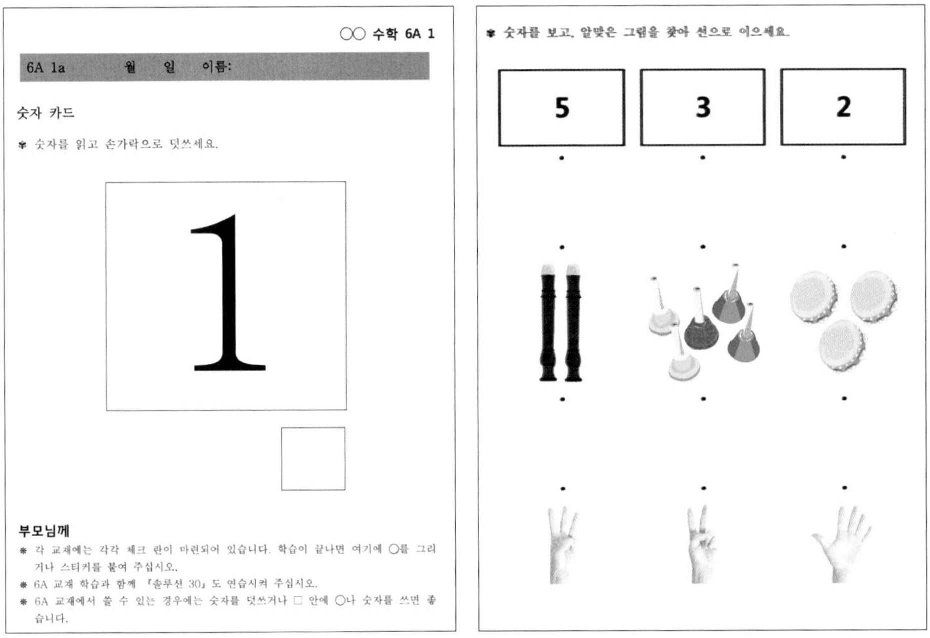

[그림 2-4] 행동주의 이론에 따른 영유아수학교육 자료

3) 행동주의 이론의 한계점

수학교육은 타 교과에 비해 학문적 위계가 뚜렷하다. 따라서 교육내용을 체계적으로 조직하여 난이도에 따라 교육하는 행동주의식 수학교육이 효과적일 수 있다. 뿐만 아니라 수 이름이나 수 체계 등은 사회 구성원이 합의한 임의의 약속 체계이기 때문에 영유아 스스로 습득하기에 무리가 있으며, 연산 능력과 같이 반복적인 연습이 어느 정도 필요한 부분도 있다(홍혜경, 2010). 이처럼 행동주의식 수학교육은 일부 긍정적인 측면도 있기는 하나, 다음과 같은 측면에서 한계점이 있다.

첫째, 행동주의 학자들은 영유아를 능동적인 사고력을 지닌 수학 발달의 주체임을 간과하였다. 실제로 1부터 10까지 수 체계와 십진법을 이해한 유아의 경우, 성인의 도움 없이도 10보다 큰 수를 읽고 쓰기도 한다. 이는 유아가 스스로 사고할 수 있는 능력이 있음을 입증함과 동시에 행동주의 이론의 기본 전제를 반박하는 예라고 할 수 있다.

둘째, 영유아의 자발적인 흥미와 요구를 중요하게 여기지 않는다. 영유아의 자발적인 흥미는 학습동기를 유발하고 교육의 효과를 극대화하는 중요한 요인이다. 행동주의 이론에 근거한 수학교육은 교육내용 선정부터 교수학습 과정에 이르기까지 교사가 결정하기 때문에 영유아가 수학 활동을 지루하게 느끼거나 흥미를 잃을 수 있고, 교육의 효과도 떨어뜨릴 수 있다.

셋째, 행동주의는 학습된 결과를 강조하므로 수학적 지식과 개념 습득을 강조한다. 모든 교과내용은 지식뿐만 아니라 기능, 태도가 균형 있게 다뤄져야 한다. 따라서 수학교육에서도 수학적 지식만을 강조해서는 안 되며, 수학적 사고 과정과 수학에 대한 긍정적인 태도도 중요하게 다룰 필요가 있다.

2. 발견학습 이론과 수학교육

미국에서는 1957년 소련이 인공위성 스푸트니크호를 발사한 것을 계기로 당시

지배적이었던 듀이의 진보주의 교육철학에 대한 비판이 일어나면서, 경험중심 교육과정에서 학문중심 교육과정으로 변화하게 되었다. 이를 이끈 대표적인 학자가 브루너(J. S. Bruner)인데, 그는 지식 구조에 대한 이해를 토대로 한 발견학습을 강조하고 나선형 교육과정을 제안하였다. 그의 이론은 수학교육에도 영향을 미쳐 1950년대 미국 새 수학 운동(New Math Movement)의 이론적 기반이 되었으며, 영유아수학교육의 내용과 교수-학습 방법의 변화를 이끌었다.

브루너

1) 발견학습 이론의 주요 개념 및 특징

(1) 지식의 구조

경험중심 교육과정을 주창한 진보주의 학자 듀이는 지식의 실용성을 중요하게 여긴 반면, 브루너는 학문을 이루고 있는 일반적인 개념과 원리인 지식의 구조를 강조했다. 그는 단절된 지식들은 비교적 쉽게 잊어버리게 되지만, 개념과 원리를 이해한 경우에는 학습자의 기억에 오래 남을 뿐 아니라 새롭거나 유사한 문제 상황에서도 쉽게 응용하거나 적용할 수 있다고 보았다(한유미, 2009). 따라서 교육목적을 학습자가 교과별 개념과 원리, 이들 간의 상호 관련성을 이해하는 데 두었다.

(2) 표상 양식과 나선형 교육과정

브루너는 학습자의 지적 발달 수준을 고려하여 표상 양식만 달리 적용한다면 어떠한 지식도 학습시킬 수 있다고 주장하였다. 즉, 교육의 핵심은 학습자에게 적합한 교육내용이 무엇인가가 아니라 학습자에게 적합하도록 교육내용을 어떻게 조직할 것인지인 것이다. 그래서 그는 학습자의 발달 수준을 고려하여 동작적 표상 양식(enactive representation mode), 영상적 표상 양식(iconic representation mode), 상징적 표상 양식(symbolic representation mode)의 3단계 표상 양식을 제시하고, 교육은 교과별 지식의 구조에 따라 이러한 3가지 표상 양식을 수준별로 적용하여 학습의 계열성과 연속성을 고려한 나선형 교육과정의 형태로 운영해야 한다고 하였다.

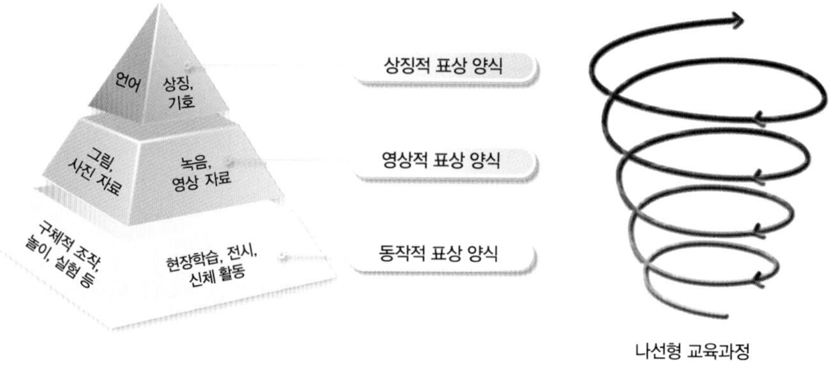

[그림 2-5] 브루너의 3단계 표상 양식

첫째, 동작적 표상 양식은 영유아가 자신의 신체적 감각을 이용하여 개념과 원리를 이해해 가는 가장 초보적인 단계의 표상 방법이다. 따라서 이 단계에 속한 영유아에게는 직접 조작하거나 체험할 수 있는 기회를 마련해 주어야 한다. 둘째, 영상적 표상 양식은 신체 활동 없이 사진, 그림, 도표 등 시각에 의존한 간접 경험을 통해 개념과 원리를 이해하는 방법이다. 이러한 양식은 물리적으로 접근할 수 없는 추상적인 사건이나 사물을 다룰 수 있게 하고, 학습자의 상상력을 확장시켜 준다. 셋째, 상징적 표상 양식은 학습자가 언어를 사용하게 되었을 때 적용 가능한 표상 양식이며, 언어 이외에도 숫자, 기호, 상징, 공식 등을 포함한다. 이러한 상징을 통해 학습자는 추상적인 개념과 원리를 다루며 논리적으로 사고하게 된다.

(3) 발견학습

브루너는 학습자에 적합한 표상 양식을 활용하되, 교사의 일방적인 설명이 아니라 학습자 스스로가 자발적으로 탐구하며, 지식의 구조를 발견하도록 이끌어야 함을 강조하였다. 발견학습의 과정을 자세히 살펴보면 탐색 및 문제 인식 단계, 자료 제시 및 관찰 · 탐색 단계, 자료 추가 제시 및 관찰 · 탐색 단계, 규칙성 발견 및 개념 정리 단계, 적용 및 응용 단계의 5단계로, 학습자가 자기주도적으로 문제를 해결해가며 학습해 가는 과정을 강조한다. 이때 교사는 직접적인 지시와 설명을 최소화하고, 다양한 자료와 매체 등 교육환경을 풍부하게 제공해야 한다.

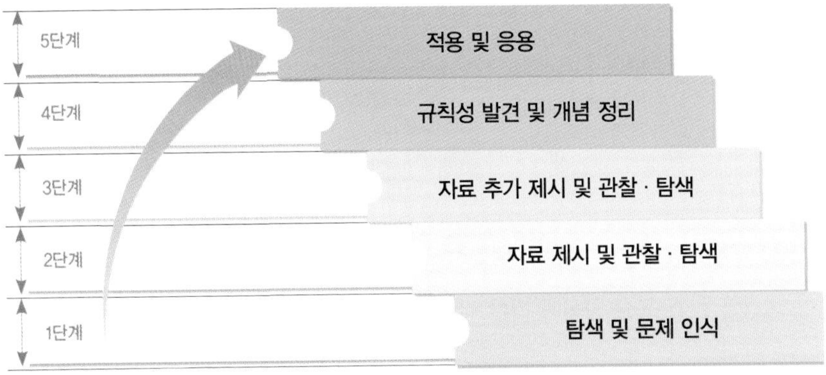

[그림 2-6] 발견학습 과정

2) 영유아수학교육에 주는 시사점

발견학습 이론에 근거한 영유아수학교육은 수학의 학문적 지식 구조를 중심으로 영유아의 수준에 맞는 표상 양식인 동작적 표상 양식을 적용하여 영유아로 하여금 수학적 개념과 원리를 이해하도록 도와야 한다. 이때 주의할 점은 교수 방법에 있어 교사 주도적인 전통적 방법을 적용하는 것이 아니라, 영유아의 자발적인 탐색을 통한 발견학습에 의해 이루어져야 한다는 점이다(Bruner, 1960). 이에 대해 좀 더 구체적으로 살펴보면 다음과 같다.

(1) 수학교육내용의 범위 확대 및 내용 간 연계 강화

행동주의 이론에서는 수 세기나 수 연산 활동이 영유아에게 적합한 교육내용으로, 수학교육내용을 다소 제한적으로 다루었다. 그러나 발견학습 이론에서는 수학의 주요 개념과 원리를 가르치는 방향으로 나아가야 하므로, 수학이라는 학문적 지식 구조를 고려하여 학습자의 인지 수준에 따라 접근 방식을 다르게 적용하여 이루어진다. 그래서 1950년대 일었던 새 수학 운동(New Math Movement)을 계기로 수, 측정, 통계, 확률 등 영유아에게는 어렵다고 간주되었던 수학 개념들이 교육내용에 포함되었다. 또한 나선형 교육과정의 운영을 통해 수학 개념 간 연계성이 강화되고, 영유아가 동일한 수학적 개념과 원리를 반복적으로 경험하는 과정에서 자연스럽게 심화 · 확장시킬 수 있도록 하였다.

1단계: 동작적 표상 양식 ➡ 2단계: 영상적 표상 양식 ➡ 3단계: 상징적 표상 양식

[그림 2-7] **표상 양식에 따른 나선형 수학교육과정 적용의 예**

(2) 수학적 탐구와 발견학습

지식의 구조적 관점으로 보면 교사는 해당 교과의 전문가이므로, 발견학습 이론에 기초한 수학교육이 자칫 교사의 언어적 설명과 전달 위주의 수업으로 이루어질 가능성이 있다. 하지만 브루너는 학문적 지식 구조는 가르치되, 영유아가 스스로 탐구하고 문제를 해결하는 발견학습을 통해 교육의 효과를 극대화시킬 것을 강조하였다. 예를 들어, 꽃가게 놀이를 하기 위해 여러 종류의 꽃을 주어진 수량의 바구니에 정리한다고 가정하자. 유아는 꽃의 색, 꽃의 길이 등 나름대로 꽃을 분류하기 시작할 것이다. 그런데 이 과정에서 바구니의 수가 모자라거나 남을 경우, 유아는 자신이 정한 분류 준거를 수정하게 된다. 이러한 시행 착오 과정을 거치면서 유아는 색, 길이, 모양 등 한 가지 기준이 아닌 색과 모양을 동시에 고려하며 복합 분류의 개념도 형성할 수 있게 될 것이다. 따라서 교사는 유아가 문제를 해결하는 과정에서 자연스럽게 수학적 개념과 원리를 습득해 나갈 수 있도록 수학적 탐구 기회를 제공해야 한다.

(3) 영유아수학교육을 위한 매체와 활동의 다양화

영유아는 발달 특성상 수학적 지식과 개념을 언어적으로 표현하는 것에 미숙하다. 따라서 영유아를 위한 수학교육은 브루너의 표상 양식 중에서 동작적 표상 양식을 적용하는 것이 효과적이며, 교사는 다양한 수학 관련 교재 · 교구, 신체 및 감각 활동, 구체물을 활용한 조작 활동 등을 풍부하게 제공해야 한다. 예를 들어, 덧셈 개념을 학습시키고자 한다면 숫자, 연산 기호, 수식 등이 적힌 문제풀이식 활동지를 제공하는 것이 아니라 유아가 쌓기 놀이 과정에서 직접 블록을 이용하여 수를 더해 보거나 시장 놀이를 하며 구입한 물건의 수를 세어 보는 것처럼 직접 구체물을 조작하며 수학적 문제해결의 과정을 경험할 수 있어야 한다.

3) 발견학습 이론의 한계점

발견학습은 수학의 학문적 구조에 따라 교육내용을 위계적으로 조직하고 영유아의 인지 수준을 고려한 교수-학습 방식을 적용한다는 측면에서 수학교육에 의의가 있으나, 다음과 같은 점에서 한계점을 가지고 있다.

첫째, 발견학습 이론에서는 나선형 교육과정을 통해 영유아가 수학적 개념과 원리를 반복적으로 경험하고, 점차 높은 수준으로 올라가면서 이러한 개념을 심화 · 확장시키게 된다. 하지만 만일 유아가 특정 개념과 원리를 이해하지 못하는 경우가 발생했을 때, 어려움을 느끼는 개념과 원리를 반복해서 다루어야 하는지, 아니면 해당 개념과 원리는 반복적으로 다루어질 것이므로 다음 단계로 넘어가도 되는지에 대해 브루너가 구체적으로 설명한 바가 없다. 따라서 영유아교육현장에서 발견학습 이론을 적용하는 데 어려운 점도 있다.

둘째, 영유아기부터 무리한 조기교육을 조장할 가능성이 있다. 영유아에게 적용할 수 없는 개념과 원리는 없으며, 문제는 접근 방법이라는 브루너의 주장은 자칫 잘못 적용될 경우, 어린 시기부터 무리하게 조기교육을 실시할 염려가 있다. 그리고 교사는 교과의 지식 구조를 알고 있는 전문가이기 때문에 수학교육이 교사중심의 일방적인 설명과 주입식 교육이 이루어질 수 있다는 위험성이 잠재되어 있다.

3. 인지적 구성주의 이론과 수학교육

1) 인지적 구성주의 이론의 주요 개념 및 특징

피아제

인지적 구성주의 이론은 피아제의 이론에 기초를 둔 이론으로, 유기체가 환경에 적응하는 과정을 인지 발달 측면에서 설명한 이론이다. 여기서 적응이란 인간이 자신의 경험 혹은 환경과의 상호작용을 통해서 지식을 구성해 가는 과정을 말한다. 인간은 누구나 인지 구조(scheme)를 가지고 태어나며, 인지 구조는 계속해서 질적인 변화를 거쳐 발달해 간다. 피아제에 의하면 인간은 감각운동기(0~2세), 전조작기(3~7세), 구체적 조작기(7~12세), 형식적 조작기(12세 이후)의 동일한 순서와 단계를 거친다. 하지만 모든 사람이 같은 시기에 같은 발달 양상을 보이는 것은 아니다. 인지적 구성주의 이론의 주요 개념을 살펴보면 다음과 같다.

(1) 동화와 조절

인지 구조(scheme)란 사물이나 사건을 이해하는 복잡한 정신 구조를 의미하는데, 인간이 주변 세계를 적극적으로 탐색하고 환경과 상호작용하면서 동화와 조절

[그림 2-8] 동화와 조절 과정

의 과정을 거쳐 발달된다. 인간이 새로운 경험을 하게 되면 인지 구조는 혼란을 겪게 되는데, 이때 새로운 경험과 과거 경험이 유기적으로 관련을 맺어 나가기 시작한다. 만일 유기체가 기존에 갖고 있었던 인지 구조를 변화시키지 않고 새로운 경험을 수용했다면 동화(assimilation)를 통해, 기존의 인지 구조를 변경하여 새로운 인지 구조로 수용했다면 조절(accommodation)을 통해 새로운 지식을 형성해 간 것으로 볼 수 있다. 이렇듯 유기체는 동화와 조절을 반복적으로 경험하면서 인지적 평형(cognitive equilibrium) 상태와 불평형 상태를 번갈아 유지해 가며 지식과 개념을 형성하고 인지 발달을 이뤄 나간다.

(2) 지식의 유형

피아제는 지식을 물리적 지식, 논리수학적 지식, 사회문화적 지식의 3가지 유형으로 구분하였다(Kamii & De Vries, 1978). 여기서 물리적 지식은 영유아가 실제적인 경험을 통해 습득할 수 있는 것으로, 주로 사물의 외형적 특성에 관한 지식을 말한다. 논리수학적 지식은 사물과 사물의 관계성에 관한 지식으로, 영유아가 사고함으로써 습득하게 되는 지식이다. 사회문화적 지식은 인간이 임의대로 정한 사실, 약속, 규칙에 관한 것으로, 영유아가 자신이 속한 사회문화권 안에서 살아가면서 일상생활을 통해 자연스럽게 습득되는 지식을 뜻한다.

이러한 지식은 유형별로 습득하는 방식이 다를 수도 있으나, 실제로 이들 지식

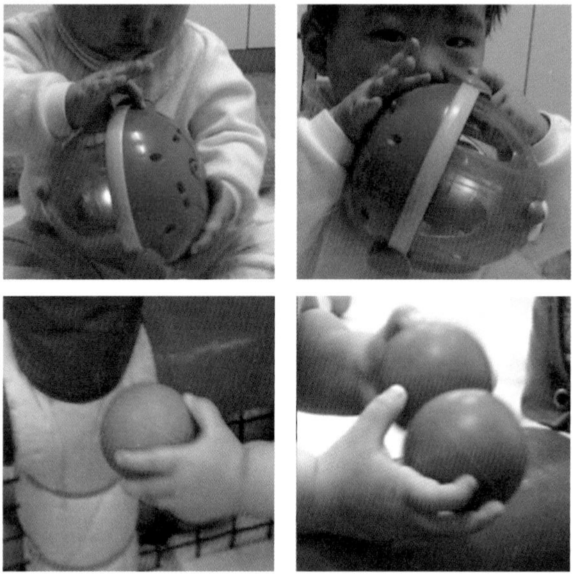

[그림 2-9] **탐색을 통한 '동그라미' 개념 형성 과정**

간에는 상호 관련성이 있다. 예를 들어, 영유아가 '동그라미' 개념을 이해하려면 동그란 물체를 만져 보고 굴려 보는 등 직접 조작해 보는 경험을 필요로 한다. 이 과정에서 영유아는 동그라미는 곡선으로 이루어졌으며, 다양한 종류의 동그라미가 있다는 논리수학적 지식을 습득할 것이다. 또한 다른 사람과의 상호작용을 통해 사회문화적 지식인 '동그라미'라는 명칭도 알게 되는 것이다.

2) 영유아수학교육에 주는 시사점

인지적 구성주의 이론에 따른 수학교육은 영유아의 인지 발달 수준을 반영하여 발달에 적합한 교육을 실시하는 것이 특징이다. 또한 영유아에게 의미 있는 수학 학습이 일어나도록 이들의 흥미와 일상을 고려하고, 구체물을 활용한 놀이중심 활동과 활동의 주체로서 영유아의 적극적인 참여와 능동적인 상호작용을 강조한다. 인지적 구성주의 이론에 기초한 수학교육의 특징을 구체적으로 살펴보면 다음과 같다.

(1) 수 이전 활동

인지적 구성주의 학자들은 행동주의 이론에서 주장한 수(數)를 중심으로 하는 수학교육을 반대하는 입장을 취하고 있다. 수는 추상적인 상징이다. 이들의 주장에 따르면 감각운동기와 전조작기에 속하는 영유아는 아직 추상적인 사고를 하는 데 어려움이 있기 때문에 이 시기에 수를 직접 다루는 것은 발달에 적합하지 않다. 설사 영유아가 기계적으로 수를 셀 줄 안다고 하더라도 이것이 수 개념을 이해했음을 의미하는 것은 아니다. 왜냐하면 수에 대한 진정한 이해는 수에 대한 보존 능력과 가역적 사고가 가능할 때 비로소 이루어지기 때문이다. 보존 능력은 사물의 모양과 형태가 변할지라도 그 속성은 변하지 않음을 이해하는 능력이며, 가역적 사고는 위치, 모양 등이 변화된 사물을 보고 원래 있었던 상태에서 생각할 수 있는 것을 말한다. 그런데 보존 능력과 가역적 사고는 6, 7세 무렵에 발달하기 시작하므로 구체적 조작기에 들어서면서 직접적으로 수를 다루는 것이 적절하다. 따라서 피아제는

[그림 2-10] 피아제의 보존 개념 실험

[그림 2-11] 수 이전 활동의 예

영유아기에는 수를 직접 다루는 대신에 이들의 조작적 사고 발달을 돕는 일대일 대응, 분류하기, 순서 짓기, 관계 짓기, 패턴 만들기 등과 같은 수 이전 활동(pre-math activities)을 제공하여 영유아가 사물들 간의 관계를 이해하도록 도울 것을 주장하였다.

(2) 영유아의 흥미와 놀이중심 수학교육

모든 영유아는 호기심을 가지고 태어난다. 따라서 이들은 주변 세계에 대해 많은 궁금증을 가지고 끊임없이 탐구하고자 한다. 이러한 자발적인 흥미와 호기심은 의미 있는 학습 상황으로 이끌어 주는 중요한 요인으로, 교육의 효과를 극대화시킬 수 있다. 피아제도 이러한 입장과 맥을 같이하며 영유아에게 유의미한 수학 활동을 제공할 것을 강조하였다. 이를 위해 교사는 영유아가 현재 보이는 흥미와 관심을 파악해야 한다. 대체로 영유아는 자신의 이전 경험 혹은 선 지식과 관련이 있거나 새로운 것에 관심을 보이므로, 이를 파악하여 영유아들이 흥미와 호기심을 갖고 참여할 수 있는 수학 놀이나 활동을 지원해야 한다.

놀이는 영유아의 삶 그 자체다. 또한 놀이는 즐거움을 제공할 뿐 아니라 자발적 흥미를 불러일으키고, 동시에 학습으로 나아가도록 이끌어 준다. 이러한 이유에서 놀이는 학습의 매개체임과 동시에 학습의 조건이 된다(Bergen, 1998; Fromberg, 2002). 따라서 교사는 영유아가 놀이하는 과정에서 수학을 탐색하고 능동적으로 수학적 지식과 개념을 형성할 수 있도록 적극적으로 놀이를 지원해야 한다.

(3) 구체물을 활용한 탐구중심 수학교육

인지적 구성주의 이론에 의하면, 인지 발달은 유기체와 환경 간의 상호작용 과정에서 인지적 불평형 상태를 자극하여 동화와 조절 과정을 거치면서 이루어진다. 따라서 교사는 영유아에게 수학적 측면에서 인지적 불평형을 자극하는 다양하고 풍부한 경험과 환경을 마련해 주어야 한다. 뿐만 아니라 영유아가 활동하는 모습을 주의 깊게 관찰하면서 인지적 갈등을 일으키는 상호작용과 발문도 해야 한다.

피아제의 인지 발달 단계에 따르면, 영유아기는 감각운동기와 전조작기에 속하므로 이들은 감각을 활용하는 구체적이고 직접적인 경험과 활동을 통해 수학적 사고를 발달시켜 나간다. 그러므로 교사는 수학적 개념을 내포하고 있되, 시각, 청각 등 여러 감각을 활용하여 직접적인 탐색이 가능한 실물이나 모형 및 교구 등의 구체물을 제공해 주어야 한다. 더불어 유아가 물적 환경뿐만 아니라 인적 환경인 또래와 교사와의 활발한 상호작용을 할 수 있도록 짝이나 소집단 형태의 수학 놀이나 활동에 참여하도록 격려해야 한다.

3) 인지적 구성주의 이론의 한계점

영유아를 학습의 능동적 주체로 보고, 이들의 흥미와 발달 수준을 고려한 놀이중심의 수학교육을 추구하는 인지적 구성주의 이론은 지금까지도 우리나라 영유아수학교육의 이론과 실제에 많은 영향을 미치고 있다. 그럼에도 불구하고, 다음과 같은 측면에서 몇 가지 한계점을 지니고 있다.

첫째, 영유아의 수학능력에 대해 제한된 관점을 가지고 있다. 영유아는 수학에 대한 감각과 수학적 사고를 가능하게 하는 능력을 갖고 태어난다(Baroody, 2000; Ginsburg, Klein, & Starkey, 1998). 겔먼과 갈리스텔(Gelman & Gallistel, 1978)은 영유아가 일상 경험을 통해 수 이름이 사용되는 맥락과 의미, 수 세기의 원리를 이해하고, 수를 세는 능력이 있음을 밝혀내었다. 이는 전조작기에는 수에 대한 진정한 이해가 어렵다는 피아제의 견해를 반박하는 주장들이다. 즉, 인지적 구성주의 이론은 영유아의 인지적 발달 수준을 특징지음으로써 영유아수학교육의 내용을 수 이전 활동으로 국한시켰다는 한계점이 있다.

둘째, 영유아수학교육을 위해 교사의 적극적인 중재와 개입도 필요하다. 인지적 구성주의 이론에서는 영유아는 능동적 주체이며 스스로 지식을 구성해 가는 존재임을 기본 전제로 두고 있다. 즉, 교사가 수학적으로 풍부한 환경을 조성해 주고, 적절한 도움과 안내를 제공하지만 결국 수학적 지식을 구성하는 것은 영유아 자신이다. 하지만 이후 등장한 사회적 구성주의 이론에 의하면, 교사의 적극적인 중재와 개입은 영유아가 자신의 잠재된 능력에 도달하도록 도울 수 있으며, 특히 성인의 발문과 상호작용을 통해 이들의 수학적 사고를 촉진시킨다고 하였다. 이러한 주장에 비추어 볼 때, 피아제 이론에 기반을 둔 인지적 구성주의에서는 영유아의 수학능력 발달에 있어 교사의 영향력을 제한적으로 보았다.

셋째, 영유아가 속한 사회문화적 맥락을 고려하지 않았다. 피아제의 인지 발달 이론은 인간 발달의 보편성에 근거하고 있다. 즉, 인지 발달의 속도와 수준에 있어 개인차를 인정하지만 누구나 정해진 순서와 단계에 따라 인지 발달이 이루어진다. 영유아는 일상생활을 하면서 나름대로 비형식적 수학 지식을 형성해 나가므로, 이들의 수학능력 발달은 결국 사회문화적 요인으로부터 직간접적으로 영향을 받게 된다. 따라서 이러한 사회문화적 특수성을 고려하지 못했다는 점에서 비판이 제기되었다.

4. 사회적 구성주의 이론과 수학교육

비고츠키

사회적 구성주의 이론은 기본적으로 인지적 구성주의 이론과 맥을 같이하지만, 한 개인의 발달에 영향을 미치는 요인으로 사회문화적 맥락을 중요하게 여겼다는 점에서 인지적 구성주의와 구별된다. 사회적 구성주의 이론을 대표하는 학자로는 러시아의 비고츠키가 있다. 그의 주장에 따르면, 지식은 한 사회의 시대적 산물이기 때문에 절대적인 지식이란 존재하지 않으며, 사회 구성원이 참여하는 사회 활동의 패턴 속에 내재되어 있다(한유미, 2009; Sophian, 1999). 그렇기 때문에 인간의 인지 발달은 사회적 상호작용을 내면화함으로써 이루어지며, 이때 언어가 인지 발달을 이끄는 결정적인 요인으로 작용하게 된다.

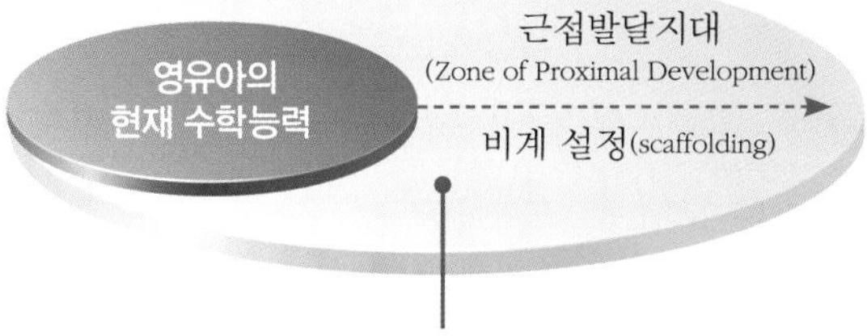

[그림 2-12] 수학적 탐구 활동의 예

1) 사회적 구성주의 이론의 주요 개념 및 특징

(1) 근접발달지대와 비계 설정

비고츠키는 인간의 인지 발달 과정을 설명함에 있어 근접발달지대(ZPD: Zone of Proximal Development)와 비계 설정(scaffolding)의 개념을 새롭게 적용하였다. 그의 주장에 따르면, 발달 수준은 현재 갖고 있는 '실제적 발달 수준'과 영유아 혼자서는 도달할 수 없지만 성인의 적절한 개입과 중재를 통해 도달이 가능한 '잠재적 발달 수준'으로 구분된다. 이때 실제적 발달 수준과 잠재적 발달 수준 간의 간격이 생기게 되는데, 이것이 바로 근접발달지대이고 성인이 영유아에게 도움을 주는 모든 교수 행위가 바로 비계 설정인 것이다. 하지만 두 유아가 실제적 발달 수준이 같다 하더라도 잠재적 발달 수준은 다를 수 있다. 예를 들어, 만 4세인 두 유아 모두 현재 ABAB 단순 패턴을 이해하고 있을지라도 각 유아의 패턴과 관련된 이전 경험의 정도와 인지 능력에 따라 한 유아는 ABCABC라는 다른 형태의 단순 패턴을, 다른 유아는 다른 형태의 단순 패턴뿐 아니라 복합 패턴도 이해할 수 있는 수준일 수 있다. 따라서 영유아의 잠재적 발달 수준을 판단함에 있어 교사의 주의 깊은 관찰과 신중한 판단이 요구된다. 그리고 비계를 설정할 때에도 교사는 직접 설명해 줄 것인지, 모델링을 보여 줄 것인지, 다른 또래와의 활동 기회를 줄 것인지 등 개별 영유아에게 적합한 방법을 선택하여 신중히 적용해야 한다. 그러나 일반적으로, 초기에는 교사의 개입과 도움을 늘리고, 점차 이를 줄여 가면서 결국에는 영유아 스스로 할 수 있는 방향으로 비계를 설정해 가도록 한다.

(2) 언어와 사고

인지적 구성주의와 사회적 구성주의는 기본적으로 모든 지식은 인간의 내적 작용에 의해 구성된다는 동일한 입장을 취하고 있다. 다만 인지적 구성주의는 상징적 사고가 가능한 인지 수준에 도달했을 때 언어를 사용할 수 있다고 본 반면, 사회적 구성주의는 인지 발달에 있어 언어가 결정적인 역할을 하기 때문에 언어와 사고는

상호 밀접한 관련이 있다고 보았다. 사실 0~2세까지 언어와 사고는 각각 분리되어 발달하지만, 만 2세 무렵에 언어를 사용하기 시작하면서부터 언어와 사고가 상호 관련성을 맺으며 말이 생각으로, 생각이 말로 전환되는 언어적 사고가 발달하게 된다. 따라서 사회적 구성주의 관점에서는 영유아가 하는 혼잣말도 사고 발달을 촉진시킨다는 측면에서 중요한 의미를 지닌다.

2) 영유아수학교육에 주는 시사점

사회적 구성주의 이론에 따르면, 수학적 지식은 사회문화적 맥락 안에서 형성되는 것으로 간주한다. 그리고 비고츠키의 근접발달지대, 비계 설정, 언어와 사고와의 관계를 수학교육에 적용하여 영유아가 현재보다 높은 수준의 수학적 지식과 개념을 내면화하도록 언어를 매개로 유능한 또래 혹은 성인과 적극적으로 상호작용할 것을 강조한다. 이 같은 사회적 구성주의 이론에 기초한 수학교육의 특징을 구체적으로 살펴보면 다음과 같다.

(1) 사회문화적 맥락과 수학적 지식

사회문화적 구성주의 이론에서는 수학을 사회와 문화의 산물로 간주하고, 절대적인 수학적 지식은 없으며 사회 · 문화마다 다를 수 있고 오류가 있을 수 있다고 전제한다(유연주, 1999). 이러한 이유에서 관련 학자들은 수학적 지식의 옳고 그름보다는 수학적 지식의 발생과 형성 과정에 관심을 두고, 수학적 지식의 형성 과정을 주관적 지식과 객관적 지식의 순환적 관계로 설명하고 있다. 여기서 주관적 지식이란 개인이 습득한 지식을 말하고, 객관적 지식이란 사회 공동체가 옳다고 인정하거나 역사와 문화를 통해 옳다고 인정된 것으로서 사회적으로 합의된 지식을 의미한다(황혜정 외 5인, 2007). 즉, 영유아는 일상생활을 하면서 자연스럽게 다양한 수학적 경험을 하게 된다. 이 과정에서 형성된 지식은 비형식적인 지식으로 수학과 관련된 주관적 지식이 된다. 이후 영유아는 일상생활 속 다양한 문제를 해결하거나 다른 사람과 상호작용을 하면서 기존에 형성한 주관적 지식을 활용하게 되는데, 이때 자신의 주관적 지식을 반성적으로 검토할 기회를 갖게 되면서 주관적 지식은 형식적인 지식인 객관적인 수학적 지식으로 재구성된다. 여기서 끝나는 것이 아니라

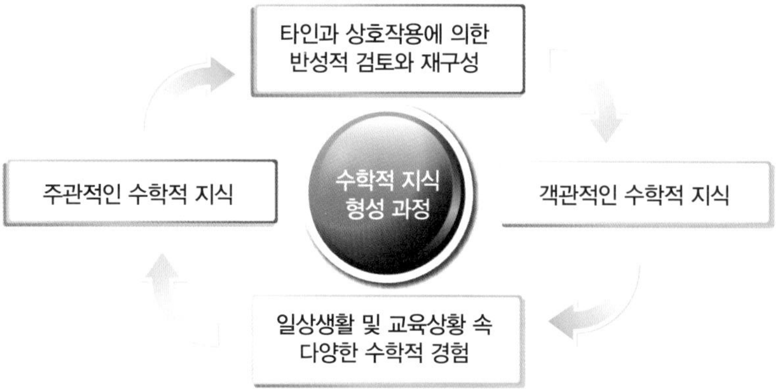

[그림 2-13] 영유아의 수학적 지식 형성 과정

다시 일상생활 또는 교육적 맥락에서 수학을 경험하면서 또 다른 주관적 지식을 발전시키고, [그림 2-13]과 같은 순환적 과정을 거치면서 수학적 지식을 형성하고 확장시켜 나가게 된다.

하지만 중요한 것은 수학적 지식은 영유아가 속한 사회문화적 맥락과 요인을 반영하고 있기 때문에 자신이 속한 집단과 사회에 따라 경험하고 습득하게 되는 수학적 지식은 각기 다를 수 있다는 점이다. 예를 들어, 어릴 때부터 수 놀이를 많이 경험한 유아와 그렇지 않은 유아가 가진 수학적 지식은 분명 다르다. 또한 우리나라는 화폐 단위가 크기 때문에 큰 수를 비교적 일찍 경험하는 반면, 미국이나 유럽의 경우 화폐 단위가 작기 때문에 우리나라 유아에 비해 소수점 개념을 일찍 형성한다는 것도 이를 지지하는 예가 될 수 있다.

[그림 2-14] 우리나라 화폐 단위와 미국의 화폐 단위

(2) 수학적 사고와 언어

영유아가 수학적으로 사고하고 수학지식을 형성하는 데 중요한 역할을 하는 것은 바로 언어다. 왜냐하면 영유아는 외부에서 주어진 지식을 있는 그대로 받아들이는 것이 아니라 다른 사람과의 사회적 상호작용을 통해 나름대로의 수학적 지식을 형성하고, 이는 언어에 의한 내면화 과정을 거치기 때문이다. 다시 말해, 영유아가 사물을 구체적으로 조작하는 경험만으로 사고 발달이 보장되는 것이 아니다. 타인과의 상호작용, 즉 누군가와의 대화, 질문이나 설명 등 '언어'라는 도구를 활용하여 진정한 지적인 사고로 변형되는 것이다(Bodrova & Leong, 1996). 따라서 교사는 수학 활동을 하는 과정에 참여하여 영유아와 적극적으로 '대화'함으로써 이들의 수학 활동을 지원하고(Ann, 1997), 유아가 스스로 수학적 아이디어와 지식을 말로 표현하며 수학적 사고력을 발달시킬 수 있도록 이끌어 주어야 한다(Smith, 1997). 이때 언어뿐 아니라 그림, 숫자, 기호, 신체 등도 수학적 사고를 외적으로 표현하도록 돕는 표상으로서 수학적 의사소통과 사고를 촉진시키는 매개체가 될 수 있다. 또한 수학적 용어나 어휘를 정확하게 사용하는 것도 수학적 사고를 구체화하고 명료화하는 데 도움이 된다.

[그림 2-15] **수학적 의사소통의 예**

(3) 교사의 중재와 개입

사회적 구성주의 이론은 인지적 구성주의 이론에 비해 교사의 적극적인 역할 수행을 강조한다. 이는 근접발달지대, 비계 설정 및 사회적 상호작용의 개념과 밀접한 관련이 있다. 비고츠키는 교육이 발달에 선행되어야 함을 주장하였다. 따라서 교사는 영유아가 현재 보이는 수학능력과 잠재된 수학능력을 파악한 후, 영유아에게 적합한 수학교육내용을 선정하고, 적극적으로 상호작용을 하며 이들이 잠재적 발달 수준에 도달할 수 있도록 이끌어야 한다. 이때 교사의 의도적인 중재와 개입은 발문, 상호작용, 피드백 등 언어가 매개로 이루어져야 한다. 이러한 과정을 통해 영유아는 자신의 우연적인 수학적 경험과 행동을 인식하게 되고, 수학적으로 사고하여 주관적 지식을 객관적 지식으로 전환하게 되는 것이다(이금구, 이정욱, 2010; 홍혜경, 2010; Van Oers, 2010). 이렇듯 교사는 영유아수학교육의 질을 결정하는 중요한 요인으로(홍혜경, 2010), 교사는 우연적인 수학 활동에만 의존해서는 안 되며, 영유아와의 수학 활동에 적극적으로 참여하며 역할을 수행해야 한다.

3) 사회적 구성주의 이론의 한계점

사회적 구성주의 이론은 영유아가 속한 사회문화적 맥락을 반영하고, 수학적 사고 발달을 위한 언어의 중요성과 교사의 적극적인 역할 수행을 강조함으로써 영유아수학교육의 질을 높이는 데 기여한 바가 크지만, 다음과 같은 점에서 비판이 제기되고 있다.

첫째, 비고츠키가 주장한 근접발달지대의 개념이 사실상 모호하며, 이를 평가하는 방법에도 한계가 있다. 비고츠키는 영유아의 실제적 발달 수준과 잠재적 발달 수준 간에 차이가 있으며, 이것이 근접발달지대라고 정의하였다. 하지만 실제로 잠재적 발달 수준을 평가하는 구체적인 방법과 근접발달지대의 범위에 대한 설명은 불충분하다. 그렇기 때문에 유아교육현장에서 각 영유아의 잠재된 수학능력을 평가하는 것이 전적으로 교사의 판단과 능력에 의해 좌우되어 교사가 여러 가지 어려움을 느끼기도 하고, 영유아의 능력이 잘못 평가될 가능성도 있다.

둘째, 사회문화적 구성주의 이론은 생물학적 요인이 발달에 미치는 영향을 간과하였다. 물론 영유아를 지식 습득 및 인지 발달의 주체로 인정하기는 했으나, 이들이 가진 유전적 요인과 뇌 발달이 수학적 능력에 어떠한 영향을 미치는지에 대해 언급하지는 않았다. 인간의 발달은 유전적 요인과 환경적 요인의 상호작용에 의해 이루어진다. 또한 수학에 대한 불안, 스트레스 등 여러 요인이 뇌의 호르몬과 특정 부위의 발달에 영향을 미쳐 수학학습에 부정적인 결과를 낳기도 한다. 이렇듯 사회문화적 구성주의 이론은 생물학적 요인과 수학교육의 관련성을 고려하지 않았다는 점에서 비판이 제기되기도 한다.

함께 토의해 보세요!

1. 나는 어릴 때 구구단을 어떻게 배웠는지 회상해 봅시다. 내가 학습한 방법은 어떤 이론에 근거한 것인가요? 내가 학부모/교사라면 우리 아이들에게 어떤 방식으로 구구단을 가르치고 싶나요?

2. 인지적 구성주의 이론의 핵심인 동화와 조절의 개념을 수학 활동의 예를 들어 설명해 봅시다.

3. 사회적 구성주의 이론의 예로, 우리나라는 사물에 따라 수를 나타내는 단위와 무게, 부피, 들이 등을 측정하는 단위가 매우 다양합니다. 우리나라의 고유한 단위들(예: 배 한 척, 쌀 한 되 등)을 조사해 봅시다.

/ 제3장 /

영유아수학교육과 교육과정

우리나라 유아교육은 이원화 체계로 교육부 산하 유치원과 보건복지부 산하 어린이집으로 구분된다. 이러한 이유로 국가수준 교육과정도 2012년 이전까지 유치원 교육과정과 표준보육과정으로 구분되어 있었다. 그러나 2011년에 유치원과 어린이집의 공통 교육과정인 5세 누리과정이 개발된 것을 시작으로, 2012년에 3~4세를 포함하여 2013년부터 유아교육기관의 유형에 상관없이 3~5세 유아를 대상으로 3~5세 연령별 누리과정이 적용되었다. 그리고 정부 혁신의 일환인 '학생중심의 교육과정 개편'을 반영하여 2019년에 기존 누리과정을 유아 · 놀이 중심 교육과정으로 개편하여 2020년 3월부터 실행하고 있으며, 누리과정이 개정됨에 따라 0~2세를 위한 표준보육과정도 개정하였다.

국가수준 교육과정은 기본교육과정으로, 교사는 교육과정을 계획 · 수립할 때 이를 우선 반영해야 한다. 따라서 이 장에서는 국가수준 교육과정에 제시된 수학교육 관련 목표와 내용을 살펴보고자 한다. 이때 수학의 학문적 위계와 영유아의 발달적 연계성을 고려하여 3~5세 유아를 위한 2019 개정 누리과정을 중심으로 0~2세 표준보육과정과 2015 개정 초등교육과정에 제시된 수학교육의 목표와 내용을 함께 알아보고자 한다.

1. 2019 개정 누리과정과 유아수학교육

2019 개정 누리과정은 미래사회에 부응하는 새로운 교육과정으로, 유아가 각자 자신에게 가장 적합한 방식으로 스스로 놀이하며 배운다는 점에 주목하여 유아가 주도하는 놀이를 통해 배움이 구현될 수 있도록 유아 · 놀이 중심 교육과정을 강조한 것이 특징이다(교육부 · 보건복지부, 2019). 따라서 수학교육 역시 유아가 주도적으로 놀이하는 과정에서 수학과 관련된 배움이 일어나도록 하는 것이 중요하다.

2019 개정 누리과정의 영역은 이전 3~5세 연령별 누리과정과 동일하게 신체운동 · 건강 영역, 의사소통 영역, 사회관계 영역, 예술경험 영역, 자연탐구 영역의 5개 영역으로 구성되어 있으며, 수학교육과 관련된 내용은 '자연탐구 영역'에 제시되어 있다. 2019 개정 누리과정 해설서의 '자연탐구 영역'에서 수학교육과 관련된 목표와 내용을 자세히 살펴보면 다음과 같다(교육부 · 보건복지부, 2019).

1) 자연탐구 영역의 목표

탐구하는 과정을 즐기고, 자연과 더불어 살아가는 태도를 가진다.

1. 일상에서 호기심을 가지고 탐구하는 과정을 즐긴다.
2. 생활 속의 문제를 수학적, 과학적으로 탐구한다.
3. 생명과 자연을 존중한다.

자연탐구 영역의 목표는 유아가 탐구하는 과정을 즐기고, 자연과 더불어 살아가는 태도를 가지는 데 있다. 유아기는 주변에 대한 호기심으로 끊임없이 질문을 제기하며 알고자 하는 욕구가 강한 시기이다. 유아기의 이러한 지적 호기심과 탐구심은 사고력 발달의 토대가 된다.

탐구는 순간적인 호기심에 그치지 않고 호기심을 지속하고 확장하여 관심을 둔 사항에 대해 곰곰이 생각하며, 의문을 제기하고 이를 해결해 가는 과정이다. 탐구 과정은 지식을 얻는 방법이며, 유아는 궁금한 것에 대한 탐구를 함으로써 사물에 대한 새로운 인식을 하게 되고 스스로 생각하는 힘을 가지게 된다. 따라서 유아기에 궁금한 점을 알고 싶어 하는 마음을 가지고 의문을 풀기 위해 지속적으로 필요한 것을 조사하여 찾아내거나 얻어 내는 탐구과정을 즐기는 태도를 형성해야 한다. 이를 위해 교사는 유아에게 수학적 지식을 일방적으로 전달하는 것이 아니라 유아 주도적인 놀이와 탐구과정 속에서 수학적 지식을 능동적으로 구성하고, 이를 토대로 일상생활 속 문제를 해결할 수 있도록 지원해야 한다.

2) 자연탐구 영역의 수학교육 관련 내용

이전 3~5세 연령별 누리과정은 유치원 교육과정과 3~5세 보육과정을 통합한 공통 과정이라는 점에서 의의가 있으나, 연령별 교육내용이 과다하다는 문제점이 있었다. 이에 2019 개정 누리과정에서는 유아가 자신의 방식에 따라 가장 적합하게 놀이한다는 유아 경험의 실제를 존중하여 교육내용을 간략화하고 유아가 주도하는 놀이를 통해 배움이 구현될 수 있도록 하였다. 그러므로 자연탐구 영역의 내용은 교사가 가르쳐야 할 수학교육내용이 아니라 유아가 놀이하며 자연스럽게 배우는 수학적 경험으로 이해해야 한다.

〈표 3-1〉 2019 개정 누리과정의 수학교육 관련 내용

내용 범주	내용
탐구과정 즐기기	주변 세계와 자연에 대해 지속적으로 호기심을 가진다.*
	궁금한 것을 탐구하는 과정에 즐겁게 참여한다.*
	탐구과정에서 서로 다른 생각에 관심을 가진다.*
생활 속에서 탐구하기	물체의 특성과 변화를 여러 가지 방법으로 탐색한다.
	물체를 세어 수량을 알아본다.*
	물체의 위치와 방향, 모양을 알고 구별한다.*
	일상에서 길이, 무게 등의 속성을 비교한다.*
	주변에서 반복되는 규칙을 찾는다.*
	일상에서 모은 자료를 기준에 따라 분류한다.*
	도구와 기계에 대해 관심을 가진다.

자연과 더불어 살기	주변의 동식물에 관심을 가진다. 생명과 자연환경을 소중히 여긴다. 날씨와 계절의 변화를 생활과 관련짓는다.

* 표시는 수학교육과 관련이 있는 내용을 의미함.

〈표 3-1〉에서 보는 바와 같이 자연탐구 영역은 '탐구과정 즐기기', '생활 속에서 탐구하기', '자연과 더불어 살기'의 3가지 내용 범주에 따라 13개 내용이 제시되어 있다. 이 중에서 수학교육과 관련된 내용인 '탐구과정 즐기기'와 '생활 속에서 탐구하기'에 제시된 내용을 살펴보면 다음과 같다.

(1) 탐구과정 즐기기

'탐구과정 즐기기'는 유아가 주변 세계와 자연에 대해 지속적으로 호기심을 가지고, 궁금한 것을 탐구하는 과정에 적극적으로 참여하면서 서로 다른 생각에 관심을 갖는 내용이다.

① 주변 세계와 자연에 대해 지속적으로 호기심을 가진다.

이 내용은 유아가 물질, 물체, 동식물, 자연현상 등에 호기심을 가지고, 놀이에서 지속적으로 궁금한 것을 찾아가거나 표현하는 것과 관련이 있다.

유아 경험의 실제

유아들은 상추 씨를 심은 날부터 매일 텃밭에 와서 상추를 관찰한다. 오늘은 준혁이가 "어제보다 상추가 더 자란 것 같다. 그치?"라고 말하자 옆에 있던 지석이가 "잎이 많아진 것 같아." 라고 답하며, 상추가 자라는 모습에 호기심을 보이고 있다.

호기심은 유아가 탐구하는 태도를 기르는 데 필요한 가장 기초적인 성향이며, 유아는 단순한 호기심에서 시작하여 끊임없이 궁금한 것을 찾아내고 지속적으로 호기심을 유지하면서 자신의 궁금증을 해결하기 위해 구체적으로 알아간다. 따라서 교사는 유아의 놀이와 행동을 주의 깊게 관찰하고, 유아의 말에 귀를 기울여 유아가 관심을 가지는 사물이나 현상을 탐구할 수 있도록 격려해야 한다. 또한 유아가 호기심을 갖는 사물이나 현상을 탐구하며 다양한 수학을 경험할 수 있도록 수학적으로 풍부한 물리적 환경을 지원해 주어야 한다.

② 궁금한 것을 탐구하는 과정에 즐겁게 참여한다.

이 내용은 유아가 궁금한 것을 알아보기 위해 관찰, 비교, 분류, 예측, 실험 등의 다양한 탐구과정을 자발적으로 즐기는 것과 관련이 있다.

유아 경험의 실제

모래성을 쌓으며 놀이하던 유아들이 갑자기 모래성 위에 비친 자신들의 그림자를 살펴보기 시작한다.

지형: 어, 여기 그림자 생겼다.
정민: 네 얼굴인가 봐.
지형: 내 얼굴이 이렇게 크다고?
수연: 나처럼 그림자 가까이 와 봐.
지형: 어! 진짜 조금 작아진 것 같은데?
정민: 나도! 얼굴이 커졌다, 작아졌다 하네.

탐구하는 과정은 유아가 호기심을 느끼거나 궁금해하는 점을 알아보기 위해 탐구하여 발견해 가는 과정을 의미한다. 유아는 탐구하는 과정을 즐기면서 서로 다른 생각에 관심을 가지고 자신이 관찰한 사건이나 상황에 대해 점차 깊이 있게 받아들이게 된다. 따라서 교사는 유아가 궁금한 점을 알아볼 수 있는 방법을 생각해 보고, 자신이 고안한 방법으로 탐구하는 것을 즐길 수 있도록 충분한 시간을 제공할 필요가 있다. 또한 유아의 수학적 지식에 오류가 있다 하더라도 직접적인 답을 주기보다 유아 스스로 수학적 지식과 경험을 수정하거나 확장해 가도록 격려해야 한다.

③ **탐구과정에서 서로 다른 생각에 관심을 가진다.**

이 내용은 유아가 탐구하는 과정에서 자신의 생각을 또래나 교사와 함께 공유하고, 서로 다른 생각에 관심을 가지는 것과 관련이 있다.

유아 경험의 실제

실외 놀이터를 돌아다니면서 유아들이 돌을 주우며 놀고 있다. 지은이가 바구니에 돌을 담으면서 "이거 봐. 진짜 큰 돌이지? 여기서 이 돌이 제일 커!"라고 말하자 정희가 바구니에 있던 돌을 꺼내며 "이거랑 비슷한데?"라고 말한다. 그러자 지은이가 "아니야, 이 돌이 더 클걸?"이라고 하면서 돌을 직접 비교해 보자고 한다.

유아는 탐구과정에서 발생하는 궁금증이나 자신의 생각을 또래나 교사와 이야기를 나누면서 자신과 다른 사람의 생각이 다를 수 있음을 경험하게 된다. 이러한 경험은 자신이 갖고 있었던 수학적 지식과 개념을 명료화할 수 있을 뿐만 아니라 새로운 수학적 지식과 개념을 형성할 수 있는 좋은 기회가 된다. 따라서 교사는 유아가 탐구과정에서 자신의 갖고 있던 수학적 지식과 경험을 다른 사람과 공유하도록 격려해야 한다.

(2) 생활 속에서 탐구하기

'생활 속에서 탐구하기'는 유아가 물체의 특성과 변화를 여러 가지 방법으로 탐색하기, 물체를 세어 수량을 알아보기, 물체의 위치와 방향, 모양을 알고 구별하기, 길이와 무게 등의 속성을 비교하기, 반복되는 규칙을 찾아보기, 모은 자료들을 기준에 따라 분류하기, 도구와 기계에 관심을 가지고 생활 속의 문제를 다양하게 탐구하는 내용이다. 이 중에서 수학교육과 관련이 있는 내용을 중심으로 살펴보면 다음과 같다.

① 물체를 세어 수량을 알아본다.

이 내용은 유아가 일상에서 수에 관심을 가지고, 수량을 세어 많고 적음 및 수량의 변화를 알아보는 것과 관련이 있다.

유아 경험의 실제

유아들이 시장 놀이를 하고 있다. 손님 역할을 하는 소은이가 작은 목소리로 '하나, 둘, 셋' 천천히 수를 세며 머리띠를 바구니에 담는다.

유아는 놀이를 하면서 다양한 수 경험을 하게 된다. 즉, 유아는 놀이를 통해 생활 속에서 수가 여러 가지 의미로 사용된다는 것을 알게 되고, 물체 세기를 통해 수량을 인식하게 된다. 그리고 자연스럽게 더하고 빼는 연산과 관련된 경험도 하게 된다. 따라서 교사는 유아가 주도적으로 놀이를 하며 수의 여러 가지 의미(집합수, 순서수, 이름수)를 이해하고, 여러 가지 방식으로 수를 다루어 볼 수 있도록 지원해야 한다.

② 물체의 위치와 방향, 모양을 알고 구별한다.

이 내용은 유아가 자신과 물체를 기준으로 앞, 뒤, 옆, 위, 아래 등 공간 안에서 위치와 방향을 알아 가는 내용과 네모나 세모, 둥근 기둥, 상자 모양 등을 찾고 다양한 모양에서 공통점과 차이점을 구별하는 것과 관련이 있다.

유아 경험의 실제

유아들이 우드락과 미술 재료를 이용하여 커다란 성을 만들었는데, 세 면을 우드락으로 막아 2~3명이 함께 있을 수 있는 작은 공간을 마련하였고, 한쪽 벽면에는 밖을 볼 수 있도록 네모 모양의 창문을 만들었다. 그리고 창문을 통해 성 밖에 있는 친구와 성 안에 있는 친구들이 이야기를 나누며 놀이하고 있다.

유아는 다양한 놀이를 하며 자신이나 물체의 위치와 방향을 인식하고, 보는 위치에 따른 공간적 차이를 알아 간다. 또한 여러 가지 놀잇감을 시각적·촉각적으로 탐색하며 기본 평면도형 및 입체도형의 특징을 이해하게 되고, 도형을 나누거나 합하면서 여러 가지 모양을 구성하는 경험도 하게 된다. 따라서 교사는 다양한 모양의 놀잇감과 놀이 자료를 제공해 줌으로써 유아가 감각적 경험을 통해 기본 도형에 대한 이미지와 감각을 형성하도록 돕고, 교실이나 바깥 놀이에 있는 다양한 공간, 여러 기구 및 지형 등을 활용하여 놀이하며 물체의 위치와 방향을 인식하도록 지원해야 한다.

③ 일상에서 길이, 무게 등의 속성을 비교한다.

이 내용은 유아가 일상에서 길이나 무게 등 측정 가능한 속성을 알고, 이 속성을 기준으로 물체를 비교하여 순서 지어 보는 것과 관련이 있다.

유아 경험의 실제

유아들이 병원 놀이를 하고 있다.

소영: 어디가 아파서 오셨어요?

준석: 감기가 걸린 것 같아요.

소영: 그럼, 열을 재야 해요. (소영이가 체온계로 준석이의 체온을 잰다.)

소영: 36도예요.

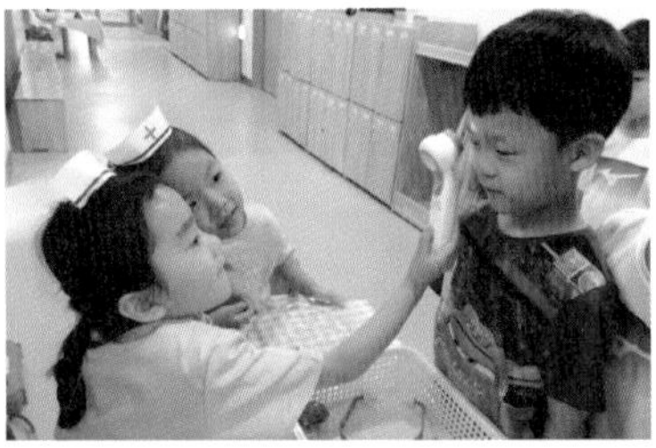

측정은 길이, 크기, 무게, 들이 등의 속성을 비교하고 순서 짓는 것에서 시작하여, 더 나아가 사물이 지닌 속성의 크기를 기준량(단위)을 정하여 수치로 나타내는 것이다. 유아는 놀이와 일상생활 속에서 측정 가능한 속성을 탐색하고, 직접 사물이나 대상을 비교하거나 순서를 지어 보고, 임의 측정단위로 측정해 보는 경험을 하게 된다. 따라서 교사는 놀이하면서 길이, 무게, 온도, 부피 등 측정 가능한 속성과 측정 단위를 탐색하고, 측정할 때 필요한 지식과 기술을 습득할 수 있도록 지원해야 한다.

④ 주변에서 반복되는 규칙을 찾는다.

이 내용은 유아가 생활 주변에서 사물이나 사건의 양상이 일정한 순서로 반복 배열되는 것에 관심을 갖고 즐기며, 반복되는 배열에 숨어 있는 질서와 규칙을 발견하여 다음에 올 것이 무엇인지를 예측하는 것과 관련이 있다.

유아 경험의 실제

보도블록이 깔린 유치원 마당을 지나가는데, 석우와 지현이가 패턴을 만들며 걸어가고 있다.

석우: 여기 지나갈 때는 이 네모 칸을 한 칸씩 뛰어서 건너야 해.
지현: 한 칸씩 뛰어야 한다고?
석우: 어! 한 칸씩 점프하지 않으면 아웃이야.

규칙성은 일정한 순서로 반복 배열되는 사물이나 사건의 양상을 이해하는 수학적 개념으로, 유아는 주변에 있는 타일이나 벽지 무늬, 포장지 그림 등에서 반복되는 규칙을 발견하고, 밤낮, 요일, 사계절, 유치원/어린이집의 일과를 통해서도 규칙성을 경험하게 된다. 따라서 교사는 유아가 놀이나 일상생활 속에서 다양한 패턴을 경험하도록 격려하고, 놀이하는 과정에서 나름대로의 방식으로 신체, 사물, 행동 등을 이용한 패턴을 만들어 볼 수 있도록 지원하도록 한다.

⑤ **일상에서 모은 자료를 기준에 따라 분류한다.**

이 내용은 유아가 일상생활에서 흥미와 관심에 따라 필요한 자료를 다양한 방법으로 모으고, 수집한 자료의 공통점과 차이점을 탐색하며 하나 또는 그 이상의 다양한 기준(예: 모양, 크기, 색깔 등)에 따라 정리하고 조직해 보는 것과 관련이 있다.

유아 경험의 실제

유아들이 실외 놀이터에 떨어진 나뭇잎을 줍고 있다. 민하가 초록색 잎을 들고 "이거 진짜 색깔 진하지?"라고 말하자 옆에 있던 서민이가 "이건 조금 연해. 연두색."이라고 답한다. 그러자 민하가 "그럼, 초록색 잎 주우면 나 주고, 연두 잎 찾으면 내가 너 줄게."라고 이야기한다.

유아는 놀이하면서 생기는 궁금증을 해결하기 위해 자료를 모으고, 정리하고, 결과를 나타내고, 해석하는 경험을 하기도 한다. 이러한 과정에서 유아는 사물의 같은 점과 다른 점을 구별하고, 같은 것끼리 분류하기도 하며, 수집한 자료를 근거로 다음에 어떤 일이 일어날지 예측도 하게 된다. 따라서 교사는 유아가 수집된 자료를 나름대로 기준으로 분류하고 정리할 수 있도록 바구니, 그래프용지, 표 등 필요한 자료를 적절하게 지원해 주도록 한다.

2. 표준보육과정 및 초등교육과정 수학교육과의 연계

수학은 다른 교과목에 비해 학문적인 위계성이 뚜렷하므로 교사는 수학교육을 실시함에 있어 교육내용 간 연계성을 고려해야 한다. 따라서 교사는 제4차 표준보육과정, 2019 개정 누리과정, 2015 개정 교육과정에 제시된 수학교육 관련 내용을 이해하고 있어야 한다. 이에 본 절에서는 이들 국가수준 교육과정에 나타난 수학교육 목표 및 내용을 비교하며 살펴보고자 한다.

먼저, 제4차 표준보육과정은 기본생활 영역, 신체운동 영역, 의사소통 영역, 사회관계 영역, 예술경험 영역, 자연탐구 영역의 6개 영역으로 구성되어 있으며, 수학교육과 관련된 내용은 2019 개정 누리과정과 마찬가지로 '자연탐구 영역'에 제시되어 있다. 반면, 초등교육과정은 '수학과'로 독립된 교과 영역으로 교육과정이 제시되어 있다.

1) 수학교육목표 간 연계

제4차 표준보육과정, 2019 개정 누리과정, 2015 개정 초등교육과정에 나타난 수학교육 관련 목표를 살펴보면 다음과 같다(교육부, 2015; 교육부 · 보건복지부, 2019; 보건복지부, 2020).

〈표 3-2〉 국가수준 교육과정의 수학교육 목표

구분	목표	
	0~1세	2세
제4차 표준보육과정 (자연탐구 영역)	주변 환경과 자연에 관심을 가진다. 1) 일상에서 탐색을 즐긴다. 2) 주변 환경을 탐색한다. 3) 생명과 자연에 관심을 가진다.	주변 환경과 자연을 탐색하는 과정을 즐긴다. 1) 일상에서 탐색하는 과정을 즐긴다. 2) 주변 환경에 관심을 가지고 탐색한다. 3) 생명과 자연에 관심을 가진다.
2019 개정 누리과정 (자연탐구 영역)	탐구하는 과정을 즐기고, 자연과 더불어 살아가는 태도를 가진다. 1) 일상에서 호기심을 가지고 탐구하는 과정을 즐긴다. 2) 생활 속의 문제를 수학적, 과학적으로 탐구한다. 3) 생명과 자연을 존중한다.	
2015 개정 초등교육과정 (수학과)	수학의 개념, 원리, 법칙을 이해하고 기능을 습득하며 수학적으로 추론하고 의사소통하는 능력을 길러, 생활 주변과 사회 및 자연 현상을 수학적으로 이해하고 문제를 합리적이고 창의적으로 해결하며, 수학학습자로서 바람직한 태도와 실천 능력을 기른다. 1) 생활 주변 현상을 수학적으로 관찰하고 표현하는 경험을 통하여 수학의 기초적인 개념, 원리, 법칙을 이해하고 수학의 기능을 습득한다. 2) 수학적으로 추론하고 의사소통하며, 창의 · 융합적 사고와 정보 처리 능력을 바탕으로 생활 주변 현상을 수학적으로 이해하고 문제를 합리적이고 창의적으로 해결한다. 3) 수학학습의 즐거움을 느끼고 수학의 유용성을 인식하며 수학학습자로서 바람직한 태도와 실천 능력을 기른다.	

〈표 3-2〉에 제시된 바와 같이 2019 개정 누리과정의 자연탐구 영역은 '탐구하는 과정을 즐기고 자연과 더불어 살아가는 태도를 가진다.'에 목표를 두고 있다. 제4차 표준보육과정의 자연탐구 영역의 경우, 0~1세는 주변 환경과 자연에 관심을 가지는 것을, 2세는 주변 환경과 자연을 탐색하는 과정을 즐기는 것을 목표로 설정하였다. 이렇듯 영유아를 위한 수학교육은 영유아가 자신을 둘러싼 주변 세계에 호기심을 갖고, 궁금한 것을 수학적으로 사고하며 알아가는 과정 자체를 즐기는 태도를 형성하는 것을 강조한다. 반면, 2015 개정 초등교육과정 수학과의 목표를 살펴보면 수학적 개념, 원리, 법칙의 수학적 지식 형성과 함께 기능과 수학적 사고 능력의 발달을 토대로 생활 주변과 사회 및 자연 현상을 수학적으로 이해하고 문제를 해결하며 수학학습자로서 바람직한 태도와 실천 능력을 기르는 것을 목표로 삼고 있다. 즉, 영유아를 위한 수학교육은 과정중심 교육으로 수학적 탐구 과정을 즐기는 태도를 형성하는 데 중점을 두고 있고, 초등수학교육은 수학학습자로서의 태도뿐만 아니라 수학적 지식과 기능의 습득도 중요하게 다루고 있음을 알 수 있다.

2) 수학교육내용 간 연계

각 교육과정 수학교육내용을 알아보기에 앞서 교육과정의 내용 구성 체계를 살펴볼 필요가 있다. 제4차 표준보육과정과 2019 개정 누리과정은 모두 자연탐구 영역에 수학교육 관련 내용이 제시되어 있다. 이때, 누리과정은 이번 개정을 통해 연령별 내용이 삭제되었고, 표준보육과정은 개정하면서 0~1세, 2세를 위한 내용으로 구분한 체계는 유지하였으나, 0~1세와 2세를 위한 수준별 내용은 삭제되었다. 초등교육과정은 교과별로 구분된 것이 특징이며, 수학교육내용은 수학과 교육과정에 3개 학년군(1~2학년, 3~4학년, 5~6학년)으로 각각 제시되어 있다. 다만, 여기에서 영유아수학교육과의 연계성 차원에서 초등교육과정을 살펴보는 것이므로 1~2학년을 위한 교육내용만 알아보고자 한다.

먼저, 제4차 표준보육과정과 2019 개정 누리과정에 제시된 수학교육내용을 비교하면 다음과 같다.

〈표 3-3〉 제4차 표준보육과정과 2019 개정 누리과정의 수학교육내용

구분		제4차 표준보육과정 (자연탐구 영역)		2019 개정 누리과정 (자연탐구 영역)
대상		0~1세	2세	3~5세
내용	탐구과정 즐기기	• 주변 세계와 자연에 대해 호기심을 가진다. • 사물과 자연을 탐색하기를 즐긴다.	• 주변 세계와 자연에 대해 호기심을 가진다. • 사물과 자연을 반복하여 탐색하기를 즐긴다.	• 주변 세계와 자연에 대해 지속적으로 호기심을 가진다. • 궁금한 것을 탐구하는 과정에 즐겁게 참여한다. • 탐구과정에서 서로 다른 생각에 관심을 가진다.
	생활 속에서 탐구하기	• 물체의 수량에 관심을 가진다. • 주변 공간과 모양을 탐색한다. • 규칙성을 경험한다.	• 물체의 수량에 관심을 가진다. • 주변 공간과 모양을 탐색한다. • 규칙성에 관심을 가진다. • 주변 사물을 같고 다름에 따라 구분한다.	• 물체를 세어 수량을 알아본다. • 물체의 위치와 방향, 모양을 알고 구별한다. • 일상에서 길이, 무게 등의 속성을 비교한다. • 주변에서 반복되는 규칙을 찾는다. • 일상에서 모은 자료를 기준에 따라 분류한다.

〈표 3-3〉에서 알 수 있듯이 표준보육과정과 누리과정의 수학교육과 관련된 내용은 '탐구과정 즐기기'와 '생활 속에서 탐구하기'의 2개 내용 범주로 영아기부터 유아기에 이르기까지 수학교육내용 간 연계가 잘 이루어지도록 구성되어 있다.

내용 범주별로 자세히 살펴보면 '탐구과정 즐기기'의 경우, 표준보육과정의 영아가 주변 세계와 자연에 호기심을 가지고 탐색하기를 즐기고 반복적으로 탐색하는 과정에, 누리과정은 호기심을 유지하고 확장시키며, 유아 주도적으로 궁금한 것을 탐구하고, 그 과정에서 다른 사람과 생각을 공유하는 내용도 포함하고 있다.

'생활 속에서 탐구하기'의 수학교육내용은 수학교육의 영역 즉, 수, 기하, 측정, 규칙성, 자료분석과 확률과 관련이 있다. 그리고 〈표 3-3〉에서처럼 영유아의 연령이 높아짐에 따라 수학교육내용이 심화, 확장됨을 알 수 있다. 즉, 0~1세를 위한 수학교육내용은 수와 연산, 기하, 규칙성에 관한 내용이 주를 이루고, 2세를 위한 내용에 분류의 기초 개념인 사물의 같고 다름을 구분하는 내용이 추가적으로 포함되어 있다. 3~5세를 위한 누리과정에는 측정 개념과 관련된 내용이 새로 추가되

고, 수를 세어 보는 경험, 물체의 위치와 방향, 모양을 구별하는 경험, 주변에서 규칙을 찾아보는 경험, 자료를 모으고 기준에 따라 분류하는 경험 등 수, 기하, 규칙성, 통계 개념과 관련한 내용도 표준보육과정에 비해 심화, 확장된 내용을 다루고 있다.

다음으로, 영유아수학교육과 초등교육 간의 연계성을 알아보기 위해 2019 개정 누리과정과 2015 개정 초등교육과정 수학과에 제시된 내용을 비교하고자 한다. 수학과 초등교육과정의 내용 체계는 영역, 핵심 개념, 일반화된 지식, 학년(군)별 내용 요소, 기능으로 구성되어 있다. 여기서 일반화된 지식은 핵심 개념에 따라 학습자가 형성하게 되는 수학적 지식을 포괄적으로 기술해 놓은 것으로 〈표 3-4〉에서는 생략하였다. 수학과 초등교육과정의 내용은 수학 영역인 수와 연산, 도형, 측정, 규칙성, 확률과 통계의 5개 영역별로 핵심 개념과 함께 1~2학년을 위한 내용요소가 제시되어 있고, 영역별 내용 요소를 학습하기 위한 기능도 구체적으로 명시되어 있는 것이 특징이다.

〈표 3-4〉와 같이 두 교육과정은 모두 수, 기하, 측정, 규칙성, 자료 분석과 확률의 5개 수학 영역을 기준으로 내용이 제시되어 있다. 내용별로 자세히 비교하면, 첫째, 수 영역의 경우 누리과정에서는 수를 세어 보고 수량을 알아보는 내용을 주로 다루고, 초등교육과정은 네 자리 이하의 큰 수를 포함하여 수 체계를 이해하고 나눗셈을 제외한 연산 개념까지 포함되어 있다. 둘째, 기하 영역은 누리과정에서 공간과 도형 개념을 모두 제시하고 있는데, 초등교육과정은 도형을 더 비중 있게 다루고 있다. 셋째, 누리과정에서 측정 관련 내용은 일상에서 길이, 무게 등 측정 가능한 속성을 비교하는 내용을, 초등교육과정은 양을 비교하는 것 외에도 시각과 시간, 길이의 표준화된 단위에 관한 내용도 포함하고 있다. 넷째, 규칙성 영역은 누리과정과 초등교육과정 모두 규칙을 찾아보는 내용이 제시되어 있다. 마지막으로 자료 분석과 확률의 경우, 누리과정은 자료를 수집하고 분류하는 내용으로 제시된 반면, 초등교육과정은 분류 개념 외에도 표와 기호를 이용한 그래프 만드는 내용까지 구체적으로 명시되어 있다.

〈표 3-4〉 2019 개정 누리과정과 2015 개정 초등교육과정의 수학교육내용

구분	내용 체계			
	내용 범주		내용	
2019 개정 누리 과정 (자연탐구 영역)	탐구과정 즐기기		• 주변 세계와 자연에 대해 지속적으로 호기심을 가진다. • 궁금한 것을 탐구하는 과정에 즐겁게 참여한다. • 탐구과정에서 서로 다른 생각에 관심을 가진다.	
	생활 속에서 탐구하기		• 물체를 세어 수량을 알아본다. • 물체의 위치와 방향, 모양을 알고 구별한다. • 일상에서 길이, 무게 등의 속성을 비교한다. • 주변에서 반복되는 규칙을 찾는다. • 일상에서 모은 자료를 기준에 따라 분류한다.	
	영역	핵심 개념	1~2학년 내용 요소	기능
2015 수학과 초등교육 과정 (수학과)	수와 연산	수의 체계	• 네 자리 이하의 수	(수)세기, (수)읽기, (수)쓰기, 이해하기, 비교하기, 계산하기, 어림하기, 설명하기, 표현하기, 추론하기, 토론하기, 문제해결하기, 문제 만들기
		수의 연산	• 두 자리 수 범위의 덧셈과 뺄셈 • 곱셈	
	도형	평면도형	• 평면도형의 모양 • 평면도형과 그 구성 요소	만들기, 꾸미기, 그리기, 구별하기, 분류하기, 활용하기, 이름 짓기, 이해하기, 채우기, 추론하기, 설명하기, 규칙 찾기, 조작하기, 표현하기, 추측하기, 확인하기, 문제해결하기
		입체도형	• 입체도형의 모양	
	측정	양의 측정	• 양의 비교 • 시각과 시간 • 길이(cm, m)	비교하기, 구별하기, (시각)읽기, 표현하기, 이해하기, 계산하기, 측정하기, 어림하기, 그리기, 추론하기, 설명하기, 활용하기, 문제해결하기
	규칙성	규칙성과 대응	• 규칙 찾기	배열하기, 표현하기, 추측하기, 규칙 찾기, 규칙 정하기, 설명하기, 이해하기, 확인하기, 문제해결하기
	자료와 가능성	자료 처리	• 분류하기 • 표 • ○, ×, /를 이용한 그래프	분류하기, (개수)세기, 표 만들기, 그래프 그리기, 표현하기, 수집하기, 정리하기, 해석하기, 설명하기, 이해하기, 활용하기, 비교하기, 문제해결하기

두 교육과정을 비교할 때, 유의해야 할 점은 2019 개정 누리과정에 제시된 내용은 유아의 주도적 놀이와 일상생활 속에서 나타나는 수학적 경험을 포괄적으로 제시한 것이며, 초등교육과정은 해당 학년에서 학생들이 학습해야 할 내용이라는 점이다. 따라서 유아는 놀이와 일상 경험을 통해 누리과정에 제시되어 있지 않은 다양한 수학적 지식과 개념도 형성할 수 있다.

또한 초등교육과정에서 5개 영역별 기능이 상세하게 기술된 것에서 알 수 있듯이, 초등교육에서는 수학적 문제해결을 포함한 표상, 의사소통, 추론 등 수학적 과정 기술도 중요하게 다루고 있고, 누리과정은 '탐구과정 즐기기'의 내용처럼 놀이나 일상 속에서 일어나는 수학적 호기심과 궁금증을 탐구하는 과정을 강조하고 있다. 여기서 누리과정은 유아의 자발적이고 주도적인 놀이와 일상생활 속에서 일어나는 수학적 탐구과정과 경험을 중요하게 다루고 있다면, 초등교육과정은 다양한 수학적 사고와 과정 기술을 활용하여 수학적 지식과 개념을 습득하도록 하고 있다.

심화학습하기 NCTM Standards에 나타난 수학교육의 목표 및 내용

NCTM은 National Council of Teachers of Mathematics의 약자로 미국수학교사협회를 일컫는다. 이 협회는 1920년에 미국 수학교사를 주축으로 설립되었으며, 활발한 연구 활동, 저서 및 학술지 발간, 교사 연수 등 전 세계 수학교육의 흐름에 큰 영향력을 행사하고 있다. 이 협회에서는 총 4개의 기준집을 발간했는데, 이는 우리나라의 국가수준 교육과정과는 다른 것으로, 교육과정을 구성하는 지침서의 성격을 지니고 있다. 1989년에 발간한 『*Curriculum and Evaluation Standards for School Mathematics*』와 2000년에 발간한 『*Principles and Standards for School Mathematics*』에 수학교육의 목적 및 목표, 학교수학을 위한 기준(내용 기준과 과정 기준)이 구체적으로 제시되어 있으며, 이는 pre-K부터 12학년까지 모두 동일하게 적용된다. 다만, 학교수학을 위한 기준 중 내용 기준만이 pre-K~2학년, 3~5학년, 6~9학년, 10~12학년의 4개 학년군으로 구분되어 있으며, 학년군별로 강조되어야 할 내용을 명시하고 있다.

이후, 2006년에는 미국 수학교사들이 2000년에 발간한 기준집을 보다 쉽게 활용하도록 돕는 것을 목적으로 『*Curriculum Focal Points*』를 발간하였다. 따라서 2000년 기준집과 달리 내용 기준을 학년군별이 아닌 pre-K부터 12학년까지 학년별로 구체적으로 명시하였다. 또한 각 기준이 이후 학년에 학습할 내용 기준과 어떠한 연계성이 있는지 밝힘으로써 수학이 지닌 학문적 위계성을 적극 반영하여 구성하였다.

Curriculum and Evaluation Standards for School Mathematics (NCTM, 1998)

Principles and Standards for School Mathematics (NCTM, 2000)

Curriculum Focal Points (NCTM, 2006)

Principles and Standards for School Mathematics (NCTM, 2000)

1. 학교수학의 목적 및 목표

모든 학생의 수학적 소양(mathematical literacy)을 함양하는 것이다.

- 수학의 가치를 이해한다.
- 수학을 학습하는 자신의 능력에 자신감을 갖는다.
- 수학적으로 문제를 해결한다.
- 수학적으로 의사소통한다.
- 수학적으로 추론한다.

2. 학교수학을 위한 기준

1) 내용 기준(Contents Standards)

- 수와 연산(Number & Operation)
- 대수(Algebra)
- 기하(Geometry)
- 측정(Measurement)
- 자료 분석과 확률(Data Analysis and Probability)

NCTM은 내용 기준을 제시함에 있어 학년별로 중점을 두어야 할 수학 내용을 제시하고 있다. 그림에서 보는 바와 같이 전 학년에 걸쳐 5가지 내용 기준은 고루 다루어져야 하지만, 유아의 발달 수준과 수학의 학문적 위계 및 연계성을 고려해 볼 때 유아기에는 수 개념, 기하 개념을 중요하게 다루어야 함을 알 수 있다.

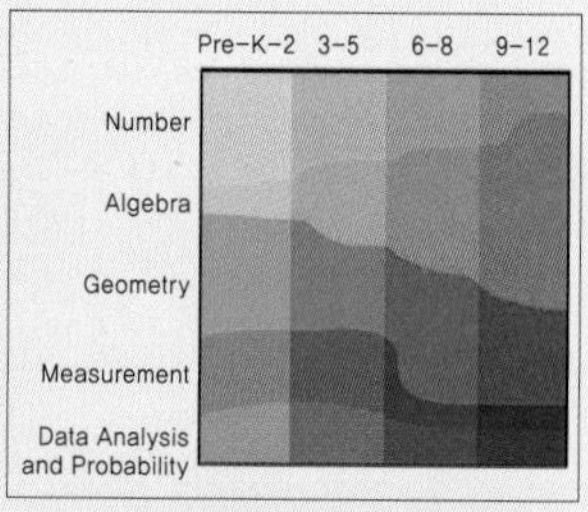

학년별 중점을 두어야 할 내용 기준

2) 과정 기준(Process Standards)

- 문제해결하기(Problem Solving)
- 추론 및 증명하기(Reasoning and Proof)
- 의사소통하기(Communication)
- 연계하기(Connections)
- 표상하기(Representations)

과정 기준은 유아가 수학적 지식을 습득하는 방법과 절차의 기준에 관한 것이다. 즉, 이는 유아가 수학을 경험하는 과정에서 수학적 지식을 활용하고 이해하며, 수학적 능력을 향상시키는 데 필요한 사고 기술을 말한다.

함께 토의해 보세요!

1. 2019 개정 누리과정, 2015 개정 초등교육과정에 제시된 교육내용의 연계성이 잘 이루어져 있다고 생각하나요? 어떠한 내용 범주(영역)에서 잘 이루어지고/이루어지지 않고 있다고 생각하나요?

2. 영유아교사는 연계성 있는 수학교육을 실시하기 위해 어떠한 노력을 해야 할까요?

3. '심화학습하기'에 수록된 미국수학교사협회(NCTM)에서 2000년에 발간한 『Principle and Standards for School Mathematics』에 제시된 내용 기준과 과정 기준을 살펴봅시다. 우리나라 교육과정과 유사점/차이점은 무엇인가요?

/ 제4장 /

영유아수학교육의 내용

영유아를 대상으로 한 수학교육은 형식교육을 지양하고 있으며, 교사 주도적 집단 활동을 통한 의도적 수학 개념의 습득은 바람직하지 않다. 이 장에서는 영유아들의 일상생활 경험과 발달적으로 자연스럽게 나타내는 수학 개념을 바탕으로 수학교육의 내용을 알아보고자 한다. 수학교육의 내용을 이해하는 것은 영유아들이 경험하고 있는 수학 과정을 교사의 입장에서 세밀하게 관찰하고 수학적으로 의사소통함으로써 영유아의 수학적 탐색이 깊이 있는 경험이 되도록 하기 위함이다.

수학교육의 내용은 수학과 관련한 개념적 경험과 수에 대한 경험을 나타내는 기술과 태도적 측면으로 살펴볼 수 있다. 수학적 개념, 수학적 과정 기술, 수학적 태도를 포함하고 있다. 수학적 개념으로는 수 개념, 공간과 도형, 측정, 규칙성, 자료수집과 분류 등이 있고, 수학적 과정 기술로는 문제해결하기, 추론하기, 의사소통하기, 연계하기, 표상하기 등이 있다. 이러한 내용과 더불어 수학에 대한 호기심을 가지고 수학적 문제해결 과정을 즐기는 태도를 길러 주는 것도 매우 중요한 교육이다. 교사는 수학교육의 내용 체계를 이해하고 내용 간 연관성을 고려하여 지도할 필요가 있다. 이를 위해 여기서는 수학교육의 내용을 자세히 살펴보고자 한다.

1. 수학적 개념

1) 수 개념

(1) 수량 인식

서로 다른 개수인 물체를 보고 어떤 물체가 더 많은지 적은지를 인식하는 과정을 수량 인식이라고 한다. 이러한 수량에 대한 인식은 신생아 때부터 가능하다. 영아의 수학적 능력을 살펴본 여러 연구(Berger, Tzur, & Posner, 2006; Strauss & Curtis, 1981)에서 나타난 공통적인 결과는 생후 몇 주밖에 되지 않은 영아도 대상영속성과 물체의 양적 차이를 인식하는 능력이 있다는 것을 보여 준다. 영아에게 서로 다른 개수의 점이나 사물이 그려진 카드를 보여 주었을 때 양의 차이를 인식할 수 있었다. 또한 서로 다른 횟수로 들려주는 소리를 듣고 양을 지각하는지 알아보는 실험에서 영아는 많고 적음을 변별할 수 있었다. 좀 더 나이가 있는 유아처럼 사물 하나하나를 뚜렷하게 세는 능력을 지니지 않아도 양을 가늠할 수 있는 능력은 지니고 있다고 볼 수 있다.

영아는 생후 첫 주 시기에도 적은 수(1~3개 혹은 4개)로 구성된 집합의 다수성 차이에 움직임을 표시하거나 복합적인 방식으로 민감성을 보인다. 즉, 3~4개의 물체로 구성된 수준의 다수성에 대한 민감성은 이미 지니고 태어남을 보여 준다(신현기 외 역, 2012). 실제로, 영아가 과자가 많이 담긴 그릇과 더 적게 담긴 그릇을 보았을 때 많은 양의 과자를 선택하는 행동은 쉽게 관찰할 수 있다. 이는 영아가 성인으로

부터 많고 적음에 대해 배우기 전에 이미 그것을 생득적으로 인식하고 있음을 나타낸다.

이렇듯 수량에 대한 인식은 영아기부터 태생적으로 갖고 있는 수학적 능력의 기초이며 수학적 이해의 바탕이 된다. 이후 수 세기, 수 개념에 대한 이해는 형식적 교육과 함께 이루어져야 한다. 교사를 비롯한 성인은 영아기부터 수량을 인식하는 경험을 제공하고 수량의 많고 적음을 인식할 수 있도록 "많이 가졌구나.", "더 많아졌네(적어졌네).", "이것이 더 많구나(적구나)."라고 말해 준다. 이러한 과정을 통해서 영아는 자신의 행위에 따라 달라지는 수량을 인식할 수 있게 된다. 초기에 무의식적이던 영아의 행위가 점차 수량을 의식하며 의미가 담긴 행동으로 변화될 수 있다.

(2) 숫자 인식

우리 주변에는 많은 건물과 책, 장난감, 도구 등이 있다. 이러한 것에는 숫자가 포함되어 있고 숫자들은 모두 나름의 의미를 담고 있다. 영유아는 주변에서 보이는 숫자들을 읽으려고 하고 손가락으로 따라가며 숫자 모양을 익히기도 한다. 영유아가 숫자를 인식하는 것은 숫자의 모양이 상징성을 담고 있음을 이해하고, 더 나아가 숫자가 사용되는 의미를 이해하려는 과정에 참여하고 있음을 말한다.

초기에는 아파트, 전화기 등에 숫자가 그려져 있음을 인식하는 데서 출발한다. 숫자가 쓰인 사물을 반복적으로 인식하고 익힘으로써 '숫자'임을 알아 가는 것이다. 숫자에 익숙해지면서 숫자의 모양을 다른 모양과 변별해 내고 이어서 숫자가 지닌 의미를 파악해 나간다.

숫자 모양 인식을 돕기 위해서는 숫자 간의 모양의 차이를 이야기하거나 감각적으로 모양을 인식하는 경험이 유용하다. 다양한 재질과 글자체에 따라 다르게 쓰인 숫자의 모양을 손가락으로 따라가거나 숫자를 모래, 점토로 채워 보는 경험을 통해 숫자의 모양을 자연스럽게 익힐 수 있다. 숫자의 모양을 인식하는 활동과 수 이름 말하기를 병행하면서 모양과 이름을 함께 익힐 수 있다.

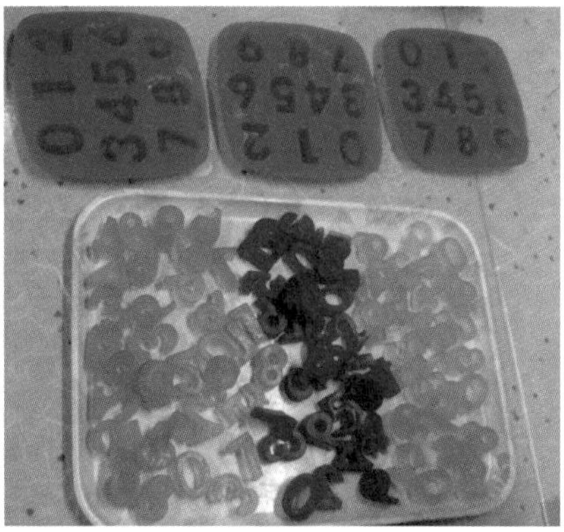

숫자는 사용되는 맥락에 따라 다른 의미를 지닌다. 숫자는 수량, 시간, 용량, 속도, 날짜, 순서 등을 의미하는데, 영유아는 같은 모양의 숫자가 이러한 다양한 의미를 지니고 있음을 인식하는 데서 혼란을 경험한다. 교사를 비롯한 성인은 숫자를 말할 때 상황에 따라 그 의미를 알려 줌으로써 영유아가 숫자의 의미를 인식하고 사용할 수 있도록 도움을 주어야 한다.

생각해 봅시다

새싹반 선생님은 교구 소개를 시작했다. 1부터 9까지 숫자와 방추형 모양을 소개한 후 맨 마지막에 '0'을 가리키며 "0! 이곳은 비었네."라고 하면서 상자 안의 빈 공간에 손을 넣고 아무것도 잡히지 않는 동작을 취했다.

교사: 0은 아무것도 없다…라는 뜻이야.
유아: 선생님, 우리 엄마가 텔레비전에서 봤는데 조금 있으면 추워져서 '0도'가 된대요. 그럼 추워서 아무것도 없어져요?

※ 교사는 어떻게 답을 할 수 있을까요?
※ 유아들은 어떤 생각을 갖게 될까요?

(3) 수 세기

영아기를 거쳐 유아기에 접어들면서 자기 주변의 물건을 세거나 계단을 오르며, 친구들과 놀이하는 가운데 순서를 기다리며 자연스럽게 수를 센다. 영유아는 일상 경험 속에서 수를 세고, 이러한 세는 행위의 반복을 통해서 수 개념을 형성한다. 따라서 영유아기 동안에도 비형식적 수 세기를 통해 수에 대한 개념을 형성하고 있다. 수 세기 유형은 기계적인 수 세기와 합리적인 수 세기로 나뉜다.

기계적인 수 세기는 수의 의미를 알면서 세는 것이 아니라 수를 나타내는 소리를 기억하여 숫자를 말하는 것이다. 사물이나 행위를 셀 때 사물의 실제 수량과 영유아가 세는 숫자가 일치하지 않기도 하고, 무의미하게 세는 경우도 있다. 또한 물체를 한 번씩 세어야 하는 것을 이해하지 못하기 때문에(박재규 역, 1987) 사물의 수를 셀 때 사물을 세지 않고 지나가거나 한 번 센 사물을 다시 반복하여 세는 오류를 범하기도 한다. 기계적인 수 세기는 합리적인 수 세기와 무관하며 의미 없는 소리로 인식되기도 했지만(Eliason & Jenkins, 1990), 최근 들어 기계적인 수 세기의 경험이 합리적인 수 세기에 영향을 미친다는 연구들이 제시되고 있다. 이에 따라 기계적으로 수를 세는 행동들도 성장하면서 수 세기를 활발하게 시도하거나 수 개념을 형성하는 기초로서 가치를 지닌다고 볼 수 있다. 정확하게 기계적인 수 세기를 하는 것과 일대일 대응을 이해하는 것은 합리적인 수 세기의 기초가 된다.

합리적인 수 세기는 사물을 세어 가며 사물의 수와 수의 이름을 일치시키는 것을 말한다. 합리적인 수 세기는 복잡한 과정이며, 사물을 셀 때 정확하게 세기 위해서는 수를 바른 순서대로 알아야 한다(Charlesworth & Lind, 2007). 손가락이나 눈으로 수를 세면서 사물의 순서를 기억해야 하기 때문에 매우 복잡한 과정이 이루어지게 되는 것이다. 사물과 수를 짝지을 때 눈, 손, 말하기, 기억이 협응되어야 하므로 2~3세 유아에게는 어렵고, 4~5세가 되면 합리적인 수 세기가 기계적 수 세기를 따라잡게 된다(한유미, 2009).

합리적인 수 세기를 하는 능력은 특정한 수가 특정한 양을 포함한다는 수 개념 이해의 발달을 돕는다. 서로 다른 물체인 의자 2개, 잔 2개, 아이스크림 2개가 같은 양임을 이해하도록 한다(Charelesworth & Lind, 2007). 초기의 부피, 크기 등에 의한 양의 개념에서 각각의 수량에 대한 인식으로 나아가는 것이다. 이러한 수 세기에는 5가지의 내재적 원리가 적용된다(Gelman & Gallistel, 1978).

① 순서 안정의 원리

대상을 셀 때마다 일정한 수 단어를 사용하는 것을 말한다. 하나, 둘, 셋으로 순서를 지었다면 계단을 세거나 과자, 음료수 등을 셀 때에도 이 순서를 일정하게 사용하는 원리다. 순서 안정의 원리를 이해하지 못한 영아의 경우 숫자를 셀 때 안정적으로 수 세기를 하지 못한다.

민아: (구슬을 손에 쥐어서 접시에 옮기며) 이거 하나, 둘, 넷, 열.
태진: (똑같이 구슬을 옮기며) 하나, 둘, 셋, 넷. 네 개.

② 일대일 대응의 원리

물체를 셀 때 하나의 사물에 하나의 수 단어가 연결됨을 이해하는 것이다. 일대일 대응이 된다는 것은 세는 물건을 빠뜨리거나 수 단어를 중복하여 사용하거나, 수 단어를 건너뛰어 사용하지 않는 것이다. 영유아는 수를 세며 건너뛰기를 하거나 물체, 대상이 나열되어 있을 때 생략하기도 하는데, 일대일 대응 원리를 이해하고 매번 적용할 수 있을 때 수 세기를 잘할 수 있게 된다.

다섯 개의 사물을 센다.
유아 1: 하나, 둘, 셋, 넷, 다섯.
유아 2: 하나, 둘, 넷, 셋. (손가락은 이미 다섯 번째 사물에 가 있다.)
유아 3: 하나, 둘, 셋, 넷, 넷.

③ 기수의 원리

물체를 셀 때 마지막에 센 물체에 사용된 수 단어가 전체 물체의 수임을 이해하는 것이다. 7개의 사물을 세었을 때 마지막에 '칠'이라고 세고 난 후 지금까지 세었던 사물의 수가 모두 7개가 있었음을 인식하는 것이다. 항목별 숫자 세기의 마지막이 전체의 수를 나타냄을 이해하고 연결하는 과정이다. 다음의 예시를 살펴보자.

교사: 여기 요구르트가 몇 개 있는지 세어 볼까?
유아: 하나, 둘, 셋, 넷, 다섯.
교사: 그럼 모두 몇 개지?
유아: (손가락으로 요구르트를 가리키며) 하나, 둘, 셋, 넷, 다섯. 다섯 개예요.

이 예를 보면 각각의 요구르트 개수를 세었던 유아가 교사의 "모두 몇 개지?"라는 질문에 즉시 답하지 못하고 처음부터 다시 세기를 반복하는 것을 알 수 있다. 기수의 원리를 잘 이해한 유아는 "여기 있는 것이 모두 몇 개일까?"라는 질문에 처음부터 다시 세는 행위를 나타내지 않고 마지막에 센 숫자를 연상해 말한다. 만약 유아가 처음에 놓인 사물부터 '하나, 둘, 셋'을 다시 세기 시작한다면 아직 기수의 원리를 터득하지 못한 것으로 판단할 수 있다.

④ 순서 무관의 원리

대상 물체를 셀 때 좌우 어느 방향에서 세더라도 전체의 숫자는 똑같음을 아는 것이다. 보통은 왼쪽에서 오른쪽으로 세어 나가는데, 반대로 셀 때에도 마지막에 세는 숫자는 같다는 것을 인식하는 능력이다. 이러한 순서 무관의 원리는 같은 종류의 사물을 셀 때나 서로 다른 종류의 사물이 섞여 있을 때에도 마찬가지다. [그림 4-1]에서 각각의 줄에 놓인 사과와 딸기를 세는 방법을 알아보자. 영유아들에게 던질 질문은 "첫 번째 줄에서 사과는 몇 개일까? 과일은 몇 개일까?", "두 번째 줄에서 사과는 몇 개일까? 딸기는 몇 개일까? 과일은 몇 개일까?", "세 번째 줄에서 사과는 몇 개일까? 딸기는 몇 개일까? 과일은 몇 개일까?" 등이다. 영유아가 각각의 줄에 놓인 사과와 딸기를 어떻게 세는지 살펴보자.

[그림 4-1] 순서 무관의 원리

영유아가 셀 때 왼쪽, 오른쪽으로 세어 오는 방향에 따라 다른 숫자를 말하거나 왼쪽으로 한 번 세고, 또 다시 오른쪽에서 세어 보는 행동을 보인다면 순서 무관의 원리를 아직 터득하지 못한 것을 의미한다.

⑤ 추상화의 원리

영유아의 시야에 보이도록 나열된 물체를 세는 일 외에도 사건이나 사고와 같은 정신적인 대상들도 셀 수 있다는 것을 이해하는 것이다. 친구와 함께 놀았던 횟수, 점심을 먹은 횟수, 물을 엎질렀던 일과 같이 특정한 사물이 아닌 추상적 대상도 수로 열거하고 표현할 수 있다. 추상화의 원리를 터득한 유아는 혼합된 항목의 집합, 행동, 소리 등을 열거하기 위해 수 세기를 사용할 수 있다(Wynn, 1990).

이러한 5가지의 원리를 터득한 유아는 이전까지의 지각적으로 판단하는 단계에서 벗어나 보다 명확하게 양을 판단할 수 있고 덧셈과 뺄셈을 위한 강력한 힘을 갖게 된다(Maclellan, 1997). 영유아의 수 세기에는 이러한 5가지 원리가 포함되어 있으며, 영유아의 수 세기는 연령에 따라 발달적 과정을 거친다. 일반적으로 발달적 과정은 영유아가 속한 사회문화 집단이 지닌 수 체계와 수 관련 언어에 영향을 받는 것으로 알려져 있다. 수 체계가 발달하지 않은 부족의 경우 하나, 둘, 셋, 많다로 나타내는 것이 일반적이다. 독특하게도 파푸아뉴기니의 오크사프민(Oksapmin) 부족은 사람 몸의 27군데를 활용하여 숫자를 센다고 알려져 있다. 10진법의 편리성에 힘입어 현대는 대부분 10진법에 따라 숫자를 표기한다. 하지만 각각의 고유 언어로 표현할 때는 차이를 보인다. 영어 문화권은 10 이상의 수 표기에서 11을 'eleven', 12를 'twelve'로 표기한다. 반면, 우리나라는 11을 '열하나' 혹은 '십일', 12를 '열둘' 혹은 '십이'라고 읽는다. 영어 문화권은 일의 자리와 십의 자리, 백의 자리 수를 읽고 표기하는 방식이 일관적인 우리나라와 다르다.

숫자의 자릿값의 표기에서 나타나는 비일관성은 유아의 수 세기에서 혼동을 야기할 수도 있고, 십진법의 체계를 이해하는 데 방해가 될 수도 있다. 그럼에도 불구하고, 대부분의 경우 2학년 정도가 되면 100까지의 수 이름을 잘 이해한다(신현기 외, 2012). [그림 4-2]에 제시된 숫자를 읽어 보며 우리말에서 숫자 세기의 규칙성을 느껴 보자.

2~3세가 되면 수 세기를 할 때 수 단어를 사용하고, 이때 사용하는 수 단어는 사

1	2	3	4	5	6	7	8	9	10
일	이	삼	사	오	육	칠	팔	구	십
하나	둘	셋	넷	다섯	여섯	일곱	여덟	아홉	열
一	二	三	四	五	六	七	八	九	十
one	two	three	four	five	six	seven	eight	nine	ten
11	12	13	14	15	16	17	18	19	20
십일	십이	십삼	십사	십오	십육	십칠	십팔	십구	이십
열하나	열둘	열셋	열넷	열다섯	열여섯	열일곱	열여덟	열아홉	스물
十一	十二	十三	十四	十五	十六	十七	十八	十九	二十
eleven	twelve	thirteen	fourteen	fifteen	sixteen	seventeen	eighteen	nineteen	twenty

[그림 4-2] 여러 나라의 십진법 체계

물의 개수와 대응하는 수 개념이 바탕이 되기보다는 수를 세는 상황에서 사용하는 기호와 같은 것이다. 영유아기를 거쳐 가면서 수 세기 기술, 개념, 수학적 개념의 오류가 발달해 간다(NRC, 2001). 일반적으로 영유아의 수 세기 발달은 4세 무렵이면 10까지의 수를 세고, 5세 무렵이 되면 100까지의 수 세기를 시도한다. 전반적으로 수 세기의 발달은 2~4세까지 수 명칭 습득에 완만한 증가를 보이다가 5세 무렵에는 급속히 증가되는 경향을 나타낸다(홍혜경, 1990).

우리나라의 경우 수 세기에서 아라비아 숫자와 한글, 한자어를 섞어서 수를 사용하는데, '하나, 둘, 셋'과 같은 고유 명칭은 2세 이전에, '일, 이, 삼'과 같은 한자 수 명칭은 2세 이후에 획득되기 시작한다(김경미, 2011). 수 세기를 할 때 우리나라는 연속된 두 수를 말할 때 어휘가 불규칙적으로 바뀐다. 하나 혹은 둘을 말할 때 '한 두 개', 3개나 4개를 말할 때는 '서너 개', 4개나 5개를 말할 때는 '네댓 개'라 하는데, 이러한 관습적 수 단어는 영유아에게 어렵게 느껴진다. 관습적인 수 세기는 의도적으로 가르치기보다 의미에 혼란이 생긴 상황에서 가르쳐 주는 것이 좋다. 다양한 언어로 수 세기를 하는 우리나라의 경우, 구체적 물체를 조작하며 세는 활동을 하며 서로 다른 언어 표

연속된 세 자리의 수 적기

현으로 바꿔 보는 활동이 바람직하다.

손가락, 단추, 구슬 등을 사용하며 5나 10까지 세는 활동은 간단해 보이지만 실은 매우 복잡한 과정이다. 수 세기의 활동은 사고, 인식, 동작을 포함한다(NRC, 2001). 수를 세는 단위가 증가할수록 영유아의 사물에 대한 지각과 사고력, 조작 능력은 향상되고 있는 것이다.

(4) 수 연산

수 연산은 전통적으로 유아에게 적합하다기보다는 초등학생 시기에 발달적으로 더 적절하다는 의견이 지배적이었다. 그러나 영유아가 지닌 수량 변별, 많고 적음에 대한 인식, 더하거나 빼는 수에 대한 예측에 관한 연구들은 영유아가 연산에 대한 인식을 지니고 있음을 밝히고 있다. 최근 연구에 따르면, 5개월 된 영아를 대상으로 하여 인형을 보여 주고 가림막을 한 후 인형의 개수를 더하거나 빼서 응시하는 시간을 측정하는 실험에서 영아도 적은 수량을 다루는 수준에서는 더하기나 빼기를 할 수 있다고 밝혀졌다(Wynn, 1992; 신현기 외, 2012 재인용).

더하고 빼기를 하는 산술적인 문제해결 과정에는 수에 대한 지식과 수를 셈하는 능력뿐만 아니라 영유아가 살고 있는 문화의 셈에 대한 관습과 규칙도 영향을 미친다. 수 연산을 위해서는 연산할 대상물의 개수를 비교하는 것이 바탕이 되어야 한다. 또한 더해지는 것은 처음의 수량보다 많아지는 것이며, 빼는 것은 반대로 처음의 수량보다 줄어드는 것임을 이해해야 한다. 연산에 대한 지식체계를 기초로 하여 연산 활동을 정확하게 하는 전략이 필요하다. 일반적으로 가장 많이 활용되는 방법은 손가락을 사용하여 연산을 하는 것이다. "과자 3개에 다시 2개를 더하면 몇 개일까?"라는 질문을 하면 손가락 3개를 차례로 펴고 다른 손으로 2개를 더 편다. 그런 다음 양손에 펴진 손가락을 하나씩 세어 총 개수를 센다. 다른 유아는 3개의 손가락을 접은 후 다시 2개를 접어서 접힌 손가락의 개수를 세어 보고 말하기도 한다. 손가락 이외에도 돌멩이, 구슬, 동그라미 그리기, 산가지 등을 사용하여 개수를 나타낸다. 초기에 구체물을 사용한 연산 활동을 하던 유아는 조작적 사고를 발달시키면서 점차 추상적인 표상으로 변화한다. 손가락 사용 횟수가 줄어들고 부분적인 구체물 사용 혹은 숫자와 같은 표상체계의 사용 횟수가 증가한다. 좀 더 사고가 발달한 유아는 사고 과정만으로도 연산 문제를 해결하기도 한다.

유아는 더하기와 빼기 문제를 해결하기 위해 다양한 책략을 사용하는 것으로 알려져 있다. 더하기에서 사용하는 책략은 구체적 물체로 세기에서 과도기를 거쳐 정신적 세기로 발달한다(한유미, 2009). 구체적 물체로 세기 단계에서는 전부 세기를 하며, 과도기에서는 손가락으로 세기를, 정신적으로 세기 단계에서는 이어 세기와 큰 수부터 세기의 책략을 사용한다. 홍혜경(2009)은 선행 연구들(Carpenter & Moser, 1984; De Corte & Verschaffel, 1987; Geary, 1994)을 기초로 하여 더하기에서의 문제해결 전략을 전부 세기, 첫째 수부터 세기, 큰 수부터 세기, 자동인출로 나누었다. 또한 빼기에서의 문제해결 전략은 덜어 내기, 짝짓기, 감수에 더하기, 거꾸로 세기, 자동인출로 나누었다. 연산 문제해결 전략의 구체적인 내용은 〈표 4-1〉과 같다.

더하기는 문제의 유형에 따라 달라지기도 하는데, 연산 문제의 유형은 변화 유형, 결합 유형, 비교 유형 그리고 동등 유형이 있다(Fusion, 1992; Geary, 1994). 변화 유형이 추가하거나 덜어 낸 후 변화된 양을 산출하는 것이라면, 결합 유형은 두 하위 세트의 총체적 양을 산출하는 것이고, 비교 유형은 '~보다 큰/작은' 관계에 따른 양을 산출하는 것이며, 마지막으로 동등 유형은 개념적으로는 변화 유형과 유사하나 동등한 양이 되기 위해 필요한 양을 산출하는 것이다(홍혜경, 2009). 이에 대한 각 유형의 예시는 다음과 같다.

〈표 4-1〉 더하기와 빼기의 문제해결 전략

문제해결 전략		내용
더하기	전부 세기	가수와 피가수를 물체로 표상한 후 모아 놓고 물체를 전부 세기
	첫째 수부터 세기	가수와 피가수를 수로 표상한 후 첫째 수 다음부터 말로 세기
	큰 수부터 세기	가수와 피가수로 수를 표상한 후 큰 수 다음부터 말로 세기
	자동인출	물체나 수를 사용하지 않고 즉시 답을 말함
빼기	덜어 내기	감수와 피감수를 물체로 표상한 후 감수만큼 물체를 덜어 내고 남은 것을 세기
	짝짓기	감수와 피감수를 물체로 표상한 후 감수와 피감수의 물체를 대응시키고 남은 것을 세기
	감수에 더하기	감수를 물체로 표상한 후 피감수까지 물체를 더하며 세기
	거꾸로 세기	감수와 피감수를 수로 표상한 후 피감수에서 감수까지 거꾸로 세기
	자동인출	물체나 수를 사용하지 않고 즉시 답을 말함

출처: 홍혜경(2009).

변화 유형: 기존 수에 일정 수가 추가되거나 덜어지는 상황의 문제

예: '○○(대상 유아)이가 과자 5개를 가지고 있었어. 곰돌이(검사자)가 3개의 과자를 주면 모두 몇 개가 될까?' 또는 '○○이가 과자 5개를 가지고 있었어. 곰돌이에게 3개의 과자를 주면 ○○이가 가지고 있는 과자는 모두 몇 개가 될까?'

과제: 5+3, 7+3, 9−5, 12−2

결합 유형: 두 수가 있고 이를 모두 모으는 상황의 문제

예: '○○이는 과자 5개를 가지고 있고, 곰돌이는 과자 3개를 가지고 있었어. ○○이와 곰돌이가 가진 과자는 모두 몇 개일까?' 또는 '○○이는 자동차 5개를 가지고 있어. 그 중 2개는 빨간 차이고 나머지는 파란 차야. ○○이는 파란 차 몇 개를 가지고 있니?'

과제: 3+4, 7+2, 3+?, 10−?

비교 유형: 두 수를 비교하는 상황의 문제

예: '○○이는 과자 5개를 가지고 있고 곰돌이는 과자 3개를 가지고 있었어. ○○이는 곰돌이보다 몇 개 더 가졌니?' 또는 '곰돌이는 ○○이보다 몇 개 덜 가졌니?'

과제: 3 대 2, 4 대 3, 6 대 4, 11 대 9

동등 유형: 두 수 중 한 수와 같도록 만드는 상황의 문제

예: '○○이는 과자 5개를 가지고 있고, 곰돌이는 과자 3개를 가지고 있었어. 곰돌이가 ○○이와 과자의 수가 같으려면 몇 개를 더 주어야 하니?' 또는 '○○이는 곰돌이 과자의 수와 같으려면 몇 개를 먹어야 할까?'

과제: 4<=2, 10<=2, 8=>5, 14=>10

출처: 홍혜경(2009).

이러한 문제 유형에 따라 유아들의 연산 능력을 알아본 연구에 따르면, 유아들은 4세에서 6세로 갈수록 연령별로 연산 능력이 높아졌다. 또한 문제 유형별로도 연산 능력이 다르게 나타났는데, 변화와 결합 유형은 만 4세에서 5세 사이에서 중요한 발달적 변화가 일어났고, 비교와 동등 유형은 연령별로 지속적 변화를 보였다. 문제 유형에 따른 문제해결 전략의 차이에서는 자동인출이 매우 높았고, 다음으로 전부 세기의 전략을 사용하는 것으로 나타났다(홍혜경, 2009).

빼기는 간단하게 더하기의 반대 과정으로 여기기 쉽지만 더하기보다 더 어려운 문제해결 과정으로 여겨지고, 유아는 뺄셈에서 더 많은 실수와 오류를 경험한다. 유아가 빼기에서 사용하는 전략은 구체물을 이용해서 덜어 내고 세기, 감수에서 피감수까지 더해 가기, 정신적 세기로 세어 오르기, 거꾸로 세기의 전략이 있다(김숙자, 김현정, 2005; 신은수, 1995). 4세 유아는 5 이하의 더하기와 빼기를, 5세 유아의 경우 10 이하의 더하기와 빼기를 할 수 있다고 하나 연산 능력은 개인에 따른 차이가 있고 각자 사용하는 연산 전략에 따라 문제해결 과정이 다르게 나타난다. 따라서 연산 활동을 제시할 때 교사는 유아가 다양한 문제 유형을 경험할 수 있도록 고려해야 하고, 여러 가지 전략을 사용하여 문제를 해결해 보도록 도움을 주어야 한다.

(5) 수 표상

수에 대한 이해를 언어나 사물, 숫자 등의 상징체계를 사용하여 나타내는 과정을 수 표상이라 한다. 수량을 표시하는 방법으로는 구체적 물체로 표상하기, 수 단어나 수량 관련 어휘를 사용하여 언어로 표상하기, 그림으로 그리기, 숫자 쓰기와 같이 여러 가지가 있다(이정욱, 유연화, 2008). 최근 학자들은 글자에 대한 표상체계의 발달 과정과 숫자의 상징적 기호의 발달 과정을 유사하게 보고 있다(Munn, 1997; 조희연, 2011 재인용). 초기에는 그림과 글자, 숫자의 분화가 이루어지지 않고, 후기로 갈수록 수 표상에서는 직접적인 사물의 개수를 그리고 이후에 숫자를 기호화하여 상징적 의미를 부여하는 과정으로 나아간다.

영유아들이 수를 표현하는 표상체계는 다양하게 나타나는데, 브루너(1996)는 표상의 유형을 동작적 표상, 영상적 표상, 상징적 표상의 세 가지로 구분하였다. 동작적 표상은 수학적 이해를 구체물의 조작을 통해 표현하는 양식이며, 영상적 표상은 내적인 사고, 심상을 시각적인 매체를 사용하여 표상하는 양식을 말한다. 마지막으로, 상징적 표상은 언어, 문자, 기호를 사용하여 사고를 표현해 내는 양식이다. 홍혜경(1999)도 이와 유사하게 수 표상 양식의 발달 과정을 조사한 연구에서 영상적 · 상징적 · 언어적 표상의 범주가 있다고 하였다. 영유아들은 수 표상에서 영상적 표상을 선호하고, 다음으로 상징적 표상, 언어적 표상의 순으로 선호도를 나타내었다(윤소영, 2001).

영아기의 신체를 이용한 표상에서부터 긁적거리기를 거쳐 숫자나 정교하게 묘사한 기호, 문양 등이 나타난다. 유아기에 들어와 수를 표상하기 위해서는 숫자와 사물 간의 관계를 아는 과정이 선행되어야 한다. 5개의 사물을 손가락 5개로 표현하고, 이를 다시 숫자 5를 써 보는 과정을 통해 일상생활에서 수를 경험하며 수 표상을 익혀 나간다. 수 표상에서 유아는 숫자 이외에도 동그라미, 빗금, 점과 같은 형

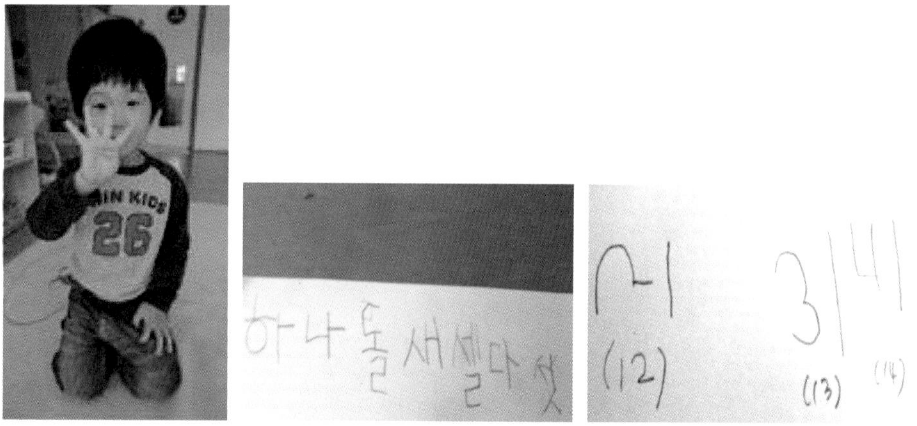

4세 유아의 다양한 수 표상

태를 사용한다.

개인적으로 사용하는 수 표상이 또래에게 같은 의미를 갖기 위해서는 유아가 사용하는 수 표상의 기호나 문양이 의미를 전달할 만큼 명확해야 한다. 하지만 처음 수량을 표기할 때 동그라미나 선을 이용하여 표상한 유아의 경우, 이들에게 시간이 지나 표상의 의미를 다시 설명해 보라고 했을 때 수량과 표상 간의 관계 짓기에 어려움을 겪는 것으로 드러났다(Munn, 1997). 이는 유아가 사용하는 그림 및 기호 표상이 맥락을 벗어났을 때 지속성을 갖는 데 문제가 있음을 의미한다. 초기에 나름의 표상체계를 지니던 유아가 자신의 의미를 전달하고 의사소통하기 위해 일반적인 수 표상의 상징을 익혀 나가게 된다.

역할 놀이에 쓰일 메뉴와 가격

상징적인 숫자체계로 수를 표상하는 것은 숫자의 모양을 변별하고 이를 손의 조작을 통해 표현해 내야 하기 때문에 매우 어려운 과정이다. 따라서 수 표상에서는 방향이나 숫자의 위치가 틀리는 오류를 보인다. '3'과 '8', '6'과 '9', '2'와 '5'를 서로 혼용해서 쓰거나 좌우를 바꾸어 쓰는 경우가 일반적이다. 십의 자리 이상의 수를 표현할 때는 자릿수에 대한 개념을 필요로 한다. 자릿수에 대한 인식은 묶음에 대한 개념을 바탕으로 형성된다. 숫자의 모양과 방향에 대한 의사소통뿐 아니라 날짜, 기온, 번호판, 층수 읽기 등을 생활에서 자주 접하면서 수 표상이 발달하게 된다.

2) 공간과 도형

(1) 공간

공간에 대한 이해는 3차원의 공간에서 살고 있는 모든 영유아에게 본능적인 지각 능력이다(이혜경, 2007). 자신과 가까이 있는 사람은 누구인지, 멀리 보이는 물체는 무엇인지를 인식하게 되면서 공간에 대한 이해 능력이 발달하게 된다. 영유아는 공간에서 자신과 함께 존재하는 물리적인 환경 및 대상과의 접촉을 통해 문제해결 과정을 경험하고 세상을 살아가는 방법을 배운다.

공간 지각 능력은 자기 주변의 세계를 이해하고 해석하며 평가하는 데 필수적이다(NCTM, 1989). 이것은 공간적 구조에 대해 철학적 · 수학적으로 사고하는 것 같은 높은 수준의 사고 활동뿐 아니라 공간적으로 위치한 물체를 언어적으로 설명하고, 축구 선수가 골대를 향해 공을 차고, 길의 상징과 기호를 이해하며, 채소를 분류하고 차 트렁크에 커다란 물체를 정리해 넣는 것과 같이 일상적인 것이다(Kennedy, Tipps, & Johnson, 2004; Newcombe & Huttenlocher, 2003). 놀이터에서 집으로 돌아오거나 교실에서 놀이를 할 때, 글자를 읽거나 쓸 때, 그림을 그릴 때에도 공간 지각 능력이 필요하다.

Del Grande(1987)는 공간 지각 능력의 요소를 공간 내부 혹은 외부로부터 자극을 인식하고 식별할 수 있는 능력, 그러한 자극을 사전 경험이나 동화를 통해 이해할 수 있는 능력으로 보았으며, Home(1972)과 Hoffer(1977)는 공간 지각력과 지각적 구별 및 기억을 종합하여 다음의 7가지로 제시하였다.

① 눈과 손의 협응

시각적 관찰과 신체의 움직임을 결합하는 능력이다. 기하학적 아이디어나 개념을 이해하는 데 필요하다. 일상생활에서 신체 움직임은 공간의 이해와 밀접한 관련이 있는데, 예컨대 옷 입기, 단추 끼우기, 가위질하기, 공차기 등 거의 모든 활동이 몸의 운동과 함께 시각을 조절하는 힘과 연관된다. 대근육의 발달 후에 소근육이 섬세하게 발달하므로 눈과 손의 협응을 위한 초기 활동은 형태가 크거나 대응시키는 점 또는 선이 명확한 자료를 주도록 한다.

② 도형-바탕 지각

복잡한 배경에서 형상을 찾아 명료화하는 시각적 행위다. 한 도형의 모양에 주의를 집중하면 도형을 둘러싸고 있는 외부의 표시를 무시하게 되고, 관계없는 시각적인 자극에 주의를 기울이지 않게 된다. 관련하여 숨은 그림 찾기, 부분 그림 완성하기, 닮은 점과 다른 점 찾기 등의 활동을 할 수 있다. 변별하고자 하는 형태가 배경의 그림이나 형태와 뚜렷하게 대조적이면 형태를 지각하기 쉽다.

[그림 4-3] 틀린 그림 찾기

③ 지각적 불변성

크기, 위치, 방향에 관계없이 공간 내에서 형상이나 대상을 인식하는 능력이다. 대상을 다른 위치와 각도에서 보았을 때 대상에 대한 인상이 다양함에도 불구하고 그것의 크기와 모양의 불변성을 인식하는 것이다. 가방이나 컵을 앞, 뒤, 옆 혹은 멀리서, 가까이서 보았을 때 보이는 모양은 다를 수 있다. 그렇지만 본 물건이 가방 혹은 컵이라는 사실과 그 모양이 변치 않고 그대로 있음을 알 때 지각적 불변성이 형성되었다고 할 수 있다.

④ 공간 내에서의 위치 지각

자신과 공간 안에 있는 대상물과의 관계를 인식하는 능력이다. 처음에는 공간에서 자신을 중심으로 형태나 모양의 회전, 뒤집힌 것의 이미지를 변별한다. 자신이 바라보는 위치를 중심으로 해서 사물들을 전후, 좌우, 상하로 지각하는 것이다. 보는 사람의 위치에 따라 사물의 모양이나 위치가 달라지는지 살피기, 견학 장소에서 이동할 때마다 현재 위치 찾아보기, 도형의 회전과 같은 활동이 이에 해당한다.

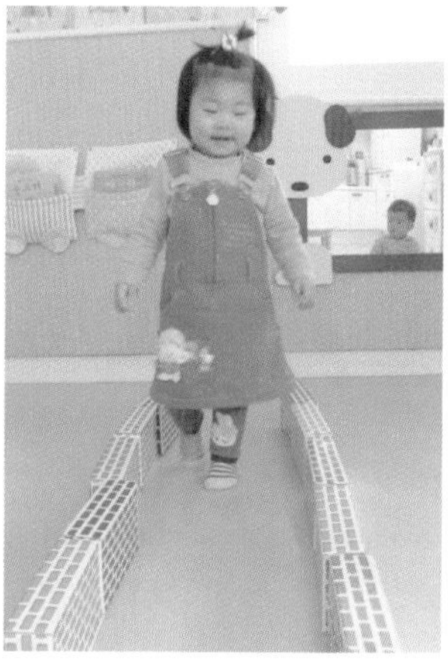

⑤ 공간관계의 지각

자신과 또 다른 것과의 관계에서 둘이나 그 이상의 대상을 보는 능력이다. 공간에서 거리, 깊이, 위치 등의 관계를 인식하는 능력이다. 블록 사이를 걸어갈 때 출발 지점에서는 멀어지고 종료 지점에는 점점 가까워지는 것을 이해하는 것이다. 공간에서 움직이는 물체가 있을 때 공간 내에 있는 각 사물은 모두 위치와 거리, 높이가 변화하게 된다. 공간관계의 지각 능력을 돕기 위해 그림 보고 블록 쌓아 올리기, 최단거리 찾기, 도형 완성하기, 도미노 패턴 만들기와 같은 활동을 할 수 있다.

⑥ 시각적 변별

대상물 간의 유사점과 차이점을 구별하는 능력이다. 대상물 간의 차이를 인식하는 것은 타고나는 능력이지만, 유사한 형태에서 차이를 발견하는 것은 민감성을 요구한다. 이전에 보았던 사물을 기억하거나 비교할 대상물의 형태, 색 등을 기억하는 능력이 뒷받침되어야 한다. 동일한 한 쌍의 대상을 확인하기, 서로 다른 한 쌍의 대상을 확인하기, 여러 개의 대상 중에서 같지 않은 하나를 찾기, 여러 개의 대상 중에서 서로 같은 것 찾기와 같은 활동을 할 수 있다.

⑦ 시각적 기억

시야에서 보이지 않을 때도 대상물을 회상할 수 있는 것으로, 시각에 의존하지 않고 대상의 특성을 다른 특성과 관련시킬 수 있는 능력이다. 2개 또는 그 이상의 대상 중에서 특정한 하나의 대상을 회상하기, 대상들의 위치 확인하기, 한 도형을 보여 준 후 그 도형의 모양을 기억해서 그려 보기와 같은 활동이 있다.

이와 같은 7가지 공간 지각 능력에 대한 요소보다도 최근에는 공간 방향과 공간 시각화의 두 가지 요소를 강조하고 있다. 공간 방향은 사물 간의 위치를 지각하고 조작할 수 있는 능력을 말하고, 공간 시각화는 공간을 이미지화하여 조작할 수 있는 능력을 나타낸다.

공간 방향

방향은 앞뒤, 위아래 등을 익히는 과정이다. 방향에 대한 이해는 자기 자신을 중심으로 한 표상에서 지표물을 중심으로 하는 표상 단계로 발전한다. 영아는 엄마가 "가방 옆에 양말 있잖아."라고 말할 때 가방을 찾지 않고 자기 자신의 옆을 찾아본

공룡의 머리 부분을 한쪽 방향으로 정리

참조물을 보고 좌표를 이해

다. 방향 인식에 있어서 참조할 물건이 가방이라는 사실을 인식하지 못하고 자신을 중심으로 옆을 돌아보는 것이다. 이러한 공간 방향에 대한 이해가 점차 발전하여 가방, 서랍, 책상과 같은 물건, 지표물과 같은 참조물을 기준으로 하는 방향 및 위치에 대해 이해하게 되는 것이다.

공간 시각화

공간에 대한 이해를 시각적으로 드러내는 과정이다. 공간 시각화는 3차원의 공간을 머리에 그려 낼 수 있어야 하고, 2차원 그림으로 표현해 내야 하는 복잡한 인지 과정이다. 시각화를 위해서는 공간 전체를 조망할 수 있는 능력이 필요하고, 공간 내에 존재하는 사물이나 자신의 위치를 머릿속에서 조작하며 위치와 방향을 변형해 볼 수 있어야 한다. 공간 시각화의 능력은 기계나 건축의 설계에서도 필요하

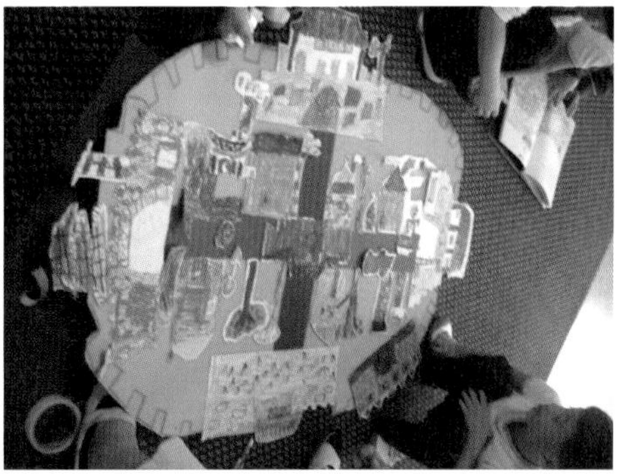

공룡과 우리 동네를 2차원 공간으로 표상

고, 로봇을 이용해 수술하는 의사에게도 꼭 필요하다. 유아는 집에서 놀이터까지의 거리와 지나치는 건물들을 기억하고 갈 때와 올 때의 방향이 바뀔 때 건물을 비롯한 지표물의 위치가 변화하는 것을 이해해야 한다. 시각화하는 능력은 게임, 디자인, 자동차 등의 조작을 하는 과정에서도 발휘된다.

공간에 대한 인식은 연령에 따라 발달하는 과정을 거친다. Piaget는 공간 인식을 통해 심상이 발달하는 과정을 3단계로 제시하였다(Linn & Peterson, 1985). 첫 번째 단계에서는 여러 가지 공간 사이에 조정이 결여되어 모양과 크기의 지각적 불변성이 없으며, 근접, 분리, 순서, 주위, 연속 관계를 인식한다. 두 번째 단계에서는 직선, 원, 각과 같은 주요한 지각적 모양의 구성과 함께 모양 및 크기의 불변성을 인식하게 된다. 세 번째 단계에서는 감각운동 활동이 조직적인 관찰과 탐구, 관계의 내면적 조정을 통한 완전히 지적이며 실제적인 활동에 의해 풍부해진다.

이러한 공간 인식을 Piaget와 Inhelder(1967)는 위상적 공간, 사영적 공간 및 유클리드적 공간이라 하였다. 공간을 통한 심상의 발달은 위상적 공간, 사영적 공간, 유클리드적 공간의 순서로 발달하고, 이 세 가지의 공간 구성 요소들은 내적인 연관성을 갖고 있다. 영유아는 위치나 방향, 거리를 나타내는 위상적 이해를 먼저 경험하게 되므로 3~5세 유아는 근접, 분리, 순서, 개폐 개념을 다루어야 한다.

첫째, 근접성은 사물들이 위치하고 있는 관계를 나타내는 개념이다. '가깝다, 멀다', '위, 아래', '앞, 뒤', '좌, 우' 등의 언어로 표현된다. 둘째, 분리는 하나의 사물과 다른 사물이 연결되어 있는지 떨어져 있는지의 개념이다. 셋째, 순서는 사물이나 사건들이 나열된 차례를 말하는 것으로 '앞, 뒤', '먼저, 나중, 다음', '사이' 등의 언어를 사용한다. 넷째, 개폐는 사물을 둘러싸고 있는 상태를 나타내는데, '열려 있다, 닫혀 있다', '안, 밖'으로 표현한다. 이러한 발달 단계에 따라 감각운동기의 영아는

공간의 근접과 분리, 개폐 활동의 예

물체의 움직임을 시각적으로 따라가며 손을 뻗어 닿으려고 한다. 8개월 이후 공간 이동이 가능해지면 몸을 움직여 물체에 닿거나 잡는다. 18개월 이후가 되면 영아는 공간에 대한 정신적 표상이 가능해져 눈앞의 보이지 않는 공간에 대해서도 이해하게 된다. 이 시기에는 엄마가 문 뒤로 사라지거나 공이 굴러서 책상 뒤로 간 것을 이해한다. 3세 이후가 되면 블록이나 컵과 같은 물건을 놓았다가 치우고 다시 재배치해 보면서 공간의 근접성, 분리, 순서, 개폐 등의 관계를 탐색한다.

공간적 관계에 대한 이해를 표현하기 위해서는 사물 간의 위치와 관계를 보이는 대로 설명하거나 보았던 것을 다시 정확하게 떠올릴 수 있어야 한다. 공간적 이해를 표상해 내는 과정도 연령에 따라 발달적 과정을 거친다. 초기에는 자신의 위치와 자신이 보는 관점을 중심으로 공간을 이해하다가 점차 가게, 신호등, 건물 등을 기준으로 삼는다. 이후 보다 객관적인 자료를 활용하여 대상물 간의 공간적 관계를 설명할 수 있게 된다. 이러한 단계를 자기중심 표상, 지표물 중심 표상 그리고 객관적 표상이라 한다.

자기중심 표상

자기를 중심으로 한 표상은 자기 자신이 공간을 인식하는 데 중심점이 되는 것으로, 자신이 선 방향이나 자신의 관점에서 공간을 이해하는 것이다. 자신의 왼쪽이 상대에게는 오른쪽이라는 사실을 인식하지 못한다. 마주 보고 있을 때에도 자신이 보는 사물을 상대도 보고 있다고 여긴다.

지표물 중심 표상

지표물 중심 표상은 3차원의 공간 안에 존재하는 다양한 지표물이 있을 경우 하나의 사물을 지표물로 삼아 공간을 인식하는 것이다. 거리를 인식할 때 특별한 건물을 중심으로 인지하거나, 교실일 경우 피아노나 칠판을 중심으로 공간 전체의 구도를 인지하는 것이다. 2~3세 정도에는 한두 개의 특징적인 지표물을 사용하지만, 5세 정도가 되면 여러 개의 지표물을 사용하므로 대상 간의 공간관계 이해를 더 잘하게 된다.

객관적 표상

객관적 표상은 공간을 자신이나 특정한 물체에서 벗어나 객관적으로 인지할 수 있는 거리, 위도, 경도 같은 참조체계를 통해 이해하는 것이다. 유아기에 완전한 객관적 표상을 이해하기는 어렵지만, 항공지도를 이해하거나 교실, 동네를 그릴 때 부분적으로 객관적 표상을 나타내기도 한다.

(2) 도형

공간을 채우는 여러 가지 사물, 대상은 형체이며, 이 형체는 여러 가지 도형으로 구성되어 있다. 영유아는 개별 도형이나 결합된 도형을 통해 대상을 파악할 수 있고, 도형에 많은 관심을 지니고 있다. 영아는 관찰, 손과 입을 통한 감각을 통해 도형에 대해 학습하고, 유아는 사물을 만져 보며 어떤 것은 잡기가 쉽고 어떤 것은 잘 굴러간다는 것을 안다. 유아는 이러한 차이를 말로 기술하기 전에 이미 모양의 차이를 이해한다(Charlesworth & Lind, 2007).

도형에 대한 인식은 물체 파악, 물체와 물체 간의 변별에 영향을 미치고, 이러한 변별 능력을 바탕으로 수학적 능력뿐 아니라 언어의 읽기 · 쓰기 능력도 향상된다. 여러 연구(김상윤, 2004; 김숙자, 김현정, 2005; 한유미, 2009)가 제시한 도형 개념의 발달 단계를 정리해 보면 다음과 같다.

1단계(2세 6개월~4세)

이 시기 영유아는 삼각형과 같은 유클리드 기하학적 모형이 아니라 공이나 숟가락 등 친숙한 물체를 인식한다. 긁적거리기를 통해 형태를 만들기 시작하고, 보다 발전하면 형태를 추상적으로 나타낸다. 이때 형태를 나타내기는 하지만, 삼각형 · 사각형 자체를 표현하려 하기보다 멀리 혹은 가까이, 아래 혹은 위에 그려 위상 기하적으로 표현한다. 예를 들어, 2세 무렵에는 선 가운데 원을 그리기도 하지만 이것은 원을 그리고자 목적해서 그려진 형태는 아니다. 3세 초기까지 목적 없는 그리기가 나타나고, 후기에 접어들면 원, 사각형 등이 나타나고, 이후 지속적으로 그린다. 원을 그렸을 경우 시작점과 끝점이 만나기도 하고 가끔은 어긋나기도 한다. 사각형의 경우 각이 일정하게 나타나지는 않는다.

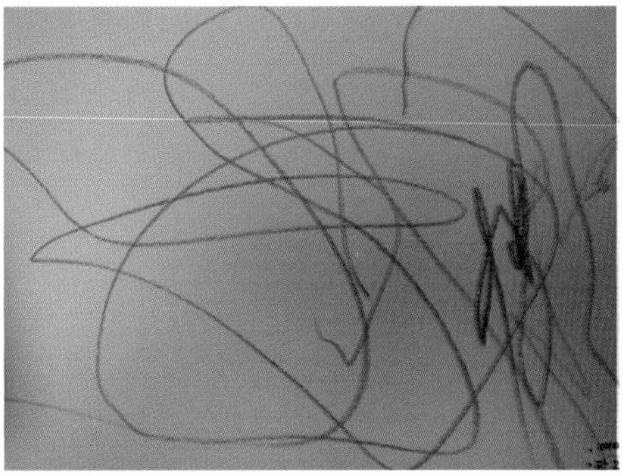

2세 영아의 긁적거리기

2단계(4~6세)

4세 정도가 되면 도형을 그리는 데 자신감을 갖게 된다. 사람을 표현할 때 곡선 부분과 직선을 구분하고 같은 도형 여러 개를 조합하여 형태를 표현할 수 있게 된다. 곡선으로 된 형태와 직선으로 된 형태를 조잡하게나마 구별하지만, 아직도 정사각형과 직사각형 또는 원과 타원을 구별하지 못한다. 5세 전후 무렵에는 도형의 각과 원이나 타원을 구별하고 정사각형과 직사각형의 차이를 알게 된다(한유미, 2009). 그리하여 표현하고자 하는 사물이나 인물을 표현할 때 의도적으로 도형을 그리고 이를 변형하여 나타내기도 한다.

그럼에도 불구하고 삼각형과 사각형 간의 관계를 완전히 이해하지는 못한다. 삼각형이 합쳐져서 사각형이 되거나 사각형을 삼각형 또는 다른 사각형으로 나눌 수 있음은 인식하지 못한다. 이어져 있는 사각형을 여러 개 그리려고 할 때 큰 사각형

4세아와 5세아 그림(곡선과 직선의 조합이 이루어짐)

을 1개 그린 다음 선으로 사각형을 나누기보다는 반복적으로 작은 사각형을 그려 완성하는 경향이 있다.

3단계(6~7세)

6~7세가 되면 그림에서 사용되는 병원, 여자, 남자, 컵, 가위와 같은 상징 기호를 이해할 수 있다. 유아 스스로 도형을 여러 가지 형태가 되도록 통합하여 그림을 그리기도 하고 상징 기호를 넣기도 한다. 또한 공간적 이해를 바탕으로 땅과 하늘, 그림에 등장하는 인물들의 비율 등을 고려하여 그림을 그린다. 한 장면에 여러 사건을 그릴 경우 시간대별로 구분하여 표시하기도 한다.

6세아와 7세아 그림(공간적 배치와 도형의 통합)

영유아는 동그라미, 세모, 네모와 같은 단어를 사용하며 모양에 대한 인식을 드러낸다. 흔히 교사들은 유아에게 평면도형을 먼저 익히도록 하는데, 실제 우리가 살아가는 공간은 3차원 입체이며 매일 보고 사용하는 사물 역시 입체이므로 입체도형을 먼저 소개하는 것이 바람직하다. 영유아에게 도형을 접하도록 할 때 평면도형보다는 입체도형을 먼저 인식하고 명명하도록 도와야 한다.

영유아는 말로 명명할 수는 없지만 블록 놀이를 통해서 구, 원기둥, 정육면체, 직육면체, 삼각뿔, 사각뿔의 도형을 접하게 된다. 영유아는 입체도형을 보며 입체적으로 도형을 설명하기보다는 한 면의 특징만 말한다(예: 구를 보면서 '동그랗다'고 이야기한다). 이때 입체도형을 다양하게 돌려 가며 입체도형이 지닌 각 면의 특징을

살피도록 하는 것이 좋다. "이쪽은 세모네.", "옆쪽에서 본 모양은 네모야."라고 말해 주어 영유아가 입체의 여러 면을 살피는 데 관심을 갖고 놀이에서 활용하도록 한다.

도형을 인식할 때 영유아는 시각적 원형을 지니고 있다. 영유아는 일상생활에서의 선험적 경험들을 통해 사각형 및 삼각형 유형의 고정된 사고를 형성하고 있어 도형에 대한 정확한 개념을 형성하는 데 방해를 받는다. 유아들이 지닌 도형에 관한 인식을 살펴본 연구들에 따르면(Clements, 2003; Clements & Sarama, 2000; Hannibal, 1999), '벌어진' 둔각삼각형 혹은 '위쪽에 꼭짓점이 없는', '꼭짓점이 중간에 없는' 삼각형은 삼각형으로 인식하지 못한다. 사각형의 경우에도 너무 얇거나 넓지 않은 경우 사각형이 아닌 것으로 생각하였다(한종화, 2003). 따라서 교실 활동에서 퍼즐 맞추기 조각이나 그림 종이를 제공할 때 정형화된 형태가 아닌 다양한 모양의 도형도 자주 보여 주도록 한다.

영유아의 시각적 원형은 도형에 대한 다양한 경험을 통해 오류를 줄일 수 있다. 각 도형이 갖는 특성, 즉 정사각형, 마름모, 사다리꼴 혹은 정삼각형, 직각삼각형, 이등변삼각형의 공통점과 차이점을 알아보고 토론해 봄으로써 각 도형의 특성을 정리하고 형태가 다른 경우에도 일반화하는 능력을 기를 수 있다.

〈여백에 다양한 형태의 삼각형을 그려 보세요.〉

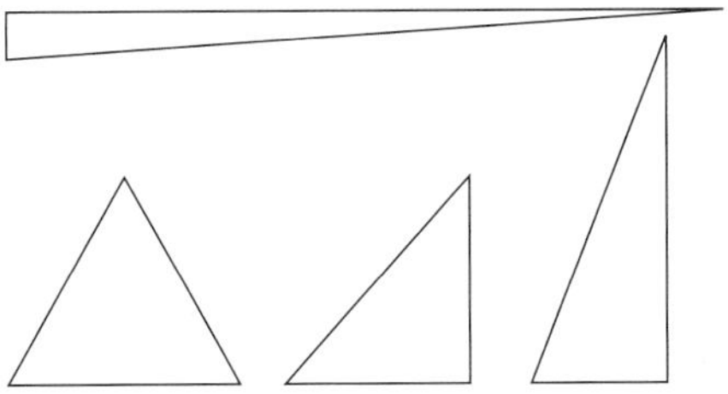

영유아들에게 '동그라미', '세모', '네모'와 같이 친숙한 단어를 사용하여 도형을 소개하며, 원, 삼각형, 사각형의 수학적 용어도 교사가 병행하여 사용하도록 한다. 도형 명칭을 사용하여 각각의 도형이 지니고 있는 특징을 알아 가도록 한다. 도형은 한 번에 여러 모양을 소개하기보다는 익숙한 형태를 소개한 후 다른 도형을 보여 주어 두 도형 간의 차이를 파악하도록 한다.

도형 인식하기 활동 예

- 여러 입체도형을 굴려 보기
- 여러 가지 도형을 모아 놓고 삼각형 모으기, 사각형 모으기
- 재미있는 도형 찾아오기
- 뿔이 있는 도형 찾아오기
- 여러 가지 도형을 늘어놓고 같은 도형끼리 모아 보기
- 원기둥과 구, 원을 놓고 같은 점, 다른 점 비교하기
- 육면체, 사각형을 보고 같은 점, 다른 점 비교하기

도형에 대한 영유아의 경험은 도형의 합성, 분할 및 변환과 관련하여 고루 이루어져야 한다. 먼저, 도형의 합성은 하나의 도형을 이루는 부분을 이해하는 것으로 작은 부분들이 결합하여 하나의 형태를 이루고 있음을 아는 과정이다. 이와 달리 도형 분할은 하나의 도형을 여러 개의 부분으로 나누어 보는 것이며, 도형의 합성과는 가역적인 관계에 있다. 또한 도형의 변환은 대칭이나 점을 기준으로 밀기 또는 회전하기를 말하며, 도형의 각이나 크기는 변화하지 않는다.

쉬어가기

자연 속의 수학

자연물에는 많은 수학적 원리가 숨겨져 있답니다. 아래의 그림처럼 벌집 모양은 왜 정육면체일까요?

원을 이어 그려서 모두 채워 보세요.	육각형을 이어 그려서 모두 채워 보세요.
○	⬡

벌은 꿀을 모아 저장을 해야 하는데 여러 가지 도형 중 많은 양을 담을 수 있는 것은 원형이다. 그런데 원형은 배치를 했을 때 빈 공간이 생기는 단점이 있다. 그래서 빈 공간이 생기지 않는 형태가 필요한데, 빈 공간 없이 채울 수 있는 형태는 삼각형, 직사각형, 정육각형이 있다. 이 중에서 둘레의 길이가 똑같을 때 가장 많은 면적을 갖는 것은 정육각형이다.

도형의 합성은 도형을 이루고 있는 작은 덩어리에 대해 이해하는 것이다. 도형을 나누어 보는 활동을 통해 하나의 도형은 다양한 크기의 도형으로 나뉠 수 있으며, 쪼개진 조각들은 재결합 과정을 거쳐 원래의 도형이 됨을 경험할 수 있다. 다음의 도형을 보고 각 도형을 합쳤을 때 어떤 모양이 될지 알아보자. 조각을 나눈 모양이 서로 어떻게 다른지도 비교해 보자. 각기 다른 모양이 같은 삼각형의 형태에서 나온 조각임을 확인해 보자.

도형의 분할은 하나의 도형을 여러 가지 조각으로 나누어 보는 것이다. 원을 2개, 3개, 6개의 부채꼴로 나누어 보거나 직사각형을 가로로 등분하거나 대각선으로 등분하여 전체의 모양과 부분으로 나누어진 모양을 비교해 보도록 한다. 일반적으로 도형을 나눌 때 같은 비율로 나누려는 경향이 있다. 일정 부분을 크게 만들거나 작게 만들어서 다양한 형태로 분할이 되도록 한다.

도형 분할 활동 예

- 원을 2, 3, 4, 6조각으로 나누어 보기
- 사각형을 가로로 2, 3, 4조각으로 나누어 보기
- 사각형을 대각선으로 나누어 2조각, 4조각 만들기
- 구를 반으로 나누어 보기

일상생활에서 영유아는 자연스럽게 형태의 분할과 합성을 경험한다. 점토를 나누었다 합치기를 하기도 하고, 떼었다가 붙일 수 있는 과일이나 생선 모양 소품을

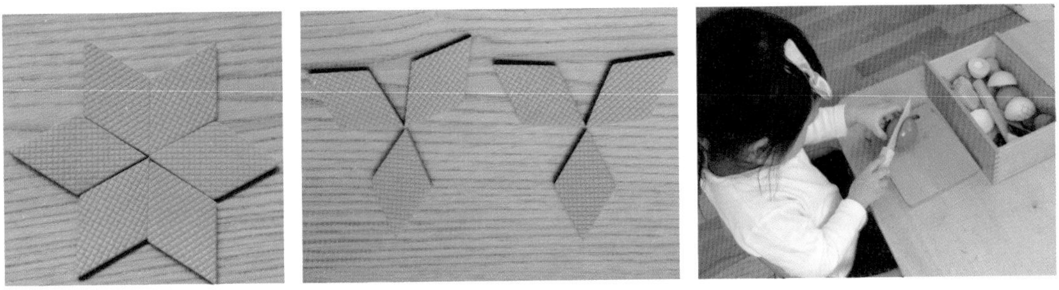

사용하며 도형의 변화를 느끼게 된다. 도형의 분할과 합성에 익숙한 영유아는 도형을 표현하는 데 여러 개의 도형을 사용하고 새로운 형태를 만드는 시도를 한다. 하나의 형태를 만든 도형을 여러 개의 형태로 분산하여 보기도 하고, 여러 개로 나뉜 형태를 통합하기도 한다.

도형은 일상생활에서 같은 형태로 제시되는 것이 아니라 변환되어 보인다. 도형은 옮기기, 뒤집기, 회전하기 과정으로 그 형태가 다양해진다. 옮기기는 도형의 자리만 이동하게 되고 아래위, 좌우는 변화가 없다. 뒤집기는 제자리에서 도형의 앞뒤를 바꾸는 것이다. 회전하기는 도형을 다양한 각도에 따라 360° 이내에서 바꾸는 것이다. 도형을 밀거나 뒤집거나 회전해서 위치를 바꾸어도 도형의 크기나 형태는 달라지지 않는다.

[그림 4-4] **도형 변환의 예**

영유아는 퍼즐 맞추기, 블록 놀이 등을 하며 자연스럽게 도형의 변환을 경험한다. 또한 일상생활에서 서 있는 위치를 앞뒤, 좌우로 바꾸면서 의자, 책상, 컵, 가방 등을 사용하기 때문에 형태의 변환을 자연스럽게 익히게 된다. 도형의 생김새와 그 특징을 알고 합성하거나 분할 및 변환의 개념을 습득하도록 돕기 위해서는 케이크

자르기, 교구 정리하기 등의 일상생활에서 입체도형과 평면도형으로 다양한 활동을 경험해야 한다.

도형의 구성, 합성, 분할, 변환 경험하기 활동 예

- 앞뒤가 바뀐 그림 찾기
- 색종이 한 장을 5, 7, 8조각으로 나누어 보기
- 작은 원기둥을 쌓아서 커다란 원기둥 하나 만들기
- 4개의 작은 정육면체를 모아서 커다란 정육면체 만들기

대칭은 점이나 직선 또는 평면의 양쪽에 있는 부분이 같은 형태로 배치되어 있는 것을 말한다. 대칭을 이루는 사물의 모습은 균형감과 안정감을 주고, 이를 바라보면 심미감을 느끼기도 한다. 곤충의 무늬, 나뭇잎과 같은 대부분의 자연물은 대칭의 구조를 지니고 있다. 대칭은 점대칭, 선대칭, 면대칭, 수직대칭, 수평대칭이 있으며, 영유아는 수직대칭을 수평대칭보다 쉽게 인식한다. 대칭에 대한 직관적 이해는 영아기부터 나타나고(한유미, 2009), 유아는 놀이에서 자연스럽게 대칭 구조를 만들어 낸다. 다리를 만들거나 자동차를 만들 때 대칭 구조로 만들어 구조물이 안정되도록 한다.

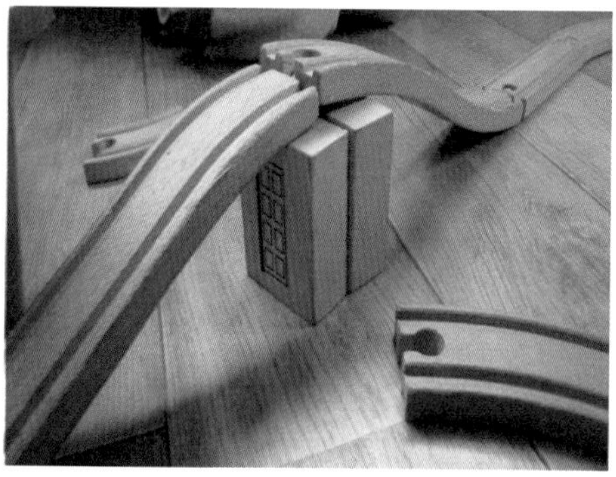

블록으로 만든 대칭 구조 다리

대칭 구조를 이루는 물체들

3) 측정

(1) 비교하기와 순서 짓기

둘 이상의 대상물이 있을 때 감각적으로 무게, 길이, 색, 부피 등을 견주어 보게 된다. 비교하기는 사물, 집단 등이 지닌 특성 간의 관계를 나타내는 것이며, 순서 짓기는 이를 기준에 따라 나열하는 것을 의미한다.

수집된 자료들을 비교해 보는 과정은 자료가 지니고 있는 정보를 읽어 내는 과정이다. 정보 유형에 따라 크기, 부피, 무게, 색깔, 질감 등의 차이를 나타내는 것이거나 행동 또는 상황의 차이를 알아보는 것일 수도 있다. 따라서 비교할 자료의 특성이 무엇인지 파악하는 것이 우선되어야 한다. 비교할 대상의 속성이나 유형이 같아야 하고 이를 이해한 후 비교해야 한다.

소리의 차이 비교

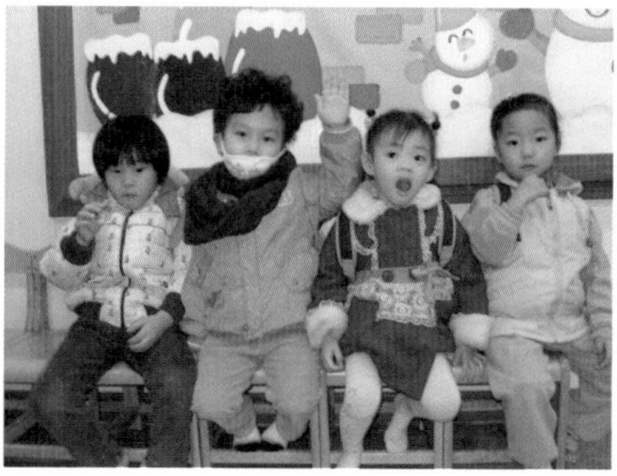
목도리를 한 사람과 안 한 사람 비교

같은 반 친구들이 가장 좋아하는 과일은 무엇인지, 방망이 소리는 어떻게 차이가 있는지를 알아보며 사물이 지닌 속성을 보다 자세히 관찰하거나 그것에 주의집중할 수 있고, 드러난 정보를 비교하며 더 많은 것, 더 긴 것과 같은 형태의 2차적인 분석을 할 수 있게 된다. 예를 들어, 동생과 자신의 키를 비교하는 경우에는 서로 마주 서서 견주어 보거나 벽에 각자의 키를 줄로 그어 표시한 후 비교해 볼 수 있다. 이때 눕거나 앉아서는 키를 비교하기가 쉽지 않다. 비교하기는 크기, 길이, 무게, 높이, 면적, 온도, 속도, 거리 등에서 이루어진다.

꩜ 비교하기를 나타내는 용어들

큰/작은, 긴/짧은, 무거운/가벼운, 젖은/마른, 뚱뚱한/마른, 빠른/느린, 높은/낮은, 가까운/먼, 나이가 든/젊은, 시끄러운/부드러운, 뜨거운/차가운, 부드러운/거친, 두꺼운/얇은

흔히 영유아가 하는 비교하기는 길이 비교인데, 길이를 비교할 때는 비교할 대상끼리의 기준점이 같아야 한다. 키, 손바닥, 신발 길이를 비교할 때 영유아 간의 논쟁은 기준점이 서로 다르기 때문에 발생하는 경우가 많다. 이는 영유아들이 비교할 때 동일한 지점에서 시작해야 한다는 사실을 인지하지 못했기 때문이다. 직접적으로 물체를 대고 비교할 때는 "어디에서 시작할까?", "어디에 대고 비교할까?"와 같이 말하여 기준점을 정하도록 하고, "더 기네/ 더 짧네.", "더 크네/ 더 작네."와 같이 양쪽의 비교 결과를 말하게 하는 것이 좋다.

비교하기의 또 다른 유형은 양에 대한 비교이다. 접시에 담긴 과자가 크기나 종류는 다르지만 개수가 같은지, 상자에 담긴 참외와 체리가 무게는 다르지만 개수가 같은지를 알아보는 것이다. 이때 영유아는 "~보다 더 많아.", "~보다 더 적어."와 같은 어휘를 사용하며, 때로는 양이 같거나 개수가 같기도 하다. 일대일 대응 개념과 수 세기, 분류하기 기술은 이러한 양을 비교하는 데 도움을 준다(Charlesworth & Lind, 2007).

순서 짓기는 3개 이상의 사물을 일정한 속성이나 준거에 따라 나열하는 것으로, 비교하기를 경험한 후 순서 짓기가 가능하다. 순서 짓기를 할 때에는 왼쪽에서 오른쪽으로 혹은 오른쪽에서 왼쪽으로 하여 일정한 방향으로 진행해야 한다. 여러 사물을 순서지어 보는 경험과 더불어 하나의 사물을 여러 준거를 사용하여 다양하게 순서 짓기를 시도해 볼 수 있다.

순서를 짓는 기준은 한 가지가 될 수도 있고, 두 가지 이상의 속성이 될 수도 있다. 하나의 기준에 따라 나열할 때는 단순서열이 되지만 2개의 준거에 따라 순서 짓기를 할 경우 복합서열이 된다.

높이에 따라 순서화된 놀이 시설

점토의 크기 순서화

☉ 순서 짓기 활동 예

- 책을 빨리 읽은 순서(단순서열)
- 책을 빠른 시간 안에 많이 읽은 순서(복합서열)
- 사과를 크기 순서대로 놓기(단순서열)
- 사과를 크기와 빨간색에 가까운 순서대로 놓기(복합서열)

첫째, 단순서열은 3개 이상의 물체를 한 가지 속성에 따라 배열하는 것이다. 3개 이상을 비교해야 하므로 2개씩의 비교하기가 익숙해진 후에 가능하다. 2세 무렵의 영아는 3개의 물체를 순서대로 놓을 수 있고, 3~4세 무렵에는 5개 내외의 물체를, 그리고 5세 정도가 되면 그 이상의 물체를 순서대로 놓을 수 있다. 하지만 물체가 놓인 순서에 새로운 것을 제시하여 끼워 넣는 것은 어려워한다(홍혜경, 2004). 그러므로 서열을 경험할 때는 2개의 사물을 비교한 후 3개의 사물을 비교하도록 한다. 3개의 사물을 비교할 때도 2개씩 비교하기를 한 후에 3개의 사물을 순서 지어 보도록 한다.

둘째, 복합서열은 두 가지 속성을 동시에 고려하여 비교해야 하기 때문에 단순서열보다 어렵다. 예를 들어, 높이가 높아지면서 깊이가 깊어지는 건물을 나열하거나, 옷의 크기와 사람의 크기를 동시에 고려하여 퍼즐을 완성해 가는 과정이다. 복합서열을 할 때 유아는 두 가지를 모두 고려하여야 한다는 사실을 잊고 한 가지 것에만 초점을 두어 순서 짓기를 하다가 오류를 발견하고 다시 시도하곤 한다. 유아가 어려움을 겪을 때 "옷 크기는 어때?", "이번에는 사람 크기도 생각해 볼까?" 하고 질문하여 두 가지 요소를 모두 고려해야 함을 인식하게 한다. 두께와 길이가 다른 나무 블록을 정리하는 것과 같이 일상생활에서 순서 짓기를 경험하도록 한다.

(2) 측정하기

측정하기는 재어 보기를 나타내는 말로, 크기, 길이, 양, 온도, 부피, 무게, 깊이, 시간, 속도 등을 재어 볼 수 있다. 측정하기는 재어 보고자 하는 대상의 속성을 이해한 후 이를 잴 단위들을 이해하는 과정이기 때문에 영유아에게 보다 어렵게 느껴질 수 있다. 영유아는 크기를 잰 것과 양을 잰 것을 구분하지 못하고, "내 키는 20킬로야.", "내 몸무게도 20인데.", "나 키 크려고 우유 100미터 먹었어."와 같이 말하기도 한다. 이렇듯 키나 간식의 양을 재는 것은 자연스러운 일이지만, 잰 것의 속성을 이해하지 못하면 측정과 관련한 의사소통이 원활하지 않을 수 있다. 숫자가 같으면 똑같다고 생각하여 "내 몸무게랑 네 키랑 똑같다. 20!" 하고 말하기도 한다.

측정을 할 때 보존 개념에 대한 이해가 전제되어야 한다는 연구들이 있었지만, 최근에는 구체적인 측정 활동 경험을 통해 측정에 대한 이해가 발달할 수 있다고 한다(이정욱, 유연화, 2006). 직접적인 경험을 통한 측정 활동은 영유아들이 보존 개념에 대한 한계에서 벗어나 측정에 대한 이해를 하도록 이끌어 낼 수 있다.

측정 활동을 하기 위해 영유아가 알아야 할 기본적인 요소는 측정을 하고자 하는 대상의 특성과 이때 사용되는 단위를 이해하는 일이다. 무게와 부피를 재는 단위가 다르게 사용되고, 속도와 시간이 서로 다름을 이해해야 한다. 무게를 나타낼 때의 20kg과 시간을 나타내는 20분에서 20이라는 숫자는 같지만 이 숫자가 의미하는 바가 다르다는 사실을 이해해야 한다. 사회에서 일상적으로 사용되는 단위는 영유아에게는 새롭게 습득해야 하는 상징으로서 그 사용에 있어서 일정한 규칙이 적용

된다.

측정 시에 사용되는 단위라는 것은 양이나 길이가 반복적으로 사용됨을 의미하고, 반복적으로 사용하기 때문에 반복하는 마디가 있음을 알고 이를 중복하거나 겹쳐서 사용하지 않아야 함을 인식해야 한다. 즉, 책상 길이를 손 뼘으로 잴 때 책상의 길이 끝에서 시작하고, 다른 뼘으로 잴 때는 이전에 잰 끝점이 시작점이 됨을 이해하고 이를 재어야 하는 것이다. 이때 이전에 잰 끝점과 새로이 시작하는 시작점 사이의 간격이 벌어져서도 안 된다. 부피 50ml를 잴 때에도 10~20, 20~30, 30~40, 40~50ml의 간격이 연이어 있으며, 그 사이가 연속성을 지니고 있어 각각이 누적될 때 50ml가 됨을 이해해야 한다. 이러한 측정 과정은 매우 인지적인 과정이며 부분과 전체에 대한 이해를 전제로 한다. 또한 둘 이상 혹은 2가지 이상의 현상을 비교하여 재려고 한다면 이와 관련된 측정은 비교하기를 전제로 한다.

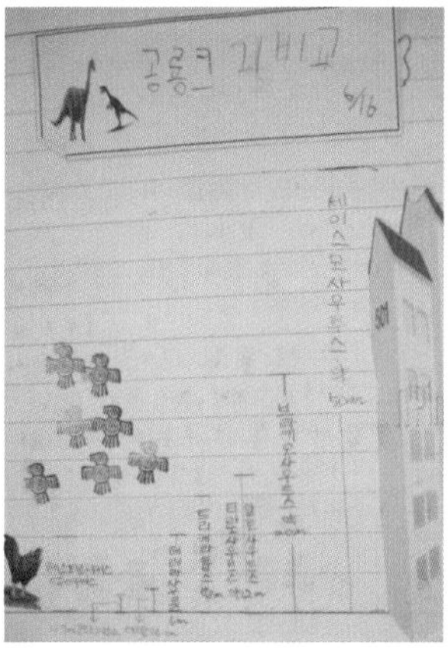

공룡의 크기를 닭,
아파트 높이와 비교

한쪽 발로 오래 버티기

유아의 측정하기 발달 과정에서 초기에는 양과 크기 비교 시 각각의 단위가 지닌 크기를 고려하지 않거나 단위와 측정치 간의 관계를 이해하지 못하기도 한다. 예를 들어, 책상을 뼘으로 잴 때는 5번, 클립으로 잴 때는 20번이 나왔을 때 뼘이 더 크기 때문에 5번이 맞지 않고 20번이 맞다고 주장하기도 한다. 뼘이라는 단위가 커질 때 책상의 길이는 더 작은 수가 된다는 사실을 잘 받아들이지 못하는 것이다. 따라서 유아는 직접적인 경험을 통해서 길이를 다양한 단위의 물건으로 재어 보거나 일정

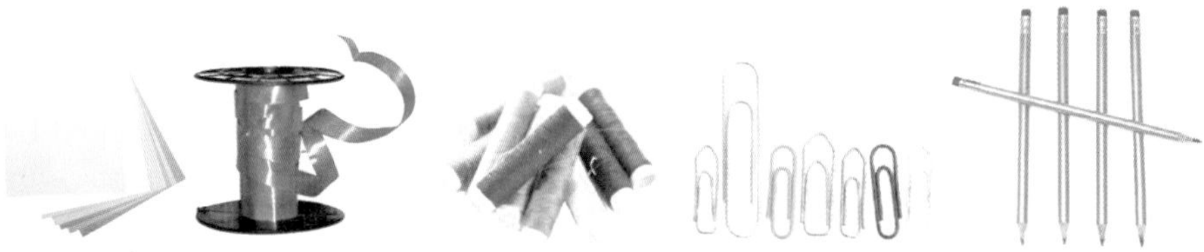

[그림 4-5] 유아가 사용할 수 있는 비표준화된 단위

한 공간을 다양한 입자의 물체로 채워 보는 경험들을 통해 단위와 측정치 간의 관계를 이해할 수 있게 된다.

유아가 측정을 할 때에는 자신의 신체를 이용하여 재어 보기 활동을 시작한다. 손이나 발, 뼘, 걸음을 단위로 하여 길이나 크기를 재어 보고 점차 색종이, 리본, 실, 연필과 같은 주변의 다양한 물체를 사용하여 재어 보는 활동을 한다. 이러한 임의의 비표준화된 단위를 사용하는 경우 유아가 표준화된 단위보다 자유롭게 측정을 경험할 수 있으며, 비표준화 단위를 사용한 측정 경험들을 통해 측정에서 나타나는 여러 가지 오류를 경험하고 이를 수정할 수 있는 기회를 얻게 된다.

측정을 할 때에는 사물의 길이가 얼마인지가 중요한 것이 아니라 어떤 방법으로 재어 볼 수 있는지, 리본으로 잴 때와 딱딱한 연필, 막대를 사용할 때 차이는 없는지 등을 살펴보는 과정이 중요하다. 측정하는 과정을 자세히 살펴 정확하게 측정하는 것이 무엇인지 유아가 체험할 수 있도록 한다. 또한 유아마다 키가 다르고, 한 뼘, 한 줌이 다르기 때문에 이러한 단위를 사용할 때는 유아 간의 논쟁이 생기게 된다. 이와 같이 비표준화된 단위를 이용한 측정 경험을 통해 유아는 누구나 동의할 수 있는 측정 방법과 도구가 필요하다는 것을 알게 된다. 이러한 과정을 통해 유아는 표준화된 단위의 필요성을 느끼게 되는 것이다.

영유아는 일상생활 경험에서 표준화된 단위, 즉 저울, 초시계, 온도계 등을 경험하고 있으며, 이러한 도구의 사용은 연령적으로 부적합하다고만 말할 수는 없다. 이러한 것들은 영유아가 일상생활에서 맥락적으로 경험하는 도구들이므로 임의의 비표준화 단위와 마찬가지로 표준화된 단위를 나타내는 도구를 사용할 수 있도록 하여 자연스럽게 접하고 사용하도록 격려할 필요가 있다. 다만, 각 표준화된 도구의 사용 방법, 단위 읽기 등이 지나치게 강조되지 않도록 주의하여야 한다.

동전의 무게를 재어 보고 동전의 단위와 무게를 한 번에 기록한 사례

4) 규칙성

규칙성은 사물의 배열이나 사건, 자연현상 등이 반복적으로 나타날 때 이들의 모양이나 현상의 시간 간격이 일정한 경우를 말한다. 사물 혹은 현상들의 관계에서 나타나는 규칙성은 일상적인 것이며, 이러한 규칙성은 수학에서 매우 중요한 의미를 지닌다. 수학은 근본적으로 사물이나 수리적인 관계에서 나타나는 규칙성 및 질서를 나타내는 학문이기 때문이다.

규칙성에는 시각적 · 청각적 · 시간적 규칙성이 있다(유지연, 2002). 옷의 무늬, 보도블록 배열이나 포장지의 무늬와 같은 경우에는 시각적인 규칙성을 보여 준다. 음악의 리듬, 빗소리, 기계음 등은 청각적인 규칙성을 지니고 있고, 봄, 여름, 가을, 겨울과 같은 계절, 혜성의 주기, 하루 일과 등은 시간적 규칙성을 나타낸다. 이러한 규칙성은 생활하는 환경에서 반복적으로 경험하는 것으로서, 영유아는 자연스럽게 규칙성을 알아 가게 된다.

규칙성은 규칙을 인식하기 전 단계에서 출발하여 규칙성의 단순 인식과 모방 단계, 규칙성 구성과 전이 출현 단계 그리고 복잡한 규칙성 구성과 전이 단계로 발달해 간다(차현화, 홍혜경, 2005). 규칙이 있음을 인식하는 것에서 출발하여 규칙을 만들어 보고 규칙성을 추리해 보는 과정으로 발달하며, 영유아가 규칙성을 익힐수록 생활이 편리해진다. 영유아는 다음에 일어날 일을 예측하여 움직일 수 있고, 시간을 절약하거나 효율적으로 움직일 수 있게 된다.

날짜와 요일의 규칙성

남녀의 규칙성으로 줄서기

규칙성을 지도할 때는 영유아 스스로 일상생활 경험이나 자연환경에서 규칙성을 찾아보도록 하고(NCTM, 2000), 그러한 규칙성이 영유아의 삶에 미치는 영향을 찾아볼 수 있도록 하는 것이 바람직하다. 규칙성이 주는 심미적 감각뿐 아니라 의자의 배열이 규칙적이지 않다면 어떨지, 하루 일과가 매일 다르다면 어떤 일이 생길지 등에 관해 생각해 봄으로써 규칙적인 흐름을 통해 예측 가능하고 편안한 생활을 할 수 있음을 느낄 수 있도록 하는 것이다.

여러 학자(Balfanz et al., 2003; NCTM, 1991)가 제시한 규칙성을 익히는 구체적인 방법을 알아보면, 패턴 발견하기, 패턴 묘사하기, 패턴 따라 하기, 패턴 이어 가기, 패턴 끼워 넣기, 패턴 전이하기, 패턴 만들기 등의 다양한 활동이 있으며, 나뭇잎, 구슬, 패턴 카드, 신체, 음악 등이 모두 패턴을 구성하는 소재가 될 수 있다.

5) 자료 수집과 분류

생활 속에는 수많은 정보가 퍼져 있으며, 다양한 정보 속에서 필요한 정보를 수집하고 정리하는 일은 매우 중요한 일이다. 정보를 수집하고 정리하는 과정이 개인의 사적 영역에 머물지 않고 정보를 교환하고 주어진 정보를 구성하여 새로운 산출물을 만들어 내야 할 경우, 필요한 정보의 수집과 조직화, 타 구성원과 공유 가능한 자료 정리 상태는 필수적이다. 정보화 사회에서 정보 수집, 분류와 자료 정리 및 해석은 매우 중요한 능력이며(NCTM, 1991), 이러한 능력은 영유아기부터 길러 주어야 한다.

(1) 자료 수집

자료 수집은 정보를 취합하여 자료를 활용하는 2차적인 활동으로 연계되는 기초적인 과정이다. 영유아가 일상생활에서 궁금한 것이 생겼을 때 필요한 자료를 수집할 수 있다. 예를 들어, 견학을 가는 날의 날씨가 궁금할 경우, 바로 날씨예보를 알아보는 것이 아니라 지난 며칠 동안의 날씨를 기록하고 앞으로 며칠의 날씨 기록을 추가해 가는 과정이 자료 수집이라고 할 수 있다. 이렇게 수집된 자료를 살펴봄으로써 견학일의 날씨를 예측해 볼 수 있다. 다른 예로, 유아들이 함께 가고 싶은 견학 장소를 정할 경우 각 유아가 선호하는 장소를 먼저 조사해 볼 수 있다. 이후 모아진 장소 모두를 놓고 다수 의견을 모을 것인지, 모아진 장소 중에서 선별하여 견학 장소를 정할 것인지의 2차적인 활동이 가능하다.

친구에게 질문하여 자료를 수집하는 유아

이러한 자료 수집의 과정에서 영유아는 문제해결을 위해서 적합한 자료가 무엇인지 파악할 수 있고, 자료를 기록하기 위한 적절한 방법을 모색해 볼 수 있다. 자료 수집이 체계적으로 이루어질 때 영유아의 의견 교환이나 의사결정이 보다 용이해진다. 다수의 의견을 모을 때는 숫자로 기록할 수도 있고, 찬성하는 의견에 구슬이나 스티커를 모으면서 자료를 수집할 수도 있다. 자료의 특성에 따라 수집하는 방법은 매우 다양하므로 교사는 영유아들이 여러 가지 방법을 찾도록 격려해 주어야 한다.

(2) 분류하기

분류하기는 하나 혹은 그 이상의 준거를 이용하여 유사점, 차이점으로 나누어 보는 과정을 말한다. 사물의 특징을 인식하고 다른 사물과의 차이를 알아차리는 데서 출발하며, 영유아는 감각적 능력을 활용하여 사물의 속성을 파악하고 그 차이를 인식한다. 영유아는 색, 질감, 소리, 길이를 변별하기 시작하고 점차 사물의 관계를 파악하며 분류를 하게 된다.

모양별로 나뭇잎 분류

색깔과 모양으로 분류

분류의 준거가 하나일 때는 단순분류라 하고, 분류의 준거가 2개 이상이 될 때 복합분류라 한다. 복합분류의 경우 5~6세 유아도 어려울 수 있으므로(신희영, 1991), 초기에는 분류의 준거가 명확한 내용을 제시하고 점차 준거가 복잡하거나 사물의 속성에 따라, 또는 관계성이 있는 것끼리의 분류로 나아가도록 활동을 제시하는 것이 좋다. 예를 들어, 매직펜과 크레파스 나누어 보기, 숟가락과 포크 나누어 보기에서 출발하여 모자 중에서 부드러운 것과 그렇지 않은 것 나누어 보기, 컵과 접시를 짝지어 나누어 보기와 같이 영유아 간의 상호작용이나 토론이 필요한 활동으로 제시해 나가는 것이 분류 능력을 길러 주는 방법이다.

(3) 그래프

수집된 자료를 정리하여 시각적인 형태로 만들어 타인과 공유하는 과정은 매우 흥미롭다. 자신이 지닌 정보를 어떠한 형태로 조직할 것인가는 개인에 따라 다르

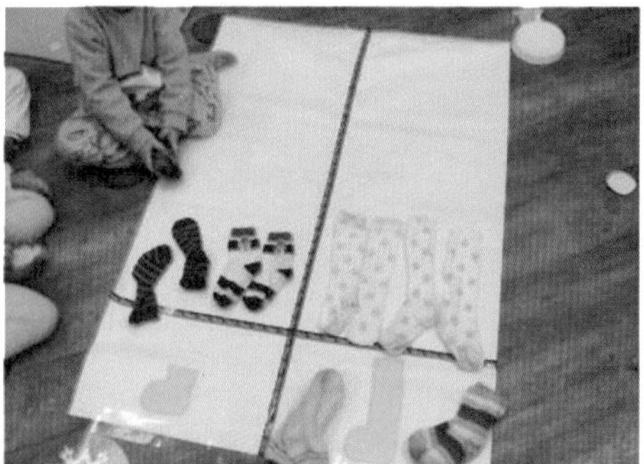

게 나타난다. 현장에서 가장 일반적으로 자료를 정리하는 방법은 다양한 그래프의 형태로 자료를 조직하는 것이다. 그래프에는 실물그래프, 그림그래프, 상징그래프, 다이어그램, 막대그래프, 꺾은선그래프 등이 일반적으로 쓰이고 있으며, 영유아기에는 실물을 놓거나 그림 또는 자신만의 상징을 이용해 그래프로 만들기도 한다.

그래프의 형태와 정보의 유형을 관련지어 보고 적절한 그래프를 선택하도록 하는 것이 중요하다. 실물이나 이름 카드, 상징물을 이용하여 늘어놓는 막대그래프의 경우 가장 많은 것과 적은 것을 비교해 볼 수 있고 각각의 차이를 알아보기에 적합하다. 원그래프는 전체 중에서 얼마나 많이 차지하는지를 한눈에 살펴볼 수 있다. 꺾은선그래프는 책을 얼마나 많이 읽었는가와 같이 변화량을 알아보기에 적절하다. 이러한 그래프를 활용할 때는 각각이 차지하는 면적이나 간격이 일정하게 배치되도록 유의해야 한다.

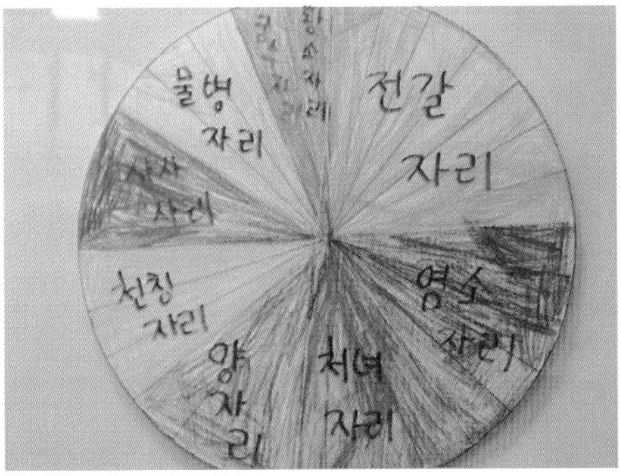

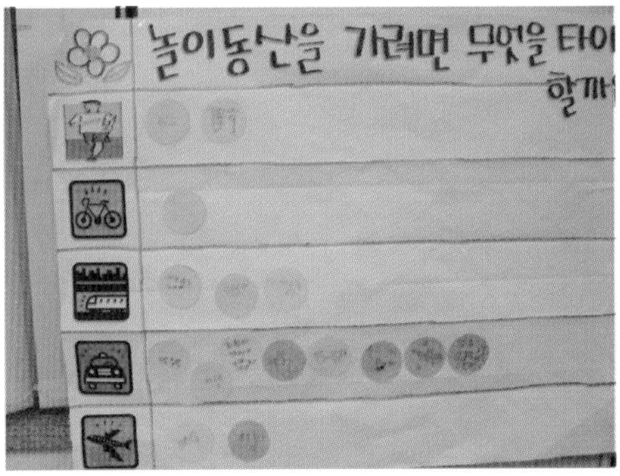

2. 수학적 과정 기술

수학에 대한 이해를 넓혀 가기 위해서는 거쳐야 하는 과정이 있으며, 이러한 과정도 수학에서는 매우 중요하게 다루어질 필요가 있다. 수학적 과정 기술에는 문제해결하기, 추론하기, 의사소통하기, 표상하기, 연계하기가 포함되며, 이러한 내용이 수학학습을 하는 중요한 수단이 되므로 수학교육에서 다루어져야 한다.

1) 문제해결하기

우리는 하루 일과를 진행하면서 많은 문제 상황에 직면하며, 이는 영유아들도 마찬가지다. 문제 상황에서 교사로부터 해결책을 제시받기보다는 영유아가 스스로 문제를 해결해 보는 과정을 통해 문제해결 능력을 길러 갈 수 있다. 영유아는 각자의 경험 내용에 따라 서로 다른 문제해결 방법을 이미 습득하고 있으며, 영유아 간의 문제해결 과정은 다양한 문제해결 방법을 시도할 수 있는 좋은 기회가 되기도 한다. 따라서 교사는 일상생활에서 경험하는 문제에 대해 영유아가 해결책을 시도해 보고 그 결과를 경험할 수 있도록 해 주는 노력을 해야 한다. 예를 들어, 활동의 순서나 시간을 정할 때, 견학을 가는 경우 버스 자리를 정할 때, 게임 내용에 맞게 팀을 나누고자 할 때 유아 간의 협의 과정을 통해 문제해결을 시도할 수 있다. 유아들이 제안한 다양한 방법의 장단점을 살펴보고, 학급의 상황에서 최적의 방법을 선택하여 실행하는 과정을 통해 유아 스스로 결과를 경험하며 선택 방법과 결과를 비교하면서 문제해결 능력을 길러 간다.

NCTM(2000)은 유아기에 경험하는 문제해결하기의 내용으로 문제해결을 통한 새로운 수학 지식 구성, 수학과 그 이외의 상황에서 발생하는 문제해결, 다양한 전략을 사용한 문제해결과 다른 상황에의 적용, 수학적 문제해결 과정 주시와 반성을 제시하였다. 문제해결하기를 지도하기 위해 교사는 문제해결 과정에 포함되어 있는 수학적 지식이 무엇인지 인식할 수 있는 능력을 지니고 있어야 하며, 비록 수학적 상황이 아닌 다른 맥락일지라도 수학적 문제해결이 가능하도록 이끌어 내는 능력을 지녀야 한다. 예를 들어, 간식을 친구들에게 나누어 주는 활동에서 처음에는 "몇 개씩 먹을 수 있을까?"라고 하여 개수를 세는 것에서 문제를 해결하려 했다면, 점차적으로 "개수가 같으면 우리가 먹은 양이 모두 같을까?"와 같은 질문을 통해 간식의 양이나 묶음 등으로 수학적 지식을 확장할 수 있어야 한다. 한 줌의 곡식의 양을 재어 비교할 때 용기의 크기나 모양을 달리하여 다양하게 문제를 해결해 보도록 하고, "곡식을 용기에 담아서 판다면 어느 용기에 담아서 파는 것이 좋을까?"라고 물어보며 영유아가 습득한 곡식의 특성과 용기의 모양에 대한 지식을 다양한 상황에서 적용할 수 있도록 하면서 문제해결 능력을 길러 주어야 한다.

'내 키보다 더 높게 블록 쌓기' 문제해결하기

2) 추론하기

사물이나 물리적 현상에 대한 추론은 논리적 사고의 결과라 할 수 있다. 어린 연령의 영유아라 할지라도 사물을 비교하거나 다음에 일어날 일을 예측할 수 있는 능력을 지니고 있다. 추론하기는 사물 간의 유사성과 차이점, 사건의 연속적 발생들을 눈여겨 봄으로써 사건, 사물, 자연현상 간의 관계를 인식함에 따라 나타난다.

영유아기의 추론하기 내용은 수학 내용으로 추론하기를 포함하는 것, 수학적으로 추론하고 탐구하는 것, 수학적으로 토론하고 평가하는 것, 다양한 추론을 선택하고 활용하는 것을 포함한다(NCTM, 2000). 예를 들어, 유치원에서 견학을 갈 때 어느 길로 가는 것이 가장 빠를지 예상하는 과정에서 지도에서 대로를 중심으로 하는 의견과 가장 짧은 거리를 선택하는 의견이 있을 수 있다. 각자의 입장에서 왜 자신이 선택한 길이 더 빠를지를 차량 수, 신호등, 거리 등의 근거에 따라 말할 수 있다. 가장 타당하다고 생각되는 의견에 따라 견학을 가 보고 그 결과를 학급에서 공유하면서 추론 과정을 경험할 수 있다.

추론하기의 과정을 수학 내용으로 다루기 위해 교사는 영유아의 수학 과정에서 영유아가 나타내는 반응을 그대로 수용하기보다는 "왜 그렇게 생각하게 되었어?", "네가 생각한 이유를 말해 볼래?" 하며 유아가 자신의 주장에 대한 근거를 보다 분명히 하도록 이끌어야 한다. 영유아는 근거를 찾는 과정을 통해 사건, 사물, 현상에서 나타나는 연관성을 인식하는 능력을 기르게 되고, 이러한 추론이 타당한 것인지에 대해 다른 영유아들로부터 피드백을 받게 된다.

규칙성을 추론하여 다음 순서에 찾을 모양 도장 찍기

3) 의사소통하기

의사소통은 나와 타인의 사고가 서로 교류하여 공유된 의식을 갖는 과정이다. 의사소통이 잘 이루어지기 위해서는 서로의 의사 전달 체계가 일치해야 하고, 이러한 체계 안에는 다양한 상징과 문화적 규칙이 존재한다. 수학교육에서 의사소통은 수학적 언어와 상징을 사용하여 자신이 이해한 수학적 지식과 문제해결의 방법 등을 나누는 것을 말한다.

수학적 언어, 상징체계를 통한 의사소통은 영유아에게 익숙하지 않으며 매우 어려운 과정이 될 수 있다. 사물 하나를 '하나' 혹은 '1', '일', '한 개'로 표기하거나 읽는 것은 사회적 약속이며, 이와 같이 한 가지 의미에 다양한 상징체계가 사용될 수 있다. 이러한 상징체계는 사회 구성원들에 따라 달라지며, 영유아는 경험을 통해 이를 배우고 익혀야 한다. 영유아가 생활 속에서 나타내는 상징체계는 기존의 사회적 약속과 다를 수 있다. 그럼에도 영유아가 나타내는 개별적 수학 이해 정도와 상징 표상은 존중받아야 하며, 점차 사회적 약속의 상징을 사용하여 의사소통할 수 있도록 해야 한다.

영유아기 수학교육에서 의사소통하기의 과정 기술 습득을 위해 교사는 의사소통으로 자신의 수학적 사고를 조직하기, 수학적 사고를 또래 및 교사에게 분명하게 의사소통하기, 다른 사람의 수학적 사고와 전략을 분석・평가하기, 그리고 수학적 아이디어를 정확하게 나타내기 위해 수학적 언어를 사용하기를 다루어야 한다(NCTM, 2000). 교사는 영유아에게 수학적 상징을 이해할 수 있도록 해 주고, 교사가 수학적 언어 사용의 시범을 보여 줌으로써 의사소통하기를 격려할 수 있다. 간판,

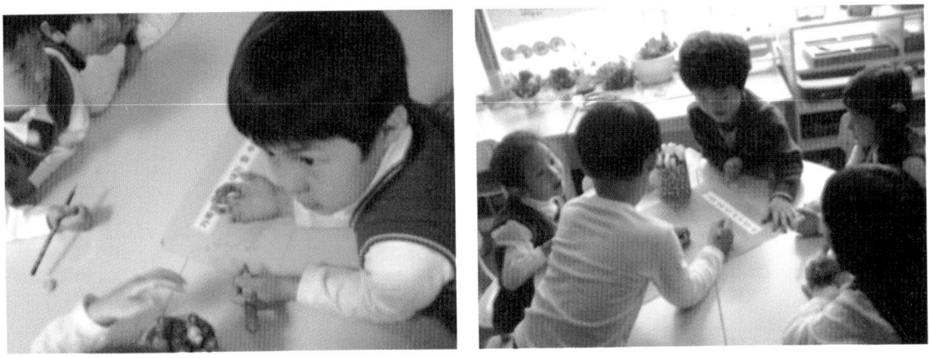

분류하기를 위한 소그룹 토의

표지판, 잡지 등에서 찾을 수 있는 가격, 날짜, 용량, 개수 등을 나타내는 숫자나 방향, 약도 등의 의미를 이해하도록 하고, 영유아가 이해한 길이, 무게, 방향 등을 그림이나 숫자로 표시 또는 설명하도록 한다.

4) 표상하기

표상하기는 사물이나 사건에 대해 지니고 있는 개념을 언어나 동작, 그림, 숫자와 같은 시청각적 상징체계를 통해 표현해 내는 과정을 말한다. 표상하기는 수학적 사고나 그 사고 과정을 다른 사람과 의사소통할 때 매우 유용하다. 예를 들어, "반으로 나누자."라는 말은 과자가 6개, 사람이 2명인 상황에서는 개수를 인원수에 따라 나누는 것이고, 과자가 1개일 때는 양을 절반으로 나누는 과정을 수행하자는 것을 말한다. 이때 반으로 나누는 방법이나 결과를 그림, 숫자로 표상하면 반으로 나누는 의미를 이해하기가 쉽다. 만약 "사과를 반으로 나눠 보자."라고 말했다면, 가로와 세로로 나누는 방법에 따라 반을 나눈 결과는 달라진다. 이때도 그림으로 반을 나누는 모습을 제시하면 유아가 그 결과를 예측하기 쉽다.

표상하기는 수학적 이해의 정도를 나타내는 척도이며 표상하기의 과정을 통해서 사고 과정을 구체화하거나 문제해결을 더욱 용이하도록 한다. 교사는 표상하기의 가치를 인식하고 다양한 방식으로 영유아가 표상하기의 과정을 경험할 수 있도록 해야 한다. NCTM(2000)은 표상하기에 대해 수학적 아이디어를 조직 · 기록하고 의사소통하기 위해 표상을 만들고 사용하기, 문제를 해결하기 위해 적절한 수학적 표

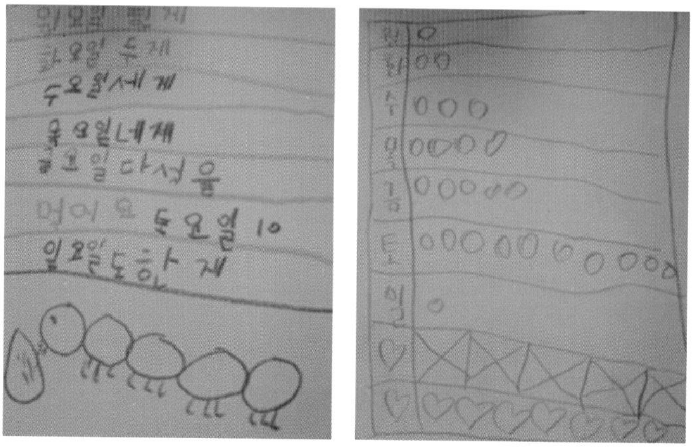

배고픈 애벌레가 먹은 먹이에 대한 서로 다른 수 표상

상을 선택 · 적용하기, 물리적 · 사회적 · 수학적 현상을 해석하고 모델링하기 위해 표상을 사용하기를 포함하였다.

교사는 표상하기를 지도하기 위해서 영유아들이 사용하는 표상에 대해 이해해야 한다. 영유아들이 그리기나 쌓기 영역에서 구조물을 만들고 그 의미를 나타내는 표상을 할 때 표상의 형태와 의미를 잘 살펴보아야 한다. 많다와 적다의 표현, 자동차의 번호, 아파트와 건물의 호실을 표시할 때 사용하는 상징체계를 상세히 이해하여야 한다. 이러한 영유아들만의 표상을 인정하고 수용하며 표상을 격려할 때 영유아들이 다양한 표상을 나타낼 수 있다. 또한 교사는 영유아가 사회에서 사용하는 표상체계를 이해할 수 있도록 돕는 역할도 수행해야 한다.

5) 연계하기

연계하기는 수학적 사고 경험 간의 연관성, 체계적인 수학적 지식과 경험을 연결하는 과정을 말한다. 영유아가 비형식적으로 경험한 수학을 교육기관의 체계적인 학습내용과 연관지어 수학능력의 발달을 돕는 것이다(NCTM & NAEYC, 2002).

연계하기는 실질적으로 다양한 상황에서 발생한다. 하나의 수학적 개념이 다른 수학 개념과 연결되는 과정, 수학적 지식이 다른 교과의 지식과 연계되는 과정이 있다. 예를 들어, 한 반에서 유아들의 키를 측정하여 그 결과를 준거별로 자료 정리하여 제시하는 과정은 수학 개념 간의 연계이다. 나뭇잎을 분류하여 각각의 특징을 관찰하고 비교하며 이유를 생각해 보는 과정은 수학과 과학이라는 서로 다른 학문이 연계되는 과정이다. 또한 연계하기는 영유아가 수학적 사고를 경험할 때 이전의 경험과 새로운 경험 간의 연계 과정도 포함한다. 따라서 영유아와 수학적 경험을 할 때 교사는 영유아의 경험 내용과 수학적 지식 정도에 관심을 갖고 이미 알고 있는 개념에 기초하여 새로운 수학적 지식이 접근될 수 있도록 해야 한다. 또한 개별적 경험을 통해 얻은 비형식적 수학 경험이 형식적 수학의 체계로 연계될 수 있도록 이끌어야 한다.

NCTM(2000)은 영유아기의 연계하기의 내용으로 수학적 아이디어 간의 연결을 인식하고 사용하기, 수학적 아이디어들의 연결 이해하기, 실생활 맥락에서 수학을 인식하고 사용하기를 제시하였다. 교사가 연계하기의 과정 기술을 돕기 위해서는 수학 교과의 내용 체계에 대한 이해를 바탕으로 수학적 경험에 내재한 수학 개념 간의 연결을 시도해야 한다. 수를 세어 보는 과정에서 단순히 수를 세고 활동을 마치기보다는 "어떤 것이 가장 많니?", "가장 많은 것과 가장 적은 것은 얼마나 차이가 날까?", "많은 것과 적은 것의 차이를 어떻게 나타낼 수 있을까?"와 같이 질문하여 수학적 사고를 연계할 수 있도록 한다. 또한 수학적 사고의 경험은 생활하는 가운데 겪는 가장 많은 경험이며, 다양한 경험은 수학적 사고를 깊게 해 주는 바탕이 되므로 교사는 수학적 사고 경험이 실생활 맥락과 연계될 수 있도록 한다.

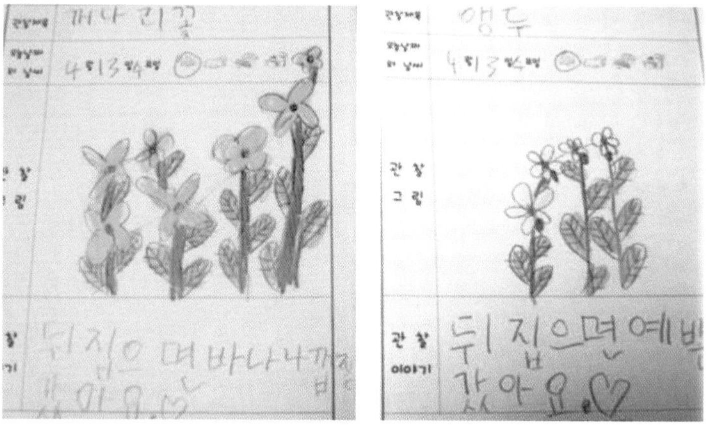

유사한 꽃 비교-수학과 과학의 연계 활동

3. 수학적 태도

수학적 태도는 수학에 대해 개인이 갖는 긍정적 또는 부정적인 정서적 성향이다. 수학에 대해 어떠한 정서를 지녔는가는 수학적 경험을 받아들이는 데 중요한 역할을 한다. 수학적 태도가 긍정적일 때 수학적 경험을 의미 있게 받아들이고 문제해결 과정에 적극 참여하며 수학적 사고 발달을 즐기게 될 것이다. 따라서 수학적 태도는 수학교육의 내용, 과정 기술과 함께 영유아기에 길러야 할 중요한 소양이다. 수학적 태도에는 호기심, 주의집중, 개방성, 적극성, 지속성 등이 있다.

1) 호기심

호기심은 자극에 관심을 갖고 그에 대해 탐구해 보려는 태도를 말한다. 누구나 사물, 자연현상, 상황에 대한 호기심을 갖고 있다. 영유아가 지닌 호기심은 상황에 대한 이해와 그에 기초한 문제해결의 출발점이 된다. 이들은 호기심을 갖고 수학적 탐구에 참여하며, 이를 통해 학습한다. 따라서 영유아가 보이는 호기심을 학습적 상황으로 이끌어 줄 필요가 있다.

영유아는 주의집중, 질문, 관찰 등으로 호기심을 표현하므로 교사는 영유아를 관찰하면서 수학적 탐구 상황을 민감하게 찾아야 한다. 호기심을 나타내는 정도는 영유아마다 달라서 한 가지에 집중하여 호기심을 보이기도 하고 때로는 단편적인 호기심으로 매번 대상과 상황이 바뀌기도 한다.

과일의 모양과 색에 호기심을 보이는 영아

영유아의 호기심을 격려하기 위해 교사는 영유아가 보이는 호기심에 주의를 기울이고 지속적으로 관찰할 필요가 있다. 관찰을 통해 영유아가 가진 호기심의 대상이나 상황을 이해하고 이를 의미 있는 학습 상황으로 자연스럽게 연계한다. 영유아의 자발적 호기심과 더불어 교사가

"우유를 어디까지 따르면 될까?", "얼마나 기다려야 하는지 어떻게 알 수 있을까?", "3명이 나누어 먹으려면 어떻게 해야 할까?"와 같은 질문을 통해 영유아가 수학적 사고를 경험할 수 있도록 이끌어 주는 과정이 함께 이루어지는 것이 바람직하다. 교사의 관심은 영유아로 하여금 호기심의 태도가 가치로움을 알게 하고 호기심을 통해 수학에 대한 지속적 관심을 갖는 태도를 형성하도록 할 수 있다.

2) 주의집중

주의집중은 관심 있는 대상이나 과정에 자신의 주의를 기울여 관심을 갖는 태도를 말한다. 주의집중은 영유아가 대상을 자세히 관찰하고 문제에 대한 집중을 높여, 많은 정보를 획득하고 정보를 활용하여 문제해결을 하도록 기여하는 에너지원이다.

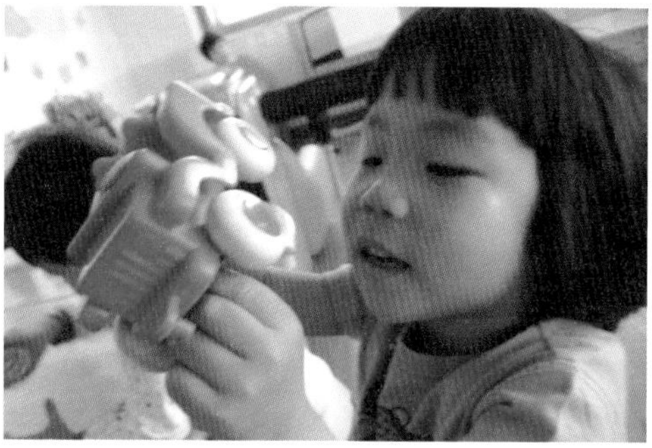

바퀴 모양과 회전에 주의집중

영아기에는 주의집중의 대상이 광범위하고 주의를 기울이는 시간이 짧지만, 점차 유아기로 성장하며 대상이 구체화되고 주의집중하여 몰입하는 시간이 증가한다. 주의집중은 자신이 의문을 갖는 것을 해결하기 위한 구체적 조작과 정신적 조작의 행동이고, 이것은 이후의 끈기성과 연관이 깊다. 따라서 교사는 주의집중 행동이 나타날 때 유아의 행동을 중단하지 않도록 주의한다. 또한 교사는 영유아의 주의집중을 길러주기 위해 광범위하게 많은 자극이나 정보를 주기보다는 구체적이고 명확하게 상황을 제시해 주는 노력을 해야 한다. 영유아가 관심을 보이는 문제 상황이나 해결책이 무엇인지 들어보고 영유아 스스로 해결이 불가능해 보일 때 행동이나 단어로 힌트를 제공하도록 한다.

3) 개방성

다른 유아의 의견을 청취

개방성은 수학 활동에 참여하며 또래 및 교사와의 상호작용에서 자신의 의견에 대한 조언이나 비판을 받아들이고 수용하는 태도다. 문제해결의 방법은 모두 다를 수 있으며, 서로의 의견 교환을 통해 적절한 방법을 선택해야 한다. 영유아는 문제해결 과정에서 선택한 방법이 최선이 아닐 수 있음을 인정하고 또래 평가를 통해 합리적인 방안을 제안받았을 때 이를 수용할 수 있는 태도를 길러야 한다. 개방성은 자신의 생각과 또래의 생각을 비교해 보도록 하고 다른 사람의 관점을 깨닫게 함으로써 보다 다양한 문제해결 능력을 기르는 데 도움이 된다.

교사는 영유아가 지닌 생각을 존중하는 모습을 보여 주며, "어떤 방법이 좋을까?", "지수의 생각에 바꿀 부분은 없을까?"라고 질문함으로써 영유아가 자연스럽게 다양한 방안을 생각하고 다른 사람의 의견을 수용하는 태도를 갖도록 격려할 수 있다. 교사는 영유아가 자신의 의견만 주장하는 것이 아니라 상대의 의견에서 장점은 무엇인지 파악할 수 있도록 도움을 주도록 한다. 한 가지 방안을 결정할 때 서로의 의견을 청취하고 교실 상황이나 영유아들의 상황에 맞는 합리적인 해결책이 모색될 수 있도록 한다.

4) 적극성

적극성은 수학 활동에 자발적이며 열심히 참여하는 태도를 말한다. 적극성을 갖추면 문제해결의 과정에서 또래가 해결해 주기를 기다리기보다는 자신이 주체가 되어 참여하게 되므로, 적극성은 다양한 문제해결 전략을 시도하고 해결 방법을 익힐 수 있는 밑바탕이 된다. 적극성은 개인의 심적인 상태를 반영한 사회성뿐 아니라 논리적인 사고력, 친구와 의사소통하는 능력에 영향을 받는다.

문제해결의 책임이 자신에게 있음을 인식할 때 적극성이 발휘될 수 있으므로, 교사는 영유아의 경험 및 영유아의 상황과 연결 지어 문제를 해결하도록 도와야 한다. 집단으로 문제를 해결할 때는 구성원의 특성을 고려하여야 한다. 구성원 모두가 적극성을 발휘하기 위해서는 4~6명 정도가 적당하다. 또한 각자가 문제해결 과정에서 어떠한 기여를 했는지 발표하도록 하거나 교사가 집단 활동 시간에 각자의 역할을 자세히 관찰하여 전체 영유아와 함께 평가해 주는 것이 바람직하다. 특히 소극적인 영유아가 문제해결에 기여할 수 있도록 부담이 적은 역할을 갖도록 지도한다. 활동을 주도하는 유아가 있을 경우, "다른 친구의 생각도 들어 보자.", "친구가 생각할 시간을 주자."라고 하며 다른 유아에게 기회를 주도록 하고, "이 팀은 모두 자신의 생각을 말했구나.", "서로 다른 여러 가지 의견이 나왔구나."라고 하여 각 개인이 의견을 제시하는 것의 가치로움을 인식시켜 주도록 한다. 교사의 태도를 통해 영유아는 의견을 말하는 것의 중요성을 알고 조금씩 활동에 적극적인 태도를 보이게 된다.

문제해결 과정에 적극적으로 참여

5) 지속성

지속성은 수학적 해결이 필요한 문제에 대해 포기하지 않고 다양한 해결책을 시도하는 태도를 말한다. 영유아가 문제에 호기심을 갖더라도 문제를 해결하려는 의지가 없거나 하나의 해결책만을 생각하고 포기해 버린다면 복잡한 문제해결에서는 어려움을 느끼며 다양한 방법을 시도하지 못하게 된다. 우리가 살아가는 동안 경험하는 문제들은 간단하지 않고 문제해결에 영향을 미치는 여러 가

색종이 길게 오리기 과제에서
나타난 끈기성

지 요소를 동시에 고려해야 하는 상황이 대부분이다. 따라서 영유아가 문제를 해결하고자 할 때 생각의 끈을 놓지 않고 관련된 사항을 고려해 보는 경험을 하게 할 필요가 있다.

영유아가 문제해결 과정에서 지속성을 유지하도록 교사는 문제에 대한 흥미를 격려하고 영유아의 노력과 진전을 북돋아 주어야 한다. 또한 영유아가 문제를 해결하는 과정에서 문제의 초점을 잃지 않도록 힌트를 제공하거나 "해결하려는 문제가 뭐였지?", "우리가 의논한 것은 무엇이었니?", "이 방법으로 하면 해결할 수 있을 것 같은데."와 같이 격려하는 것이 바람직하다.

교사는 영유아들과의 평가 시간에 각 영유아가 문제를 해결하고 과제를 마치기 위해서 얼마나 많은 시간과 노력을 들였는지 언급해 주도록 한다. 영유아는 자신이 스스로 시작한 활동일지라도 활동 중에 과제에 대한 흥미를 잃어버리거나 중심에서 벗어나기도 한다. 따라서 교사가 지속적으로 관심을 갖고 자신을 지켜보고 있다는 사실을 전체 영유아가 알 수 있도록 해 준다면 영유아는 새로운 과제에 대한 도전과 시도를 계속할 수 있는 힘을 얻게 된다.

함께 토의해 보세요!

1. 내가 받았던 수학교육을 되돌아보며 수학교육의 내용 중 어디에 해당하는지 찾아보세요. 앞으로 교사가 되어 어떤 부분을 가르쳐야 한다고 생각하나요?

2. 수학 개념들은 서로 연관성을 지니고 있습니다. 수학 활동의 사례를 들고 그 사례에서 각 개념이 어떻게 연관되어 있는지 토의해 보세요.

3. 교사로서 수학적 태도를 영유아들에게 길러 주려고 할 때 어떤 태도가 가장 어려울 것이라고 생각하나요? 왜 그런가요? 어떻게 해결할 수 있을까요? 서로 의논해 봅시다.

/ 제5장 /

영유아수학교육의 교수-학습 방법

영유아교육은 유아중심, 놀이중심 교육의 실천을 강조하고, 교육적 경험이 영유아의 일상과 연계되어 각 학문 또는 교과 간 분리되지 않는 통합적 형태로 이루어지도록 하고 있다. 이러한 영유아교육의 교수-학습 원리는 수학교육에도 그대로 적용된다. 뿐만 아니라 최근 학문 간 융합의 가치와 중요성이 부각되면서 과학, 기술 및 예술과 통합한 수학교육에 대한 관심도 높아지고 있고, 사회적 구성주의 이론의 영향으로 사회문화적 맥락을 반영한 수학교육과 함께 수학적 담화와 어휘 등 언어의 활용이 강조되고 있다. 따라서 이 장에서는 최근 수학교육의 동향과 이론에 따라 영유아수학교육을 보다 효과적으로 실시하기 위한 교수-학습 원리와 여러 가지 교수-학습 방법에 관해 살펴보고자 한다.

1. 영유아수학교육의 교수-학습 원리

수학은 우리 삶 속에 내재되어 있기 때문에 놀이는 수학교육의 장이며, 영유아를 둘러싼 주변 세계는 수학교육을 위한 좋은 교수-학습 매체가 될 수 있다. 하지만 보다 질 높은 수학교육을 위해 다음의 6가지 교수-학습 원리를 잘 이해하고 반영해야 한다.

영유아수학교육을 위한 교수-학습 원리

첫째, 자연스럽게 수학과 관련된 배움이 일어나도록 영유아가 주도하는 놀이를 적극 지원해야 한다.
둘째, 영유아의 타고난 수학에 대한 흥미와 호기심을 존중하고 수학 관련 놀이와 활동에 즐겁게 참여함으로써 수학에 대한 긍정적인 태도를 형성하게 한다.
셋째, 수학 활동이 다른 교과 및 영역의 활동과 유기적으로 통합될 수 있도록 한다.
넷째, 수학적 문제를 해결하는 과정에서 수학적 지식과 개념을 형성하도록 지원한다.
다섯째, 수학적 어휘를 활용하여 다른 사람과 수학적으로 의사소통하는 것을 격려한다.
여섯째, 특정한 수학 영역에 편중되지 않고 다양한 영역을 고루 경험하도록 지원한다.

첫째, 자연스럽게 수학과 관련된 배움이 일어나도록 영유아가 주도하는 놀이를 적극 지원해야 한다.

영유아는 유능하고 자율성을 가진 존재이며, 놀이를 좋아하고 놀이하면서 가장 잘 배우고 성장해 간다. 무엇보다 놀이는 영유아의 내적 동기와 흥미에 의해 시작되며, 영유아는 놀이의 주체로서 주변 세계에 대해 호기심을 갖고 적극적으로 소통하며 알아 간다. 즉, 영유아는 놀이를 통해 수학적 지식과 개념을 자연스럽게 배워나가게 된다. 예를 들어, 영유아들이 술래를 정하기 위해 가위바위보를 하는 경우 이들은 확률적 경험을 하게 되는데, 이러한 경험을 통해 영유아는 놀이 인원이 적으면 자신이 술래가 될 확률이 높아지고, 반대로 놀이 인원이 늘어날수록 확률이 적어지는 동시에 술래를 정하기 어렵게 됨을 알아 가게 되는 것이다. 따라서 교사는 무엇보다 놀이의 가치를 이해하고, 영유아의 자발적인 놀이 속에서 의미 있는 수학적 배움이 일어날 수 있도록 놀이를 지원해 주어야 한다.

둘째, 영유아의 타고난 수학에 대한 흥미와 호기심을 존중하고, 수학 관련 놀이와 활동에 즐겁게 참여함으로써 수학에 대한 긍정적인 태도를 형성하게 한다. 영유아는 태어날 때부터 수학에 대한 흥미와 호기심을 가지고 있기 때문에 일상생활과 놀이를 하면서 자연스럽게 수학을 탐구한다. 특히 수학은 그들을 둘러싼 물리적·사회적 세계를 이해하도록 도와주는 도구로서 기능을 하기 때문에 영유아는 수학적으로 사고하면서 세상에 대해 더 깊이 있게 알아 가게 된다. 따라서 영유아를 위한 수학교육은 영유아가 일상생활과 놀이 속에서 수학의 가치와 유용성을 인식하고 수학에 대한 긍정적인 태도를 갖게 하는 데 중점을 두어야 한다. 이를 위해 교사는 영유아가 놀이 속에서 수학적 탐구 과정을 즐길 수 있도록 격려하고, 놀이와 연계한 재미있는 수학 활동을 마련해 주어야 한다.

셋째, 수학 활동이 다른 교과 및 영역의 활동과 유기적으로 통합될 수 있도록 한다. 주변 세계에 있는 모든 사물과 현상은 언어, 수학, 과학, 사회 등 교과나 학문 영역별로 분리되어 존재하지 않는다. 그렇기 때문에 영유아도 통합된 경험의 형태로 여러 교과와 영역의 지식과 개념을 형성해 간다. 영유아는 그림을 그리면서 여러 가지 도형을 탐색하기도 하고, 교실에서 식물을 기르면서 날짜와 요일을 알아보고, 물의

양, 식물의 길이를 측정해 볼 수 있다. 또한 박자에 맞춰 노래를 부르면서 규칙성을 경험할 수도 있다. 따라서 영유아를 위한 수학교육도 수학만을 분리시켜 접근하는 것은 바람직하지 않으며, 교사는 수학을 포함한 각 교과의 내용 지식에 대한 이해를 바탕으로 영유아에게 통합적인 경험을 제공해야 한다. 단, 이러한 경험이 교사의 주도하에 일방적으로 제공되어서는 안 되며, 영유아의 흥미와 요구를 반영하여 놀이 혹은 놀이를 지원하기 위한 활동 안에서 의미 있게 전개될 수 있도록 해야 할 것이다.

넷째, 수학적 문제를 해결하는 과정에서 수학적 지식과 개념을 형성하도록 지원한다. 영유아수학교육의 목적은 단순히 수학적 지식과 개념을 습득하는 것이 아니라 수학적으로 사고하는 능력을 기르는 것에 있다. 따라서 일방적으로 교사가 수학적 지식을 알려 주는 방식은 영유아에게 적합하지 않다. 대신에 놀이나 일상생활 속에서 일어나는 실제 문제 상황을 해결해 보는 기회를 제공하는 것이 필요하다. 이는 영유아로 하여금 자신이 알고 있는 지식을 활용하고, 동시에 새로운 지식을 형성해 갈 수 있도록 수학적 사고의 기회를 제공하는 것으로, 수학적 지식과 개념을 확장하도록 도울 수 있다. 예를 들어, 쌓기 놀이 영역에서 유아 간 자리와 놀잇감 다툼이 자주 일어난다고 하자. 이는 또래 간에 빈번하게 일어나는 갈등 상황이다. 유아는 이 상황을 해결하기 위해 한 명이 편안하게 놀이할 수 있는 공간의 크기를 가늠해 보기도 하고, 전체 공간 크기를 조정해 볼 수도 있다. 또한 유아들이 선호하는 놀잇감의 종류와 수를 비교해 본 후 몇 명이 가지고 놀이하는 것이 적절한지를 생각할 수 있는데, 이러한 과정에서 유아는 자연스럽게 기존에 갖고 있었던 수, 공간, 측정 관련 지식과 개념을 적극 활용하며 확장시켜 나가게 된다.

다섯째, 수학적 어휘를 활용하여 다른 사람과 수학적으로 의사소통하는 것을 격려한다. 수학은 그 자체가 언어이며(Usiskin, 1996), 사고는 의사소통의 한 형식이다(Sfard,

2008). 이렇듯 수학적 사고력과 언어 능력은 매우 밀접한 관련이 있다(김영선, 2005; Donlan, 2007). 수학적 사고를 발달시킨다는 것은 수학적 상황과 대상에 대해 언어를 이용하여 의사소통하는 능력을 발달시키는 것을 의미하기도 한다. 이러한 맥락에서 NCTM(2008)은 수학적 사고를 말로 표현하는 'Think aloud(소리 내어 생각하기)'의 교수 전략을 강조하였다. 단어나 어휘는 특정 대상이나 상황을 나타내는 언어적 표현으로, 영유아가 수학과 관련된 어휘를 사용하며 이야기하는 것은 자신의 수학적 지식과 개념을 명료화시키고 수학적 사고를 발달시키는 데 도움이 된다. 즉, 수나 도형의 정확한 명칭 혹은 '크다'나 '작다'와 같이 사물의 속성을 나타내는 수학 관련 어휘를 익힐 필요가 있는 것이다. 이를 위해 교사는 수, 공간, 도형, 측정 등 수학적 개념과 관련된 어휘를 정확히 이해하고 있어야 하며, 수학적 어휘를 적절히 활용하면서 영유아와 상호작용할 필요가 있다. 그리고 의사소통은 상호 간에 이루어진다는 점을 고려해 볼 때, 혼자보다는 2명 이상의 영유아가 함께할 수 있는 놀이와 활동 기회를 마련하여 수학과 관련된 아이디어와 경험을 친구들과 공유할 수 있도록 지원할 필요가 있다.

여섯째, 특정한 수학 영역에 편중되지 않고, 다양한 영역의 수학을 고루 경험하도록 지원한다. 수학의 내용 지식은 일반적으로 수와 연산, 공간과 도형, 측정, 규칙성, 확률과 통계의 5개 영역으로 구분된다. 이에 따라 표준보육과정과 2019 개정 누리과정도 5개 수학 영역에 따른 내용을 제시하고 있다. 다만, 각 영역을 다루는 비중은 학습자의 연령과 발달 수준을 고려해야 한다(NCTM, 2000). 즉, 수학의 학문적 위계성과 난이도를 고려하여 수학적 능력의 기초를 형성하는 영유아기에는 수와 연산, 기하, 측정을 좀 더 비중 있게 다루고, 상대적으

로 자료 분석과 확률, 대수 개념은 적은 비중으로 다루는 것이 바람직하다. 그러나 이는 특정 영역에 편중되어야 함을 의미하는 것은 아니므로 영유아들은 다양한 영역의 수학적 경험을 가져야 한다. 그리고 이들 5개의 수학 영역은 상호 관련이 있기는 하나 어떤 유아가 수량에 대한 이해 수준이 높다 하더라도 위치와 방향을 이해하는 능력은 부족할 수 있으므로, 교사는 개별 영유아의 영역별 수학적 능력을 정확히 파악하고 발달 수준에 적합한 경험을 제공해 주어야 한다.

2. 영유아수학교육을 위한 접근법

교사는 수학교육의 질을 높이고 효과적으로 수학교육을 실시하기 위해 최근 이슈화되고 있는 수학교육의 동향과 이론을 반영하고, 영유아의 흥미와 발달 수준, 학습양식 등을 고려하여 다양하게 접근할 필요가 있다. 이 절에서는 유아에게 적합한 여러 가지 수학교육접근법을 살펴보고자 한다.

1) 놀이를 통한 수학교육

영유아는 하루 일과의 대부분을 놀이하면서 보내는데(Garner & Bergen, 2006), 이렇게 놀이를 하면서 자신이 살고 있는 세계에 대한 호기심을 탐구해 간다. 놀이는 영유아의 자발성을 이끌어 내고 즐거움을 제공하는 동시에 자연스럽게 지식을 얻는 과정으로 나아가도록 하는 특성이 있어(이경민, 서동미, 엄은나, 2009), 놀이는 학습의 매개체인 동시에 학습의 조건이 된다(Bergen, 1998; Fromberg, 2002). 이렇듯 놀이는 주변 세계에 존재하는 수학을 탐색하고 자발적으로 수학적 지식과 개념을 학습하도록 하는 좋은 교수법이 된다. 놀이의 유형은 사용하는 놀잇감과 놀이 특성에 따라 매우 다양하게 구분될 수 있는데, 쌓기 놀이, 역할 놀이, 점토 놀이, 물・모래 놀이 등 놀이의 유형에 상관없이 모든 놀이가 영유아에게 의미 있는 수학 경험을 제공하여 이들의 수학 발달을 이끌어 줄 수 있다(백경미, 최보가, 2004; 이은영, 2010). 이 중에서 영유아들이 즐겨 하는 역할 놀이, 쌓기 놀이, 실외 놀이, 전통 놀이를 중심으로 이러한 놀이를 통해 영유아들이 경험하는 수학에 대해 살펴보면 다음과 같다.

(1) 역할 놀이를 활용한 수학교육

역할 놀이는 영유아가 자신의 실생활과 상상 속의 흥미로운 경험과 사건 등과 관련된 가작화된 상황과 역할을 만들어 말, 몸짓, 태도, 행동 등을 활용하여 의사소통하며 모방하고 재연하는 놀이를 의미한다(이은영, 2010). 즉, 역할 놀이는 영유아로 하여금 실제 세계에 존재하는 수학을 직·간접적으로 경험하게 하고, 일상생활에서 형성해 온 수학에 관한 비형식적이고 주관적인 지식을 활용하도록 이끈다. 뿐만 아니라 역할 놀이는 영유아에게 실생활과 관련된 다양한 문제 상황을 미리 경험하게 하여 이를 해결하는 과정을 통해 수학적 문제해결력을 향상시키게 한다(김보연, 2005; Tegano, Sawyers, & Moran, 1989).

다음에 제시된 예는 목욕탕 놀이를 하면서 경험할 수 있는 수학 활동의 예이다. 일반적으로 영유아들은 마트나 음식점 등에서 실제 쿠폰을 사용해 본 경험을 가지고 있다. 이러한 일상적 경험을 토대로 유아들은 목욕탕 놀이를 위해 함께 토의하며 쿠폰을 만들기도 하고, 쿠폰을 활용하여 놀이하면서 수뿐만 아니라 규칙성과 관련된 수학적 경험을 하게 된다. 이 외에도 목욕탕 놀이는 유아로 하여금 냉탕과 온탕 만들기, 목욕탕 타일 꾸미기 등을 통해 다양한 영역에서의 수학적 경험을 하게 된다.

쿠폰을 만들어 놀이해요.

목욕탕 놀이를 할 때, 5번 오면 1번 무료로 이용할 수 있는 쿠폰을 만들고 싶어요.

- 관련 수학 개념: 수 개념-수 세기, 서수, 연산 / 측정-화폐 / 규칙성-단순 패턴 인식
- 영유아/교사의 수학적 상호작용: "목욕탕을 이용하기 위해 얼마를 내야 하니?", "쿠폰을 사용하면 돈을 내지 않아도 되는 거죠?", "5번 오면 1번은 무료로 이용하면 좋겠어요." 등

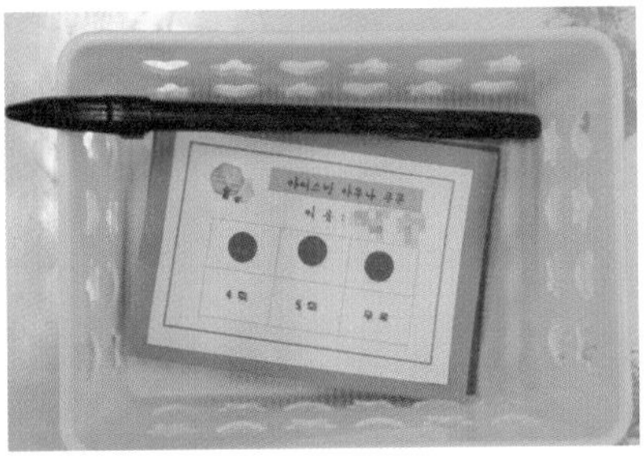
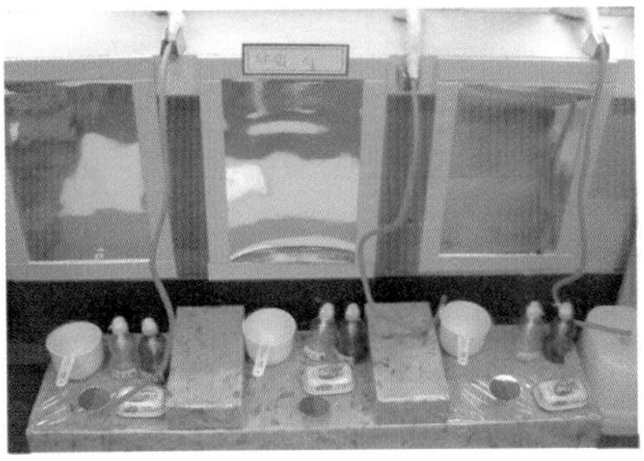

(2) 쌓기 놀이를 활용한 수학교육

쌓기 놀이 영역은 흥미 영역 중에서 수학 활동이 많이 일어나는 영역 중 하나로 (백경미, 최보가, 2004; Ginsburg, Inoue, & Seo, 1999), 수, 길이, 높이, 면적, 도형, 공간, 서열 등 여러 가지 블록을 가지고 놀이하는 과정에서 영유아는 다양한 수학 개념을 형성해 간다. 실제로 수학적 경험이 가장 빈번하게 일어나는 놀잇감은 레고와 블록으로(백경미, 최보가, 2004) 영유아는 쌓기 놀이를 하면서 수학적 어휘를 활발하게 사용하고(최수란, 2016), 다양한 모양과 크기의 블록으로 구조물을 만들면서 수, 도형, 공간, 측정 등 다양한 수학적 경험을 하게 된다.

다음에 제시된 사례는 기찻길을 만들어서 놀이하는 장면으로, 유아는 기찻길을 만들기 위해 자연스럽게 공간의 크기를 가늠하게 된다. 또한 입체 블록으로 기차와 기찻길을 만들면서 도형을 분할하거나 합성해 보기도 하고, 기찻길이나 기차의 길이를 비교하기도 하며, '빨리', '천천히', '위에', '옆에', '옆으로' 등의 속도, 위치, 방향과 관련된 어휘를 사용하는 등 기하, 측정과 관련된 수학 개념을 형성하게 된다.

칙칙폭폭! 기차가 지나가요!

쌓기 놀이 영역에서 다양한 모양의 블록으로 기차와 기찻길을 만들고 있어요.

- **관련 수학 개념:** 도형-도형 인식, 도형 합성 및 분할 / 공간-위치 지각 / 측정-길이
- **영유아/교사의 수학적 상호작용:** "기다란 기찻길을 만들고 있어요.", "옆에서 기차가 들어오고 있어요.", "기차역은 몇 개가 있니?", "기차는 어디로 가고 있니?" 등

(3) 실외 놀이를 활용한 수학교육

실외 놀이는 실외 공간에서 이루어지는 영유아가 자발적이고 적극적으로 참여하는 대표적인 놀이를 뜻한다. 이처럼 실외 놀이는 유치원 실외 공간에서 이루어지는 아이들의 활동으로(이선애, 김종석, 이채호, 2009; 최은설, 2016), 실외 공간은 실내에 비해 자유로운 분위기를 제공할 뿐만 아니라 미끄럼틀, 그네 등 실외 놀이 기구와 모래, 공터 등 여러 가지 기구와 도구를 활용하여 신체 놀이를 할 수 있도록 구성되어 있다. 또한 꽃, 나무, 돌 등으로 둘러싸인 자연환경은 영유아의 흥미를 유발시켜 자연현상을 탐구하고, 자연물을 활용하며 적극적으로 놀이하도록 이끈다. 따라서 영유아는 실외 놀이를 통해 자연과 수학의 관계를 이해하고, 실외 놀이를 하면서 발생하는 문제를 수학적으로 해결하며 다양한 수학적 지식과 개념을 형성하게 된다(김명화, 김세루, 2016; 최은설, 2016; Basile, 1999).

다음 사례에서 유아들이 두 팀으로 나누어 축구를 하고 있다. 축구 경기를 하려면, 먼저 두 팀으로 인원을 나누어야 한다. 이때 유아들은 전체 놀이 인원을 세어 보고, 양 팀의 인원이 동일하게 수를 나누어 보게 된다. 또한 골대의 위치를 정하거나 공격과 수비 방향을 의식하며 축구하는 과정에서 기하 경험을, 서로 공을 주고받거나 차면서 거리와 속도 관련 측정 경험을, 득점을 비교하며 수를 더하거나 비교하면서 수 관련 경험을 하게 된다.

함께 축구 경기를 해요.

실외 놀이 공간 중 공터에서 팀으로 나누어 축구 경기를 해 본다.

- **관련 수학 개념:** 수-수 세기, 수의 부분과 전체, 수 연산 / 도형-도형 인식 / 공간-위치 및 방향 지각 / 측정-거리, 넓이, 속도
- **영유아/교사의 수학적 상호작용:** "몇 명이 함께 축구를 할까?", "우리 팀 골대는 어디에 두면 좋을까?", "지금 몇 대 몇이지?" 등

(4) 전통 놀이를 활용한 수학교육

전통 놀이는 전래동요와 마찬가지로 예전부터 지금까지 민간에 의해 전해져 오고 있는 우리나라 고유의 놀이를 말한다(최상수, 1985). 전통 놀이에는 우리 고유의 문화와 민족성이 반영되어 있어 영유아는 전통 놀이를 통해 우리나라의 전통적 신념과 가치를 경험할 수 있다. 또한 전통 놀이는 여러 가지 수학적 개념을 내포하고 있어 영유아가 놀이하면서 자연스럽게 수학적 지식과 개념을 형성하도록 이끌어 준다. 뿐만 아니라 전통 놀이는 2명 이상의 집단 놀이의 형태를 지니고 있어 영유아가 또래와 의사소통하며 수학적으로 사고하고 이를 언어화할 수 있도록 기회를 제공하기도 한다. 전통 놀이는 땅따먹기, 제기차기, 고무줄 놀이, 실뜨기, 사방치기, 공기 놀이, 줄넘기, 윷 놀이, 연날리기, 비석치기 등 그 종류도 매우 다양하다. 그리고 이러한 전통 놀이는 대개 특별한 자료를 필요로 하지 않거나, 필요로 하더라도 주변에서 손쉽게 구할 수 있어 교육현장에서도 전통 놀이를 활용한 다양한 수학적 경험을 제공할 수 있다.

다음 사례는 여러 개의 나뭇가지를 가지고 하는 산가지 놀이를 하는 장면이다. 먼저, 모든 나뭇가지를 모아 두 손으로 잡고 놓으면 사방으로 나뭇가지가 흩어지게

산가지 놀이

여러 가지 색을 입힌 나무젓가락이나 이와 유사한 재료를 활용하여 산가지 놀이를 해 본다.

- 관련 수학 개념: 수-수 세기 / 공간-위치 / 측정-거리 / 통계와 확률-단순 분류
- 영유아/교사의 수학적 상호작용: "가장 멀리 있는 산가지를 가지고 오자.", "산가지의 윗부분을 잡아 보자.", "가장 많은/적은 수의 산가지를 가진 사람은 누구니?" 등

된다. 그러면 번갈아 가면서 다른 나뭇가지를 건드리지 않고 하나씩 나뭇가지를 가져가는 놀이로, 유아는 나뭇가지들이 떨어진 위치와 나뭇가지가 겹친 정도 및 간격 등을 파악하여 조심스럽게 가져가야 한다. 이러한 경험을 통해 유아는 위치와 방향 개념과 거리 개념을 형성하게 된다. 이때 교사가 여러 색의 나뭇가지를 준비해 주거나 다양한 길이의 나뭇가지를 마련해 준다면 분류와 길이 측정 등 보다 풍부한 수학적 경험을 제공할 수 있다.

2) 일상생활을 통한 수학교육

영유아는 이미 일상생활 속에서 수학을 발견하고 수학을 이야기한다. 이렇듯 수학은 영유아의 삶과 분리된 것이 아니라 생활 그 자체다. 영유아들은 간식으로 귤을 먹으며 귤 모양을 탐색하고, 귤 1개에 들어 있는 귤 알맹이의 수를 세어 보기도 한다. 또한 친구와 미끄럼틀을 타면서 위치와 방향의 차이를 탐색하고, 높이와 빠르기의 변화를 경험하기도 한다. 자연스러운 경험은 수학교육의 좋은 기회가 된다. 이와 같이 일상생활을 통한 수학교육접근법은 영유아로 하여금 수학이 자신의 삶과 밀접한 관련이 있음을 알게 하여 수학의 가치와 유용성을 깨닫게 한다는 장점이 있다.

(1) 일과를 활용한 수학교육

일과 중에 일어나는 여러 가지 경험은 수학교육의 중요한 출발점이 된다. 일과는 자연스러운 삶의 과정으로, 영유아로 하여금 그 상황에 감정이입하여 탐구하고자 하는 학습동기를 쉽게 일으킬 수 있다. 따라서 교사는 이들의 일상 속 다양한 문제나 상황이 단순히 그 안에서 일어나는 경험에 그치지 않도록 하고, 영유아가 수학적으로 사고할 수 있도록 경험을 확장해 주어야 한다. 이때 제공되는 모든 수학 관련 활동이 반드시 구조화된 형태를 갖출 필요는 없다. 등원, 간식, 전이 시간, 교실 이동 중에 영유아와 짧게 이야기 나누는 방식으로 이루어져도 무방하다. 중요한 것은 영유아의 일과에서 수학교육의 순간을 포착할 수 있는 교사의 수학에 대한 이해와 민감성이다. 이러한 교사의 지원과 도움으로 영유아는 일과 중에 일어나는 자연스러운 수학적 경험을 통해 비형식적 수학 지식을 활용하고 더욱 확장시킬 수 있으며, 의미 있는 맥락에서 수학 지식을 심화 · 확장시키게 될 것이다.

다음은 만 5세 교실에서 전이 시간에 교사와 유아들이 함께 모여 유아들이 입고 온 옷을 가지고 수와 통계 개념과 관련된 이야기 나누기를 하는 장면이다. 다음 사례에서 유아들은 입고 온 옷을 준거로 반 친구들을 분류해 보는 경험을 한다. 이때 교사가 각 준거에 속하는 유아의 수를 화이트보드에 적어 준다면 수의 크기를 비교해 보는 경험도 하게 될 것이다. 또한 원피스, 치마, 바지 등 유아가 쉽게 분류할 수 있도록 명확한 준거를 제시해 주고, 등원하자마자 혹은 전이 시간을 이용하여 지속적으로 실시하면 수학적 경험을 더욱 확장시킬 수 있다. 그리고 영유아의 흥미에 따라 "오늘 우리 반 친구들이 먹은 아침은?", "오늘 자유선택 활동 시간에 가장 재미있게 놀이한 영역은?" 등과 같은 주제로 변화를 줄 수도 있을 것이다. 이로써 유아는 다양한 준거로 분류해 보게 되고, 고정된 반 친구들의 수를 가지고 다양한 방법으로 수를 가르는 경험을 하며 수의 부분과 전체 개념을 습득하게 된다.

오늘은 무슨 옷을 입고 왔니?

오늘 우리 반 친구들이 어떤 옷을 입고 왔는지 조사해 보세요.

- **관련 수학 개념:** 수-수의 부분과 전체 / 통계-한 가지 준거에 의한 분류
- **영유아/교사의 수학적 상호작용:** "원피스를 입은 친구는?", "티셔츠에 치마를 입은 친구는?", "바지를 입고 온 친구는?", "오늘 우리 반 친구들은 어떤 옷을 가장 많이/ 적게 입고 왔니?" 등

(2) 일상적 경험을 활용한 수학교육

영유아들은 일상생활 속에서 이미 수학을 인식하고 수학에 관해 이야기한다(서동미, 염지숙, 2006). 따라서 영유아가 매일 경험하는 일상은 다양한 수학적 사고와 탐구의 기회가 될 수 있다. 특히 일상적 경험은 영유아에게 매우 친숙한 상황에서 수학을 경험하게 하여 능동적으로 수학적 지식과 개념을 형성하도록 이끌어 주고 수학을 즐길 수 있게 한다(김민정, 2017; 송지선, 2015). 영유아에게 일상적 경험이 보다 의미 있는 수학적 경험이 되려면 교사가 영유아의 일상을 주의 깊게 관찰하는 태도와 수학적 경험으로 확장시켜 줄 수 있는 능력이 요구된다. 즉, 교사는 영유아의 평범하고 일상적인 대화나 행동을 잘 관찰하고, 이들의 흥미와 관심이 수학 놀이나 활동으로 확장시킬 수 있다면 적절히 지원해 주어야 한다.

다음의 예는 비가 많이 오는 날, 유아가 비의 양을 궁금해하자 측정 활동을 확장시킨 사례이다. 유아는 비 오는 날에 교사 혹은 또래와 날씨에 대해 이야기 나누면서 자연스럽게 비의 양에 대해 궁금증을 가질 수 있다. 이러한 자연스러운 호기심을 교육의 기회로 삼아 교사는 유아가 직접 빈 그릇을 이용하여 비의 양을 측정해 보는 경험을 제공할 수 있다. 만일 비가 자주 내리는 장마철이라면 유아의 흥미는

비가 얼마나 내렸을까?

비가 오는 날, 즉흥적으로 유아들과 함께 비의 양을 측정해 보아요.

- **관련 수학 개념:** 측정-비표준화 도구를 이용한 들이 측정
- **영유아/교사의 수학적 상호작용:** "비가 정말 많이 온 것 같아요.", "비가 얼마만큼 왔는지 알아보아요.", "어떻게 비의 양을 잴 수 있을까?" 등

지속될 수 있으며, 일정 기간 동안 비의 양을 꾸준히 측정하여 기록한다면 그래프 활동으로도 확장이 가능하다. 또한 물약 컵이나 계량컵과 같이 생활 속 다양한 도구를 사용하면 표준화 단위와 도구를 활용한 측정 활동으로까지 전개할 수 있다.

3) 통합적 접근을 통한 수학교육

유아교육에서 통합적 접근은 오래된 일이기는 하나, 1990년대 미국에서 기술교육에 뿌리를 둔 STEM(Science, Technology, Engineering, and Mathematics) 교육접근법이 대두되면서 수학교육에서도 학문 간 융합적 접근이 강조되기 시작했다. 통합은 서로 다른 학문을 물리적으로 합하는 것이고, 융합은 서로 다른 학문을 화학적으로 완전히 합치는 것을 뜻한다(김진수, 2011; 최재천, 2012). 따라서 STEM교육에 따른 수학교육은 수학이라는 학문에 과학, 기술, 공학 중 2가지 이상 학문의 내용과 과정을 통합하는 접근법을 의미하는 것이다. 여기에 예술 영역까지도 포함시킨 접근법이 바로 STEAM교육으로 2009년 초·중등교육과정이 개정되면서부터 최근까지 강조되고 있는 접근법 중의 하나다. 이 접근법은 개인의 창의적 역량 계발을 강조하는 시대적·사회적 요구와 밀접한 관련이 있다. 즉, 창의적인 체험 활동을 중심으로 하여 학습자가 과학, 기술, 공학, 예술, 수학에 대한 흥미와 이해력을 높이고 융합적 사고력과 창의적 문제해결력을 증진시키는 데 목적을 두고 있다.

STEAM 접근법에 기초한 수학교육이란 수학을 과학, 기술, 공학, 예술의 내용 및 과정과 유기적으로 접목하여 창의적인 수학 활동을 통해 수학에 대한 흥미와 문제해결력, 수학적 사고력을 높이는 접근법인 것이다. 따라서 교사는 영유아가 놀이나 활동에 참여하는 과정에서 융합적으로 사고하며 놀이나 일상생활에서 일어나는 문제를 수학적으로 해결할 수 있도록 이끌어야 할 것이다. 그러나 교과를 넘나드는 융합적 접근은 교사의 전문적 역량을 요구하며, 어린 영아나 유아를 대상으로 적용하는 데 한계가 있다. 이에 본 절에서는 융합적 접근과 유사한 맥락에서 통합적 접근법을 알아보고자 한다.

(1) 과학과 통합한 수학교육

수학은 물리적 세계에 존재하는 순서와 규칙의 관계성을 탐구하고, 과학은 관찰과 조작을 통해 주변 세계에 있는 사물과 현상의 본질을 탐구하는 학문적 성격을 지니고 있다. 이렇듯 이 두 학문은 상호 관련성이 매우 높다. 뿐만 아니라 언어의 한 형태인 수학은 과학을 행하는 의사소통의 수단으로 활용되며(Usiskin, 1996), 분류하기, 측정하기, 의사소통하기, 추론하기 등 수학과 과학의 과정 기술은 공통된 요소가 많다. 이러한 이유에서 수학교육은 과학 교과와 통합하여 비교적 쉽게 접근할 수 있다. 과학의 대상은 동물과 식물, 자연물, 자연현상, 물체와 물질 등 그 종류가 매우 다양하다. 교사는 이를 활용하여 영유아로 하여금 관찰과 탐색, 실험의 과학 활동을 하는 과정에서 수학적 기호와 어휘를 활용하여 수학화하고, 수학적 과정 기술을 사용하도록 도와야 한다.

다음은 꽃을 관찰하는 과학 활동에서 일어나는 수학 활동의 예다. 동식물은 과학 탐구의 대상인 동시에 수학탐구를 위한 좋은 자료가 된다. 영유아는 다양한 종류의 꽃을 관찰하면서 자연스럽게 꽃과 같은 식물이 가진 여러 가지 수학적 속성을 탐색

꽃을 찾아라!

놀이터와 공원 주변에 핀 꽃 중에서 주어진 기준에 맞는 꽃을 찾아보세요.

- **관련 수학 개념:** 수-수 세기 / 도형-도형 인식 / 공간-공간 인식 / 측정-길이, 넓이 / 통계-단순 분류
- **영유아/교사의 수학적 상호작용:** "여기에는 꽃이 많이 피어 있어요.", "이 꽃을 어디서 찾았니?", "이 꽃은 줄기가 굉장히 길어요.", "꽃잎이 기다란 모양이에요." 등

하게 될 것이다. 하지만 다음의 예처럼 교사는 수학교육의 분명한 목적을 갖고 과학 활동과 통합한 수학 활동을 지원함으로써 영유아가 좀 더 세심하게 자연물을 관찰하도록 이끌고, 동시에 수 세기, 비표준화된 도구로 길이와 크기 측정하기 등 구체적인 수학 경험을 하도록 촉진할 수 있다.

다음은 바퀴의 크기, 바퀴의 축, 경사면의 각도 등 바퀴를 만들어 굴려 보는 놀이에서 일어나는 수학 놀이의 예다. 물리학은 물질이나 에너지, 힘 등을 연구하는 자연과학의 한 분야로 수학과 매우 밀접한 관련이 있다. 영유아는 일상생활 속에서 다양한 재료로 무언가를 만들고, 주변 기계와 도구를 활용하면서 물체와 물질의 특성 및 원리를 탐색하게 된다. 다음 사례에서 유아는 종이, 단추, 캔, 병뚜껑, 이쑤시개, 나무젓가락, 빨대 등 여러 가지 재료로 바퀴를 만들어 굴려 보는 실험을 하며 놀이하고 있다. 이러한 경험을 통해 영유아는 바퀴의 원리, 바퀴의 크기와 무게에 따른 거리, 경사면과 거리의 관계 등과 같은 과학적 원리뿐 아니라 평면도형과 입체도형의 특성 이해, 길이 측정 등의 수학적 경험도 하게 된다.

굴러라! 바퀴야!

각자 다양한 재료와 방법으로 나만의 바퀴를 만들어서 굴러간 거리를 비교해 보세요.

- **관련 수학 개념:** 수-수 세기 / 도형-도형 인식 / 공간-위치 지각 / 측정-길이, 넓이
- **영유아/교사의 수학적 상호작용:** "어떤 모양의 바퀴를 만들어 볼까?", "바퀴의 크기가 큰 것이 멀리 굴러갈까, 아니면 작은 것이 멀리 굴러갈까?", "바퀴의 수가 많으면 더 잘 굴러갈까?" 등

(2) 예술과 통합한 수학교육

다양한 문화와 가치가 공존하는 현대사회는 창의력과 감수성을 갖춘 인재를 요구하고 있어 이러한 시대적 흐름으로 예술교육에 대한 중요성이 그 어느 때보다 강조되고 있다(태진미, 2011). 예술은 음악, 미술, 춤 등을 말하며, 영유아를 위한 예술교육은 이들이 직접 느끼고 경험한 것을 예술이라는 수단을 활용하여 창조적으로 표현해 내는 과정(정은경, 2002)에 목적을 두고 있다. 예술과 통합한 수학교육이란 음악, 미술, 동작의 예술 영역과 수학의 공통적인 내용 요소를 파악하여 접근하는 교육을 의미하는데, 예술 영역과 수학교육을 연계할 경우 영유아는 자유롭고 융통적인 분위기에서 수학을 경험하게 된다는 장점이 있다. 즉, 영유아는 다양하고 창의적인 예술작품을 감상하고 표현함으로써 자연스럽게 수학에 대한 흥미를 갖게 되고, 수학적 지식과 개념에 대한 이해를 바탕으로 수학적으로 문제를 해결함으로써 보다 높은 수준의 예술적 감수성과 표현 능력을 갖게 되며, 수학적으로 사고하는 능력도 동시에 길러지게 된다.

실제로 수학과 각 예술 영역의 요소는 매우 유사한 부분이 많다. 구체적으로 살펴보면, 음악은 박자, 리듬, 빠르기, 셈여림, 음의 고저 등의 음악적 요소가 수학의 규칙성 및 측정(예: 속도, 높이, 시간 등) 개념과 연계되며 춤은 신체, 공간, 관계, 흐름의 요소를 포함하고 있는데, 이 중에서 공간 요소는 신체-신체, 신체-사물 간의 관계 측면에서 수학의 공간 개념과 일치한다. 또한 흐름은 힘의 세기로, 음악적 요소와 마찬가지로 속도, 시간, 세기와 같은 수학의 측정 개념과 관련이 높다. 미술은 선, 형태, 공간, 명암 등의 미술적 요소와 반복, 비례, 균형, 대칭, 원근법 등 미술적 원리를 포함하는데, 이는 수학의 공간, 도형, 규칙성의 개념과 연관이 있다. 지금까지 수학과 예술의 통합적 접근은 수학과 음악, 수학과 동작, 수학과 미술처럼 하나의 예술 영역과 통합하여 이루어져 왔으나, 최근에는 2개 이상의 예술 영역 혹은 모든 예술 영역과 연계하여 수학교육을 실시하기도 한다.

다음은 음악, 동작, 미술의 통합 예술 경험 안에서 일어나는 수학 활동의 예다. 다음 사례에서 제시된 작품은 건축가들이 기하학적인 도형을 이용하여 구성한 작품이다. 이러한 작품을 감상하면서 영유아는 다양한 도형을 인식하고, 작가가 만들어 낸 패턴을 찾으며, 도형과 규칙성 개념을 형성할 수 있다. 이때 교사가 색상지나 두꺼운 도화지를 이용하여 각 작품에서 사용한 도형이나 전개도를 제공해 줄 수 있다. 만일 영유아들의 흥미가 계속 지속된다면 몸으로 작품의 모양을 표현해 보게 하고, 이와 어울리는 분위기의 음악을 선택하게 할 수도 있다. 여기서 중요한 것은 교사가 동작적 · 음악적 요소와 수학적 개념이 유기적으로 연계될 수 있도록 관련 자료와 환경을 풍부하게 마련해 주어야 한다는 점이다.

도형의 아름다운 변신

다음 건축가의 작품을 감상한 후, 이를 신체를 이용하여 표현해 본다. 그리고 원하는 도형을 한 가지 선택하여 창의적인 작품을 구성해 보고, 이와 어울리는 노래나 곡을 선택해 본다.

- 관련 수학 개념: 도형-도형 인식 / 측정-크기 비교 / 규칙성-패턴 창안
- 영유아/교사의 수학적 상호작용: "작품 속에 어떤 모양들이 있는지 찾아보자.", "선생님, 이 작품은 달팽이 모양 같아요.", "별 모양이 겹쳐 있어요.", "계단을 천천히 오르고 내려가는 모습을 표현해 보자." 등

4) 그림책을 활용한 수학교육

영유아라면 누구나 이야기 듣는 것을 즐긴다. 그리고 그림책에는 영유아의 일상과 경험, 상상 등이 아름다운 문체와 그림을 이용하여 표현되어 있다. 따라서 그림책은 이들의 자발적인 학습동기를 유발하는 효과적인 교수-학습 자료로서 수학교육에서도 다양한 방법으로 활용되고 있다. 그림책 속에는 영유아의 삶과 흥미가 반영되어 있기 때문에 이야기와 그림 그 자체가 이미 영유아에게 다양한 수학적 경험

을 제공하고 있다. 뿐만 아니라 그림책의 장르에 상관없이 그림책 본문에서 '많이', '어느 날', '앞에', '~일 것 같다' 등의 수, 공간, 확률 등 여러 가지 수학적 어휘를 포함하고 있으며, 수학적 개념 형성을 돕는 목적으로 수학 관련 정보책도 많이 출판되어 있다. 그림책을 활용한 수학교육은 영유아가 이야기라는 의미 있는 맥락에서 수학적 개념과 원리를 이해하고, 수학에 대한 흥미와 태도를 발달시키며, 수학의 가치를 인식하도록 이끈다(권유선, 최혜진, 2010; 이경우, 이은화, 곽향림, 홍혜경, 김순환, 1998). 특히 수학 그림책을 반복해서 읽는 경험은 영유아 간의 수학적 의사소통을 촉진시켜 수학적 지식과 개념을 명료화하는 데 도움이 된다. 사실, 그림책을 활용한 수학교육접근법은 매우 다양한데, 여기서는 그림책의 주제와 연계한 수학 활동과 그림책 속 어휘를 활용한 수학 활동을 중심으로 살펴보고자 한다.

(1) 그림책의 주제나 스토리를 활용한 수학교육

그림책의 주제나 스토리를 활용하여 수학교육을 실시하려면, 우선 교사가 그림책 중에서 등장인물이 수학과 관련된 경험을 하고 있거나 수학적 개념을 포함하고 있는 그림책을 선정해야 한다. 교사는 정보책 중에서 수학적 개념이 포함된 그림책을 선정할 수도 있고, 사실동화, 창작동화, 환상동화처럼 수학적 개념이 직접 드러나 있지는 않지만 이야기 전개상 영유아들의 일상 속 수학 경험이 반영된 그림책을 선정할 수도 있다. 다만, 교사는 영유아의 흥미와 발달 수준을 고려해야 하고, 책에서 다루고 있는 어떠한 수학적 개념을 담고 있는지 파악하고 있어야 한다. 그래야만 영유아가 그림책에 흥미를 갖고 읽게 되고, 더 나아가 그림책 속 사건이나 갈등을 소재로 영유아들이 수학적으로 사고하며 해결해 보는 활동으로 확장이 가능하다.

다음은 그림책의 주제나 스토리를 활용하여 수학 활동을 전개한 활동의 예다. 김혜환의 『한 조각 두 조각 세 조각』(2003)은 정보책 장르에 속하는 그림책으로, 이 그림책은 우리나라 전통 보자기를 소재로 하여 이야기나 글자 없이 주어진 수만큼 보자기가 여러 조각으로 나누어지는 과정이 잘 묘사된 그림책이다. 유아는 그림책을 읽는 그 자체만으로 1부터 10까지의 수를 세어 보고, 커다란 사각형이 다양한 모양으로 분할되는 과정을 보며 수와 도형을 탐색하게 된다. 만일 그림책에 대한 유아의 흥미가 높을 경우, 내용과 연계하여 그림책 속 그림을 재현한 퍼즐을 만들어 주거나 천 또는 색종이 등으로 유아가 직접 주어진 수만큼 여러 조각으로 나누어 보는 놀이나 자료를 제공할 수 있다. 또한 나누어진 조각을 이용하여 재미있는 모양이나 사물 구성해 보기, 조각들을 크기 순서대로 놓기, 비슷한 모양끼리 분류하기 등과 같이 측정과 분류 활동으로도 확장할 수 있다.

한 조각 두 조각 세 조각

『한 조각 두 조각 세 조각』(2003) 그림책을 읽은 후, 커다란 천을 여러 모양의 조각으로 나누었어요.

- **관련 수학 개념:** 수-수 세기 / 도형-도형 인식 / 측정-넓이 비교
- **영유아/교사의 수학적 상호작용:** "한 조각, 두 조각, 세 조각… 조각이 점점 많아져요.", "조각보가 여러 조각으로 나누어졌어요.", "그림책처럼 직접 천을 여러 조각으로 나누어 볼까?" 등

다음의 예는 켄틴 블레이크의 『앵무새 열 마리』(1999)라는 그림책의 줄거리를 토대로 구성한 수학 활동이다. 『앵무새 열 마리』(1999)는 뒤퐁 교수가 자신이 기르던 앵무새 열 마리가 없어지자 이들을 찾는 내용을 그린 그림책으로, 마치 숨은그림찾기를 하듯 그림 속에서 뒤퐁 교수 집 곳곳에 숨은 앵무새들을 찾는 재미를 느낄 수 있는 그림책이다. 이 책을 읽으면서 유아는 앵무새가 어디에 숨어 있는지 말로 표현하거나 손가락으로 가리킬 수 있다. 이때 유아가 "여기 숨어 있어요."라고만 이야기한다면 교사는 "옷장 안에 들어가 있구나."와 같이 정확한 수학적 어휘를 사용하며 유아가 수학적 개념을 보다 명료화시킬 수 있도록 도울 수 있다.

앵무새가 숨은 곳을 알려 드릴게요

『앵무새 열 마리』(1999) 그림책을 읽은 후, 뒤퐁 교수 몰래 숨은 앵무새를 찾아보아요.

- **관련 수학 개념:** 수-수 세기 / 공간-위치 및 방향 인식
- **영유아/교사의 수학적 상호작용:** "꽃 속에 숨어 있어요.", "주전자 옆에 세 마리가 숨어 있어요.", "옷장 속에 숨어 있어요.", "욕조 밑에 여섯 마리가 숨어 있어요." 등

(2) 그림책 속 어휘를 활용한 수학교육

수학과 언어는 상호 밀접한 관련이 있는 학문이다(김영선, 2005; Donlan, 2007; NCTM, 2008; Trabasso, 1975). 수학교육의 목적인 수학적으로 사고하는 능력을 증진시키는 데 언어는 매우 결정적인 요인으로 작용한다(유현주, 1997; Kilpatrick, Swafford, & Findell, 2001; Radford, 2011). 따라서 수학적 어휘를 습득하고 이해하며 이를 활용하는 수학적 경험은 영유아의 수학적 사고를 촉진시키는 데 매우 효과적인 방법이다(Borasi & Siegel, 2000; NCTM, 2000; Rowland, 1995). 그림책은 의미 있는 맥락에서 새로운 어휘를 습득하도록 이끌어 주는 좋은 교수 매체로, 영유아는 그림책을 읽으면서 여러 가지 수학 관련 어휘를 자연스럽게 접하며 수학적으로 사고할 수 있는 기회를 갖게 된다.

다음은 그림책에 있는 수학적 어휘를 찾아보는 수학 활동의 예다. 수학적 어휘를 중심으로 수학교육을 하려면 교사가 수학적 어휘에는 어떤 것들이 있는지, 수, 공간, 도형, 확률 등 각각의 수학 개념과 관련된 어휘를 정확히 알고 있어야 한다. 그래야만 영유아가 수학적 어휘를 찾고 적절하게 활용하도록 도울 수 있다. 다음 사

례는 『99센티미터 한스』(2008) 그림책을 읽은 후 교사와 유아가 함께 재미있는 단어를 찾아보는 장면이다. 이 그림책은 키가 99 센티미터인 한스라는 아이의 눈높이에서 보는 세상을 재미있게 그려 낸 책으로, 길이, 크기, 무게 등 다양한 측정 관련 어휘를 포함하고 있다. 유아는 이 책을 읽으면서 자연스럽게 측정 관련 다양한 어휘를 접하게 되는데, 그림책 속 단어를 활용하여 다른 수학 놀이나 활동으로도 확장이 가능하다. 단, 그림책 안에 있는 모든 어휘를 한꺼번에 다루기보다 특정 수학 개념을 정하여 이와 관련된 어휘를 찾아보게 하거나 유아가 재미있어 하는 몇 개의 단어를 중심으로 놀이나 활동을 전개하는 것이 효과적이다.

단어를 찾아라!

『99센티미터 한스』(2008) 그림책을 읽은 후, 99센티미터는 얼마나 될지 측정해 보아요.

- 관련 수학 개념: 측정-길이, 크기
- 영유아/교사의 수학적 상호작용: "한스는 99센티미터래요.", "나는 100센티미터가 넘는데", "교실에서 99센티미터보다 긴 것과 짧은 것을 찾아보자." 등

다음은 그림책에 있는 수학적 어휘를 활용하여 동시를 지어 보는 언어 활동과 연계한 수학 활동의 예다. 이 활동은 그림책 안에서 수학적 어휘를 찾은 후, 이 중에서 '빨리'라는 단어를 활용하여 새롭게 동시를 지어 보는 활동이다. 만일 만 5세라면 유아 스스로 짧은 동시를 지을 수 있을 것이다. 그러나 연령이 어리거나 동시를

지어 본 경험이 없다면 교사와 함께 소집단 활동으로 전개할 수도 있다. 또한 앞서 설명하였듯이 여러 단어를 모두 사용하기보다 그림책에 있는 특정 단어만 활용하는 것이 효과적이다.

수학 동시 짓기!

『까만 토끼』(2013) 그림책을 읽은 후, 그림책에 나오는 수학적 어휘를 가지고 재미있는 동시를 지어 보세요.

- 관련 수학 개념: 공간-위치 및 방향 / 측정-시간, 속도, 크기
- 영유아/교사의 수학적 상호작용: "토끼의 그림자가 점점 커졌어요.", "토끼가 나무 뒤에 숨었어요.", "토끼 앞에 누가 숨어 있니?" 등

달팽이야! **빨리빨리**

이름:

달팽이야! **빨리빨리**
한 방울 두 방울 비가 오고 있단다
달팽이야! **빨리빨리**
한 방울 두 방울 비를 맞으러 가자
달팽이야! **빨리빨리**
한 방울 두 방울 촉촉이 몸을 적시자

꼭꼭 숨어라!

이름:

꼭꼭 숨어라!
______ **뒤에** 누가 숨었나?
______ **앞에** 누가 숨었나?
______ **건너편에** 누가 숨었나?
꼭꼭 숨어라!

이와 같이 영유아를 위한 수학교육은 놀이와 일상생활에서 자연스럽게 이루어질 수도 있지만, 다양한 교과와 통합하거나 그림책과 같은 매체를 활용하여 접근할 수도 있다. 따라서 교사는 영유아의 연령과 발달 수준, 수학에 대한 흥미뿐만 아니라

다양한 수학교육접근법에 대해 이해함으로써 영유아교육현장에서 효과적으로 수학교육을 실시하기 위해 노력해야 한다.

함께 토의해 보세요!

1. 자신이 어렸을 때 즐겨하던 놀이에서 수학적 개념을 찾아봅시다(예: 공기 놀이, 잡기 놀이, 고무줄 놀이, 보드게임 등).

2. 수학적 어휘를 몇 가지 선택하여 재미있는 동시를 지어 봅시다(예: 수 이름, 도형 이름, 공간/확률 관련 어휘, 측정단위 등).

3. 인터넷, 책 등에서 마음에 드는 명화나 사진을 고른 후, 영유아와 함께할 수 있는 수학 활동을 계획해 봅시다.

/ 제6장 /

영유아수학교육을 위한 환경

영유아는 자신을 둘러싼 주변 환경과 능동적으로 상호작용하면서 관련 지식을 습득하고 사고력을 발달시켜 나간다. 사실, 수학은 우리 삶 속에 있기 때문에 수학교육은 시간과 장소에 구애받지 않고 교실 안과 밖에서 일어날 수 있다. 하지만 수학적 경험을 보다 풍부하게 제공하기 위해 교실 안에 수학 놀이나 활동을 위한 공간과 자료를 마련해 주는 것도 방법이 될 수 있다. 이에 본 장에서는 환경 구성과 수학 활동 자료로 구분하여 영유아의 수학 놀이와 활동을 활성화시킬 수 있는 환경에 대해 살펴보고자 한다.

1. 환경 구성의 원리

영유아에게 다양한 수학적 경험을 제공하는 환경을 마련하기 위해 교사는 다음과 같은 환경 구성의 원리를 고려해야 한다.

첫째, 놀이를 통해 수학적으로 사고하고 탐구할 수 있도록 지원한다.
둘째, 다양한 수학적 개념을 고루 경험할 수 있도록 놀이와 활동을 지원한다.
셋째, 영유아의 흥미와 발달 수준을 고려하여 수학 교구와 자료를 제공한다.
넷째, 영유아의 놀이와 교실 상황에 맞게 수학 영역을 구성하고 융통성 있게 운영한다.
다섯째, 구체적인 조작과 수학적 탐구가 가능한 놀이와 활동을 제공한다.

5가지 환경 구성의 원리를 좀 더 구체적으로 살펴보면 다음과 같다.

첫째, 놀이를 통해 수학적으로 사고하고 탐구할 수 있도록 지원한다. 놀이는 단순한 경험이 아니라 세상을 알아 가며 수많은 문제를 해결하며 배워 가는 앎과 삶의 방식이다(교육부, 보건복지부, 2019). 따라서 놀이를 통해 수학에 대한 자연스러운 배움이 일어나도록 교사는 놀이 중에 영유아들이 어떠한 수학적 경험을 하고 있는지 혹은 할 수 있는지를 파악하고, 놀이가 확장될 수 있도록 지원해야 한다. 또한 놀이 과정에서 발생하는 여러 가지 문제나 갈등은 수학적 탐구의 좋은 기회이므로 영유아가 교사 혹은 또래와 함께 수학적으로 사고하며 해결해 나갈 수 있는 환경을 마련해 주어야 한다.

꽃을 사고파는 모습

꽃꽂이 놀이를 하는 모습

둘째, 다양한 수학적 개념을 고루 경험할 수 있도록 놀이와 활동을 지원한다. 수학교육의 내용 영역은 수, 공간과 도형, 측정, 규칙성, 자료 분석과 확률로 구성되어 있다. 이들 영역은 상호 밀접한 관련이 있어 영유아의 수학적 능력을 발달시키기 위해 특정 수학적 개념에 치중되지 않도록 유의해야 한다. 물론 영유아의 발달 특성과 수학의 학문적 위계를 고려해 볼 때, 영유아기에는 수, 공간과 도형의 개념을 비중 있게 다루어야 하지만(NCTM, 2000), 측정, 규칙성, 자료 분석과 확률과 관련된 수학적 경험도 필요하다. 따라서 교사는 수학의 영역과 내용을 기초로 영유아의 놀이와 수학적 경험을 관련지어 보고, 다양한 수학적 개념을 경험할 수 있도록 놀이와 연계하여 여러 가지 자료를 마련해 주도록 한다.

분류와 수 세기 활동 지원의 예

측정 놀이 지원의 예

셋째, 영유아의 흥미와 발달 수준을 고려하여 수학 교구와 자료를 제공한다. 교사는 수학 교구와 자료를 제공할 때, 영유아의 흥미와 발달 수준을 반드시 고려해야 한다. 그런데 놀이는 영유아의 흥미가 반영되어 있고, 영유아는 놀이를 통해 자신만의 속도와 방식으로 학습해 간다. 따라서 교사가 영유아의 놀이 주제와 관련 있는 수학 교

측정 놀이 지원을 위한 도구 제공

도형 놀이를 위한 자료 제공

구와 자료를 마련해 준다면 보다 놀이가 확장됨은 물론 의미 있는 맥락에서 수학적 경험을 하게 될 것이다. 또한 교사는 수학 교구와 자료에 대한 영유아의 반응을 주의 깊게 관찰하며 적절히 변화를 줌으로써 영유아가 수학에 대한 흥미와 관심을 유지될 수 있도록 해야 한다.

넷째, 영유아의 놀이와 교실 상황에 맞게 수학 영역을 구성하고 융통성 있게 운영한다. 기존 교육과정과 달리 유아중심 · 놀이중심 교육과정에서는 영유아의 놀이 흐름과 교실의 크기 등 물리적 여건을 고려하여 교사와 영유아가 함께 수학 영역을 자유롭게 구성할 수 있다. 예를 들어, 교사는 영유아의 놀이 주제와 흐름을 고려하여 별도의 공간에 수학 영역을 마련해 줄 수도 있고, 역할 놀이, 쌓기 놀이 등 통합된 형태로 수학적 경험이 일어나도록 따로 수학 영역을 구성하지 않고 다른 놀이 영역에 수학 놀이와 활동을 함께 제공할 수도 있다.

쌓기 놀이 영역과 통합한 예

수학 영역 구성의 예

다섯째, 구체적인 조작과 수학적 탐구가 가능한 놀이와 활동을 제공한다. 수학은 추상적인 지식과 개념을 다루는 학문이다. 감각운동기와 전조작기에 속한 영유아의 수학적 이해와 수학적 사고의 발달을 도우려면 직접적이고 구체적인 경험이 필수적이다. 즉, 영유아를 위한 수학교육은 실제 조작이 가능한 실물이나 구체물을 활용해야 한다. 또한 주어진 방법대로 그대로 따라 하는 것이 아니라 영유아에게 의미가 있고, 영유아가 알고 있는 수학적 지식을 활용하는 능동적인 탐구가 일어나는 놀이나 활동이어야 한다. 그러므로 주어진 선을 따라 숫자 써 보기, 그림을 보고 같은 모양 찾기 등과 같은 학습지 형태의 활동은 적절하지 않으며, '바퀴 굴리기 시합! 얼마나 멀리 굴러갔나?', '팥빙수를 만들려면 얼음이 몇 개가 필요할까?' 등과 같이 구체적이고 직접 경험이 가능한 놀이와 활동을 위한 자료를 제공해야 한다.

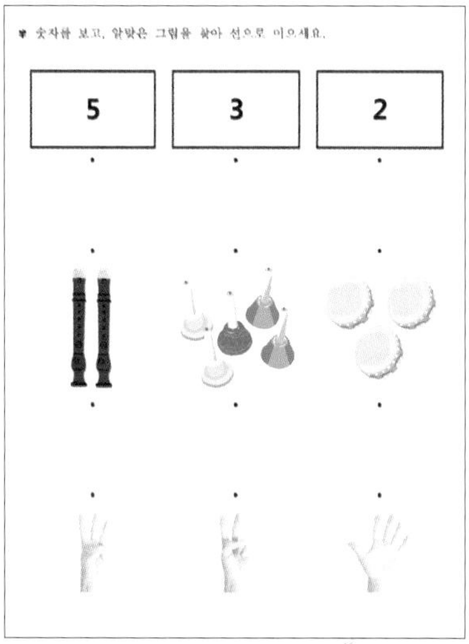

영유아에게 적합하지 않은 수학 활동의 예

영유아에게 적합한 수학 활동의 예

2. 수학 놀이와 활동을 위한 영역 구성

1) 공간 구성

기존 교육과정에서는 생활주제와 연계하여 수학 영역을 구성하고 운영해 왔다. 하지만 2019 개정 누리과정은 영유아의 놀이를 중심으로 영역을 구성하고, 영유아도 공간을 구성하는 주체로서 영유아와 교사가 함께 영역을 만들어 가는 것이 특징이다. 따라서 환경 구성의 원리에서 살펴본 바와 같이 수학 영역은 영유아의 흥미와 놀이 주제에 따라 별도의 공간을 마련하여 구성할 수 있고, 그렇지 않을 수도 있다. 이때 중요한 것은 영유아의 흥미를 고려하지 않은 교사의 일방적인 계획에 의한 활동으로 영역을 구성해서는 안 된다는 점이다. 즉, 교사는 영유아의 놀이와 일상생활을 잘 관찰하고 이와 연계할 수 있는 수학 놀이 또는 활동을 경험할 수 있는 공간으로 수학 영역을 구성해야 한다. 예를 들어, 유아들이 줄을 이용한 놀이에 흥미를 보인다고 하자. 교사는 줄을 소재로 수학적 경험을 제공하기 위해 교실 한 곳에 다양한 길이와 굵기의 줄, 자, 저울, 투명 비닐 팩 등을 마련해 줄 수 있다. 이러한 환경적 지원으로 인해 유아들은 줄의 길이, 무게, 부피를 비교하고 측정해 보며 줄 놀이를 확장해 나갈 수 있다.

때로는 수학 놀이와 활동은 특성에 따라 개별적으로 혹은 여러 명의 영유아가 함께 소집단의 형태로 모두 이루어질 수 있다. 따라서 수학 놀이와 활동을 위한 공간은 개별 영유아를 위한 공간과 함께 놀이할 수 있는 공간을 모두 갖추고 있는 것이 좋다. 만일 교실이 넓다면 두 공간을 구분하여 구성할 수 있지만, 여의치 않다면 이동식 책상이나 의자를 마련하여 융통성 있게 공간을 활용하도록 한다.

놀이 주제 중심 공간 구성의 예

흥미 영역 중심 공간 구성의 예

2) 놀잇감 및 교구 제공

수학 영역에는 수학 놀이에 필요한 여러 가지 놀잇감, 다양한 수학 교구와 자료를 보관할 수 있는 교구장이 필요한 경우가 많다. 다만, 놀잇감이나 교구의 종류와 수는 영유아의 흥미와 놀이 주제에 따라 달라질 수 있으므로 교사는 상황에 맞게 변화를 주어야 한다. 그리고 교구장을 활용할 때는 교사의 도움 없이도 영유아가 스스로 놀이를 선택하고 정리할 수 있도록 제공해야 한다. 예를 들면, 놀이에 필요한 자료들을 한 개의 바구니에 모두 담아 보관하도록 하고, 보관된 모습을 사진으로 찍어 바구니와 교구장에 붙여 놓으면 영유아는 자유롭게 하고 싶은 놀이나 활동을 선택하고 정리할 수 있다. 이때 영유아가 좋아하는 놀이나 새로운 교구는 교구장 맨 위에 올려놓거나 책상 가운데 놓아 주어 흥미와 관심을 불러일으킬 수 있다.

수학 놀잇감과 교구

교구 놀이를 하는 모습

3) 놀이 및 활동 과정과 결과물 공유

수학 영역은 놀이와 활동의 성격에 따라 대집단 활동으로 운영되기도 한다. 따라서 필요에 따라 크기가 큰 자료를 제시하거나 전시할 수 있는 공간도 확보가 되어야 한다. 한 예로, 그래프 활동은 개별 혹은 소집단 활동으로 운영하기보다 반 전체 영유아가 참여하는 경우가 많은데, 그래프용지를 교실의 빈 벽면이나 교구장 뒷면에 붙여 놓으면 유아들은 놀이하다가 자유롭게 활동에 참여할 수 있게 된다. 단, 영유아의 왕래가 자유로운 곳에 게시하되, 다른 놀이를 하는 영유아에게 피해가 가지 않도록 동선을 충분히 고려해야 할 것이다.

수학 교구가 아닌 패턴 만들기, 숫자 찾기, 여러 모양으로 구성하기 등과 같은 놀이나 활동은 개별 혹은 집단별로 결과물이 생성될 수 있다. 따라서 교사는 영유아가 수학 놀이와 활동에 대한 흥미를 유지하고, 또래와 결과물을 공유하며 수학적으로 상호작용할 수 있도록 결과물을 전시해 주는 것이 좋다. 뿐만 아니라 놀이나 활동하는 영유아들의 모습을 사진으로 찍어 주거나 놀이 중에 이들이 주고받은 대화

대집단 수학 활동

수학 영역의 전시 공간

를 함께 적어 전시해 준다면 수학적 의사소통을 촉진시키고, 수학에 대한 긍정적인 태로도 형성하도록 이끌 수 있다.

3. 수학 놀이 및 활동 자료

수학 놀이 및 활동 자료는 영유아에게 친숙할 뿐 아니라 영유아가 수학에 관심을 갖고 수학적 탐구의 기회를 가질 수 있는 것이어야 한다. 또한 영유아들이 관련 자료를 가지고 놀이하면서 수와 연산, 공간과 도형, 측정, 규칙성, 확률과 통계의 다양한 수학적 개념을 경험할 수 있어야 한다. 사실, 우리 주변에 있는 모든 자료가 수학 놀이와 활동을 위한 자료로 활용될 수 있다. 본 절에서는 자료의 속성, 자료의 유형으로 구분하여 구체적으로 살펴보고자 한다.

1) 자료 속성에 따른 구분

수학 놀이 및 활동 자료는 자료 자체가 가진 구체성과 추상성의 정도에 따라 분류할 수 있다. 여기서 구체성이 높은 자료란 영유아가 직접 조작이 가능한 3차원적 입체 자료를 말하며, 추상성이 높은 자료는 숫자, 기호, 상징 등을 이용한 것으로 주로 2차원적인 평면 자료를 의미한다. 이러한 속성을 준거로 구체적인 자료, 반구체적인 자료, 추상적인 자료에 해당하는 자료의 예를 알아보면 다음과 같다.

(1) 구체적인 자료

수학 놀이 및 활동을 위한 구체적인 자료는 영유아가 일상생활에서 사용하고 있거나 끼우기, 옮기기, 연결하기 등 실제 조작이 가능한 자료로서, 나뭇잎, 돌, 리본 끈, 빈 상자나 깡통 등 자연물 또는 일상생활에서 사용하는 자료와 보드게임, 놀이판과 같은 교재·교구 등을 모두 포함한다. 특히 자연물이나 생활 소품은 영유아가 우리 생활과 수학이 밀접한 관련이 있음을 인식하도록 돕기 때문에 교육적 활용 가치가 높다. 따라서 교사는 유아가 감각을 활용하여 직접 탐색하고 조작하며 수학적 지식과 개념을 스스로 형성해 가도록 구체성이 높은 자료들을 적극적으로 활용해야 한다.

수학 활동에 활용 가능한 자연물

수학 활동에 활용 가능한 일상 소품

조작 가능한 수학 활동 자료

(2) 반구체적인 자료

수학 놀이 및 활동을 위한 반구체적인 자료는 구체적 조작이 가능하지 않지만 우리 생활 속에서 수학이 활용되고 있는 예를 보여 주거나 수학적 개념을 다루고 있는 자료를 말한다. 여기에는 수학적 개념을 다룬 동시나 그림책, 신문기사, 명화, 사진이나 그림, 광고, 동영상 자료 등 평면 혹은 영상 자료가 포함된다. 이 중에서 그림책, 광고, 신문기사 등은 텍스트 안에 다양한 수학적 어휘를 포함하고 있어 영유아와 교사, 영유아와 영유아 간의 수학적 의사소통이 활발하게 일어날 수 있다. 교사는 반구체적인 자료를 선정하고 활용할 때 일차적으로 영유아의 흥미와 발달을 고려해야 하고, 이들의 놀이나 일상생활과 연계되어 있는지, 영유아에게 수학적으로 사고하며 문제해결하는 기회를 제공하는지도 생각해야 한다.

수학적 개념을 포함한 광고

수학 활동에 활용 가능한 일상 소품

수학적 개념을 다룬 명화

(3) 추상적인 자료

수학 놀이 및 활동을 위한 추상적인 자료는 숫자, 기호, 수식, 점, 선, 문자 등과 같은 언어, 상징이나 수학적 기호 등을 포함한 자료를 말한다. 추상적인 자료는 영유아가 구체적인 자료를 충분히 탐색하고 언어나 기호를 이해하고 활용할 수 있는 수준에 도달했을 때 제공하는 것이 바람직하다. 특히 추상적인 자료는 주로 그림이나 실물이 없는 도표, 차트, 그래프 혹은 학습지와 같은 형태로 제시되기 때문에 대부분 영유아에게 적합한 자료로 보기 어렵다. 따라서 벤다이어그램이나 그래프 틀 위에 구체물을 올려놓아 보기, 수학적 아이디어를 표상하거나 또래와 소통하기 위해 숫자 혹은 수 이름 쓰기, 주사위에 사물 그림과 함께 숫자나 연산 기호를 제시하기 등과 같이 구체적 자료나 반구체적인 자료와 함께 활용하는 것이 바람직하다.

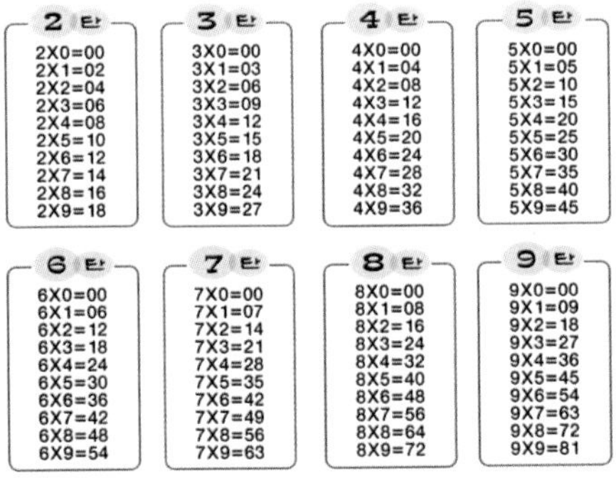

추상적인 자료

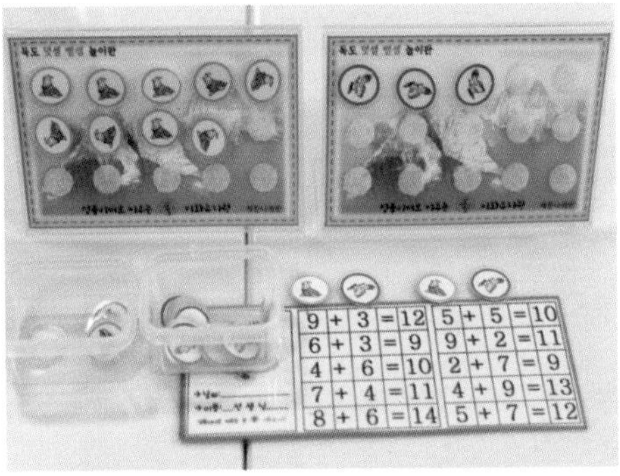

추상적인 자료를 적절히 활용한 예

2) 자료 유형에 따른 구분

수학 놀이 및 활동에 활용 가능한 자료를 유형별로 살펴보면, 누구나 쉽게 구할 수 있는 일상생활 자료와 자연물부터 시중에서 구입이 가능한 상업화된 자료, 교사나 영유아가 제작한 자료와 수학 관련 그림책, 멀티미디어 자료 등 매우 다양하다.

(1) 일상생활 자료

일상생활 자료란 우리 주변에서 쉽게 찾아볼 수 있거나 실제 생활하면서 사용하고 있는 자료 중에서 영유아의 수학적 경험을 자극할 수 있는 자료를 말한다. 그런데 일상 용품은 영유아가 가정이나 기관에서 자주 사용하는 것이기 때문에 친근감을 갖고 수학 활동에 더욱 즐겁게 참여하도록 이끈다. 뿐만 아니라 구하기가 매우 쉽고 비용이 많이 들지 않기 때문에 경제적이며, 재활용품의 경우 환경을 보호한다는 장점도 있다.

일상생활 자료 중에서 단추, 구슬, 마카로니 등과 같은 작은 재료들은 수 세기 혹은 분류 활동을 위한 자료로 활용될 수 있고, 빈 상자, 줄, 클립, 색종이, 페트병, 우유팩 등은 길이, 넓이, 들이, 부피 등을 임의 측정할 수 있는 좋은 도구가 된다. 또한 자, 저울, 계량컵, 타이머 등은 표준화된 도구로서, 영유아로 하여금 표준화된 단위 사용과 정확한 측정 경험을 하도록 이끈다. 다만, 이들 자료를 수업에 활용하기 전에 교사는 반드시 영유아가 쉽게 다룰 수 있는지, 안전상의 위험은 없는지를 사전에 확인해야 한다.

- 생활용품 혹은 식재료: 단추, 구슬, 줄, 테이프, 다양한 종류의 파스타, 국수, 밀가루, 사탕이나 젤리, 포장된 초콜릿, 색종이, 콩, 바둑알 등

- 재활용품: 빈 상자, 일회용 컵이나 그릇, 페트병, 우유 팩, 병뚜껑, 계란판 등

• 생활 도구 혹은 기계: 클립, 계량컵, 막대자, 삼각자, 줄자, 양팔저울, 저울, 체중계, 온도계, 시계, 타이머 등

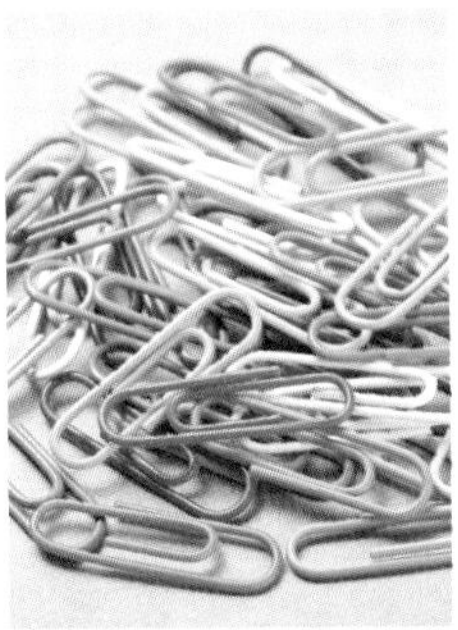

(2) 자연과 자연물

자연과 자연물이란 인위적인 것이 아니라 우리가 사는 자연 세계와 그 안에 존재하는 다양한 개체 및 대상을 말한다. 사실, 자연은 다양한 개체가 공존하는 세계이자 시간의 흐름과 나름대로 규칙에 따라 변화하고 있는 것이어서 그 자체가 수학적 탐구의 대상이 될 수 있다. 예를 들어, 영유아는 계절과 시간의 흐름을 인식하며 규칙성을 이해할 수 있고, 냇가에 흐르는 물과 바람의 세기를 측정해 볼 수 있으며, 다양한 종류의 돌멩이, 열매, 나뭇잎, 꽃잎 등을 가지고 수, 분류, 모양 등을 탐색할 수 있다. 뿐만 아니라 기온, 강우량, 적설량 등을 비교해 보면서 측정과 확률 경험을 할 수 있으며, 동물과 식물을 직접 기르고 관찰하면서 수, 도형, 측정, 패턴, 분류 등 다양한 수학 놀이나 활동을 할 수 있다. 무엇보다도 자연과 자연물은 영유아가 흥미와 친밀감을 갖는 대상으로 자연과 자연물을 가지고 놀이하면서 자연스럽게 수학적 탐구를 하도록 이끌어 준다.

• 자연: 계절의 변화, 낮과 밤, 기온, 비와 눈, 바람, 냇가, 강, 산, 들 등

- 자연물: 다양한 종류의 동물과 식물, 흙, 모래, 돌, 물 등

(3) 상업화된 자료

상업화된 자료란 영유아의 수학적 능력을 증진하는 것을 목적으로 개발된 교구나 자료들로, 현재 시중에 다양한 교구와 놀잇감이 개발되어 판매되고 있다. 상업용품은 다른 자료에 비해 견고한 편으로 오랫동안 사용할 수 있고, 수, 기하, 측정, 규칙성 등 수학 영역별로 자료를 선택하고 활용하기에 매우 용이하다. 또한 영유아 교육현장에서 수학 놀이나 활동을 위한 자료를 준비하고 제작하는 시간을 줄일 수 있다는 장점도 있다. 하지만 일상 용품, 자연물, 교사가 직접 제작한 자료와 비교하여 다소 비싼 것은 단점이다. 따라서 교사는 상업화된 자료의 장단점을 충분히 이해하고, 영유아의 흥미와 발달 수준, 놀이와의 연계성, 시간 및 경제적인 측면을 종합적으로 고려하여 구입해야 할 것이다.

(4) 교사가 제작한 자료

교사가 제작한 자료는 영유아의 흥미와 관심, 영유아의 놀이 주제와 흐름, 수학적 능력 등에 대한 이해를 바탕으로 수학 놀이나 활동을 제공하기 위해 교사가 직접 제작한 것을 말한다. 최근 다양한 수학 교재 · 교구가 개발되어 있기는 하지만, 적절한 자료를 구하기 힘든 경우 교사가 직접 제작하기도 한다. 교사가 직접 만들면 교육목적에 맞게 제작이 가능하고 경제적인 측면에서 비용을 절감할 수는 있지만, 상품화된 교구에 비해 내구성과 견고성이 떨어질 수 있어 오랜 기간 사용하기가 어렵다. 또한 교사가 제작하는 데 많은 시간을 투자하기 때문에 수학 놀이 및 활동의 빈도가 상대적으로 줄어들거나 수학교육을 위해 요구되는 다른 준비를 하거나 역할을 수행하기가 어렵다. 이러한 이유로 교사는 자료를 제작하기 전에 다음과 같은 질문에 대해 숙고할 필요가 있다(한유미, 2009).

- 제작에 너무 많은 시간이 소요되지는 않는가?
- 제작 방법이 너무 복잡하지는 않은가?
- 처음부터 모두 제작하지 않고, 일부를 상업용품 혹은 재활용품으로 활용함으로써 제작 과정의 시간과 노력을 축소할 수는 없는가?

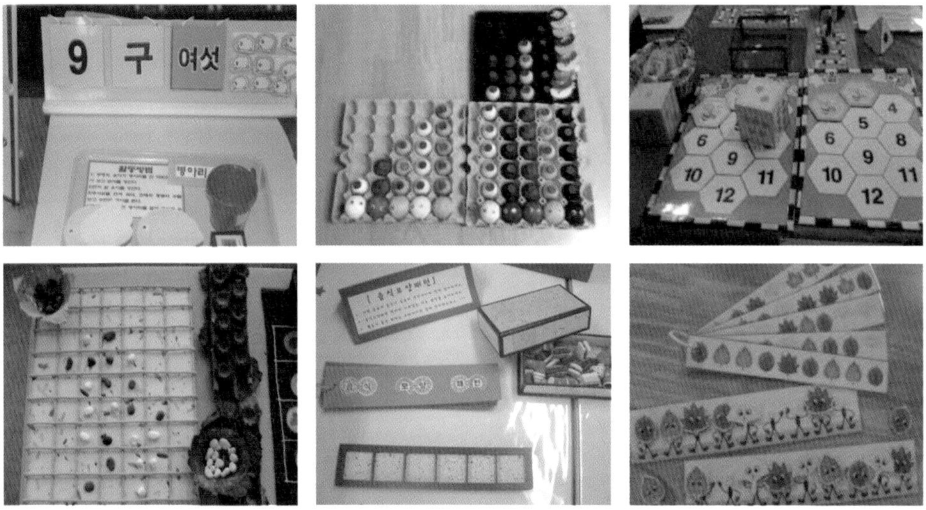

(5) 교사와 영유아가 함께 제작한 자료

교사와 영유아가 함께 제작한 자료는 교사가 혼자 제작한 자료와 달리, 교사가 기본적인 자료를 제작하지만 영유아가 자신의 생각을 더해 완성한 자료를 말한다. 이러한 자료는 영유아의 적극적인 참여를 이끌고, 자료가 완성되었을 때 성취감과 만족감을 느낄 수 있게 해 준다. 연령이 높은 유아의 경우, 교사와 함께 자료를 만들어 가며 또 다른 수학 놀이나 활동을 확장하기도 한다. 예를 들면, 유아는 교사와 함께 소집단으로 학급 달력을 만들어 본 후 미술 영역에 있는 재료를 이용하여 자신만의 달력을 스스로 만들 수 있다. 또한 교사가 명화나 사진에 그려 놓은 선을 유아가 따라 오려서 퍼즐 활동을 할 수 있는데, 이후 유아는 자유롭게 자기 마음에 드는 엽서, 그림, 사진 등을 가지고 직접 퍼즐을 만들어 놀이할 수도 있다.

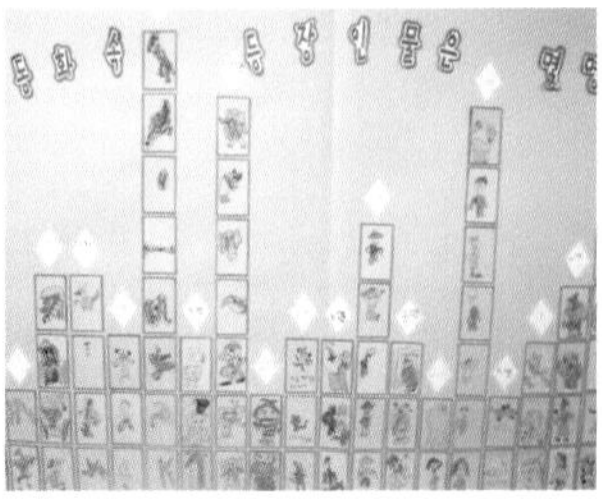

(6) 수학 관련 그림책

수학 관련 그림책은 수학적 개념이나 어휘를 내포하고 있어 수학 활동을 위한 교수-학습 자료로 활용이 가능한 그림책을 일컫는다. 수학 관련 그림책은 크게 2가지로 구분할 수 있는데, 하나는 수학적 지식과 개념을 전달하는 것을 목적으로 창작된 그림책으로 그림책 장르 중에서 정보책에 속한다. 다른 하나는 전래동화, 사실동화, 환상동화 등 특정 장르에 속하는 것이 아니라 그림책의 주제가 수학에 관한 내용을 다루고 있거나 그림책 내용에 다양한 수학적 문제 상황과 어휘가 포함되어 있는 그림책을 말한다. 이러한 수학 관련 그림책은 그 자체만으로도 수학교육 측면에서 가치가 있으며, 그림책 속 등장인물과 문제 상황, 어휘 등을 활용하여 수학적 사고와 문제해결의 기회를 제공할 수도 있다.

다음은 영유아교육현장에서 활용 가능한 수학 관련 그림책과 각 그림책에서 다루고 있는 주요 수학 개념을 정리해 놓은 것이다.

〈표 6-1〉 영아를 위한 수학 그림책 목록

제목	저자	출판사	출판년도	관련 수학 개념
두드려 보아요	안나 클라라 티돌름	사계절	2007	수
1부터 10까지	척 머피	비룡소	2006	수
곤충친구 123	김경미	웅진주니어	2006	수
단추가 몇 개?	아이코리아	아이코리아	2004	수
10	마리옹 바타유	보림	2014	수
시계 탐정 123	서영	책읽는곰	2014	수, 측정
BLUE 2	데이비드 A. 카터	Little Simon	2006	공간
구멍	오정택	비룡소	2007	공간
날다	박은아	스토리나무	2009	공간
앞옆뒤	스즈키 마모루	뜨인돌어린이	2013	공간
빨간 풍선의 모험	엘라 마리	시공주니어	1999	도형
움직이는 뱀 놀이책	레베카 엘리엇	키즈김영사	2013	도형
무엇이 있을까요?	멜라니 월시 글 뻬뜨르 호라체크 그림	시공주니어	2002	도형
누구 얼굴일까?	프랑수아 존 로버트	한국세익스피어	2004	도형
무엇을 만들까?	아이코리아	아이코리아	2004	도형
Yellow Square	데이비드 A. 카터	Simon & Schuster	2008	공간, 도형
600개 까만 점을 찾아라	데이비드 A. 카터	비룡소	2010	규칙성, 도형
깜깜해 깜깜해	하세가와 세츠코 글 야규 겐이치로 그림	비룡소	2013	규칙성
까꿍놀이	최숙희	보림	2003	규칙성
사과가 쿵	다다 히로시	보림	2006	규칙성, 비교
달님 안녕	하야시 아키코	한림출판사	1998	규칙성, 비교
내가 도와줄게	아이코리아	아이코리아	2004	비교
난 (안) 작아	강소연	풀빛	2015	비교

〈표 6-2〉 유아를 위한 수학 그림책 목록

제목	저자	출판사	출판년도	관련 수학 개념
함께 세어 보아요	미쯔마사 안노	마루벌	2010	수
숫자들이 사는 집	크베타 파코브스카	시공주니어	2012	수
수를 사랑한 늑대	김세실	아이세움	2012	수
숫자로 보는 놀라운 동물의 세계	롤라 M. 섀퍼 글 크리스토퍼 사일런스 닐 그림	키즈엠	2014	수
배고픈 개미100마리가 발발발	엘리노어 핀체스 글 보니 맥클랜 그림	보물창고	2006	수
이상한 나라의 숫자들	마리아 데 루스 우리베 글 페르난도 크란 그림	보물창고	2006	수
앵무새 열 마리	켄틴 블레이크	시공주니어	1997	수, 공간
지하 100층짜리 집	이와이 도시오	북뱅크	2010	수, 공간
한 조각 두 조각 세 조각	김혜환	지경사	1999	수, 도형
배고픈 애벌레	에릭 칼	더큰컴퍼니	2006	수, 측정
알록달록 동물원	로이스엘러트	시공주니어	2001	도형
모양을 찾아라	루시 믹클레스웨이트	베틀북	2006	도형
블록친구	이시카와 코지	키다리	2010	도형
자꾸자꾸모양이 달라지네	팻 허친스	보물창고	2006	도형
모양들의 여행	크라우디아 루에다	담푸스	2009	도형
노란우산	류재수	보림	2007	공간
하늘에서 본우리 동네	마이컨 콜론 글 아메렌트스커 코프만 그림	진선아이	2011	공간
장갑	에우게니 M, 라쵸프	한림출판사	1994	규칙성
다음엔 너야	에른스트 안들 글 노르만 융에 그림	비룡소	2001	규칙성
99센티미터 한스	안네테 후버 글 마누엘라 올텐 그림	토마토하우스	2006	측정
티치	팻 허친스	시공주니어	1997	측정
작은 집 이야기	버지니아 리 버튼	시공주니어	2010	측정
내 머리가 길게 자란다면	타카도노 호오코	한림출판사	2003	측정

함께 토의해 보세요!

1. 신문이나 잡지에 실린 그림, 사진 혹은 기사, 광고지 등을 활용하여 유아와 할 수 있는 수학 활동을 계획해 봅시다.

2. 유아를 위한 수학교육을 제공하는 인터넷 사이트나 유튜브 콘텐츠(예: 지니키즈, 캐비키즈, 재미나라 등)를 조사해 봅시다. 어떠한 활동들이 주를 이루고 있나요? 유아에게 적합하다고 생각하시나요? 그렇다면/그렇지 않다면 그 이유는 무엇인가요?

3. 이 장에 수록된 수학 관련 그림책 중에서 한 권을 선택하여 유아를 위한 수학 활동을 구성해 봅시다.

/ 제7장 /

영유아수학교육과 교사

교사는 교육의 질을 결정하고 영유아의 학습과 발달에 영향을 미치는 중요한 요인 중의 하나다(Katz, 1984). 따라서 이 장에서는 영유아수학교육을 위한 교사의 역할을 구체적으로 살펴보고 수학을 가르치는 교사로서 전문적인 교수 역량을 증진하기 위한 방안을 알아보고자 한다.

1. 수학교육을 위한 교사의 역할

최근 영유아수학교육이 사회문화적 구성주의 이론의 지지를 받으며 교사 역할에 대한 중요성이 더욱 강조되고 있다. 벤 오어스(Van Oers, 2010)에 따르면, 교사는 영유아의 수학 활동에 적절히 개입하고 중재함으로써 영유아가 자신의 우연적인 수학 경험과 행동을 인식하도록 돕고, 수학적으로 사고하는 기회를 제공할 수 있다고 하였다. 이에 영유아의 수학적 능력을 발달시키기 위한 교사 역할에 관해 구체적으로 살펴보면 다음과 같다.

수학교육을 위한 교사의 역할

- 첫째, 수학적으로 풍부한 환경 제공하기
- 둘째, 영유아와 함께 수학 활동에 참여하기
- 셋째, 수학적 어휘를 사용하여 상호작용하기
- 넷째, 수학적 사고를 일으키는 발문하기
- 다섯째, 수학적 지식 설명하기
- 여섯째, 주의 깊게 관찰하고 평가하기

[그림 7-1] 수학교육을 위한 교사의 역할

첫째, 수학적으로 풍부한 환경 제공하기 영유아는 교사, 또래 등 사람뿐 아니라 주변에 있는 사물과도 적극적으로 상호작용하며 수학적 능력을 발달시켜 간다. 교실의 물리적 환경은 영유아의 수학적 경험을 촉진시킬 수 있는 요인이며, 교실을 어떻게 구성하느냐가 영유아의 수학학습에 대한 흥미와 몰입에 영향을 미친다(김영선, 2000). 따라서 교사는 수학적으로 풍부한 교실 환경을 마련해 줌으로써 영유아의 수학능력 발달을 증진시킬 수 있다. 이와 관련된 예를 제시하면 다음과 같다.

지은: 오이 있어요?
민수: 네. 몇 개 드릴까요?
지은: 얼마인데요?
민수: 하나에 100원이에요.
지은: 그럼, 한 개 주세요.
민수: 네.

(민수는 오이를 중간 크기의 봉지에 먼저 대어 보며 오이와 봉지의 길이를 비교한다. 봉투 길이가 오이보다 짧은 것을 확인하고 가장 큰 봉투에 오이를 넣는다.)

민수: 자, 여기 있습니다.
지은: 감사합니다.

이 사례는 지은이와 민수가 역할 놀이 영역에서 시장 놀이를 하고 있는 장면에 관한 것이다. 지은이는 손님 역할을, 민수는 채소 가게 주인 역할을 맡아 오이를 사고팔고 있다. 시장 놀이는 물건을 사고파는 놀이 행동이 주를 이루고 있어 수량 인식, 수 세기, 더하기, 화폐 단위 등의 수와 연산, 측정 경험이 자연스럽게 일어난다. 교사는 역할 놀이 영역에 한 가지 크기의 봉지가 아닌 다양한 크기의 봉지를 마련해 줌으로써 이들이 시장 놀이를 하면서 길이나 부피 등 실제적인 측정을 경험할 수 있도록 지원하고 있다.

둘째, 영유아와 함께 수학 활동에 참여하기 교사는 영유아와 동등한 놀이 파트너로 수학 활동에 참여하면서 시범을 보이기도 하고, 새로운 활동과 놀이 방법을 제안하면서 영유아의 수학적 경험을 확장할 수도 있다(한유미, 2009). 만일 수학 영역에 흥미와 관심을 보이지 않는 영유아가 있을 경우, 교사가 함께 놀이하다 보면 이들이 수학 영역을 꺼리는 이유를 파악하게 되어 해당 영유아를 위한 적절한 지원과 도움을 제공할 수 있다. 또한 교사는 놀이의 주도권을 영유아에게 주면서 자신의 수학적 아이디어와 경험을 확장할 수 있도록 이끌 수 있고, 때로는 교사가 주도권을 가짐으로써 영유아가 수학적으로 문제해결할 수 있는 기회를 줄 수도 있다.

(수학 영역에서 주사위를 활용한 교구 놀이를 하며)

교사: 우리 이번에는 주사위 2개를 사용해 보면 어떨까?

소정: 어떻게요?

교사: 여기 1에서 3까지 적힌 주사위가 하나 더 있거든. 한 번에 2개의 주사위를 던져 보는 거야. 어때?

소정: 아! 그리고 숫자를 더하면 되겠구나.

교사: 맞아. 그럼, 이번에는 누가 먼저 시작하지?

소정: 가위바위보로 정해요.

교사: 좋아.

교사, 소정: 가위! 바위! 보! (교사는 보자기를, 소정이는 가위를 내었다.)

소정: 내가 이겼다! 자, 그럼! (주사위를 던지고) 어! 1이랑 3이다. 하나, 둘, 셋, 넷! 우와! 게임이 훨씬 빨리 끝날 수도 있겠어요!

이 예는 교사와 유아가 수학 영역에서 주사위를 활용한 교구 놀이를 하고 있는 장면이다. 이 예의 상호작용에서 볼 수 있듯이, 교사는 교구 놀이를 하고 나서 소정이에게 주사위 2개를 사용해 보자는 새로운 놀이 방법을 제안하고 있다. 이러한 제안으로 소정이는 같은 교구로 놀이하면서 '더하기'라는 새로운 수학적 경험을 할 수 있게 되었다. 이처럼 교사는 놀이 파트너로서 수학 활동에 함께 참여하면서 이들의 수학적 경험을 확장시킬 수 있다.

셋째, 수학적 어휘를 사용하여 상호작용하기 수학적 사고란 수학적 대상이나 상황에 대해 자신 혹은 타인과 의사소통하면서 의미를 만들어 내고, 의사소통에 필요한 수단을 발달시키는 과정을 말한다(이은영, 2013). 이처럼 수학적 사고력 발달에 있어 언어는 필수적인 요인이다. 이러한 맥락에서 NCTM(2008)은 효과적인 수학교육을 위한 방안으로 말로 표현하는 'Think aloud(소리 내어 생각하기)'의 교수 전략을 제안하였다. 이때 교사는 수학적 어휘를 사용하여 영유아와 적극적으로 상호작용함으로써 영유아가 자신의 수학적 개념 혹은 사고를 언어화하고 궁극적으로 수학적 사고능력을 심화·발달시킬 수 있도록 도와준다(Boonen, Kolkman, & Kroesbergen, 2011).

건호: 선생님, 저 열 있어요?
교사: 열이 있는 것 같니? 체온계로 재어 보자.
건호: 너무 온도가 많으면 어떡하지?
우재: 선생님, 건호 온도가 많아요?
엄청 많아요?
교사: 건호의 체온이 높은지 낮은지 한번 재어 보자.
(체온계로 측정한 후, 숫자를 함께 확인해 본다.)
교사: 몇 도라고 적혀 있니?
건호, 우재: 삼십칠…… (머뭇거리며) 삼십칠…… 오?
교사: 그래, 삼십칠 점 오 도라고 적혀 있네.
건호, 우재: 네. 맞아요. 삼십칠 점 오 도요.
건호: 선생님, 그럼 저 안 높아요?
교사: 그래, 열이 많이 나지는 않는구나.

이 예에서 건호는 온도의 정도를 나타내기 위해 '많다'라는 잘못된 수학 용어를 사용하고 있음을 알 수 있다. 이에 교사는 "체온이 높은지 낮은지 한번 재어 보자." 라고 정확한 어휘를 의도적으로 사용하며 건호와 상호작용하고 있다. 뿐만 아니라 체온계에 적힌 소수점이 있는 숫자를 읽는 올바른 방법과 온도를 나타내는 단위인 '도(℃)'를 알려 주기 위해 "삼십칠 점 오 도라고 적혀 있네."라고 반응해 주었다. 이처럼 교사는 영유아와의 일상적인 대화 안에서 수학적 개념을 다룬 어휘를 의도적으로 사용하면서 잘못된 수학적 개념이나 어휘를 수정하거나 좀 더 명료화하도록 도울 수 있다.

넷째, 수학적 사고를 일으키는 발문하기 발문은 교사가 의도한 대로 수업을 이끌어 가기 위한 것으로서(한정민, 박만구, 2010), 교사는 영유아의 발달 수준, 이전 경험 등을 종합적으로 고려하여 적절한 순간에 발문을 해야 한다. 이러한 교사의 정교화된 발문은 영유아가 수학 활동을 하면서 관련 수학 개념을 인식하게 하고, 수학적 사고 발달을 촉진시키는 데 효과적이다(이경민, 2001; 이금구, 이정욱, 2010; 한정민, 박만구, 2010; Forston & Reiff, 1995). 즉, 교사는 의미 있는 상황에서 영유아에게 적절한 발문을 제공함으로써 다양한 문제 상황을 수학적으로 사고하여 스스로 해결해 나가도록 도울 수 있다.

(10분마다 찜질방 놀이를 역할을 바꾸어서 하기로 결정한 후)

교사: 그런데 손님이 들어간 다음에 10분이 지났다는 것을 어떻게 알려 줄까?

민우: 우리가 시계를 보면 돼요. 시계 볼 줄 알아요. (긴 바늘) 두 칸이 지나가면 10분이에요.

승진: 그런데 (긴 바늘이) 5자와 6자 가운데에 있으면 어떡하지?

소희: 타이머?

교사: 타이머를 사용해 볼까?

진영: 모래시계는요?

유아들: 타이머요! 컴퓨터 영역에 있어요!

교사: 그럼, 타이머를 사용해 보자. 그런데 타이머 시작 버튼을 언제 눌러야 할까?

승진: 4명 손님이 다 들어가면 그때 누르면 어때요? 일찍 누르면 친구들 놀이 시간이 너무 줄어들잖아요.

이 사례는 역할 놀이 영역에서 찜질방 놀이를 하며 역할 선정 때문에 벌어지는 갈등 상황을 수학적으로 해결하는 장면이다. 교사는 10분이 지났다는 것을 어떻게 알 수 있을지, 타이머의 시작 버튼은 언제 누를지 생각해 보도록 질문한 후, 유아들이 스스로 해결 방안을 모색하도록 돕고 있다. 이처럼 교사는 자신이 모든 것을 일방적으로 해결하고 정하기보다 수학적 문제를 해결하기 위해 문제 상황을 인식하고 해결 방안을 모색하도록 질문함으로써 유아가 스스로 시간을 잴 수 있는 도구를 생각해 내고, 보다 정확한 측정을 위해 기준을 정해야 한다는 사실을 인식할 수 있도록 하고 있다.

다섯째, 수학적 지식 설명하기 수학은 여러 가지 임의의 상징과 기호로 구성된 학문이다. 그렇기 때문에 수학을 가르칠 때 교사가 직접 알려 주어야 할 부분이 분명히 존재한다. 예를 들면, 숫자, 수나 도형의 명칭, 연산 기호, 위치나 방향을 가리키는 용어 등이 그러하다. 영유아교육에서 교사가 언어적으로 직접 가르치는 교수법은 교육의 효율성 측면에서 장점이 있으나, 교사 주도적이고 영유아의 자발적인 탐구와 사고 기회를 빼앗기 때문에 이와 같은 교사의 역할은 바람직하지 않은 것으로 간주되고 있다. 하지만 특정 지식은 영유아 스스로 알아 가기에 한계가 있으므로 필요한 경우 교사가 지식 전달자의 역할을 수행해야 한다. 다만, 교사는 과연 교사가 직접 알려 주는 것이 적절한지에 대해 신중히 생각한 후 실행에 옮겨야 할 것이다.

(교실에 걸려 있는 달력을 보며)

건호: 선생님, 오늘은 6월 12일이죠? 그런데 12가 어디 있지?

교사: 건호가 찾아보겠니?

건호: (12를 손으로 가리키며) 아! 여기 있다! 12!(달력에 있는 숫자 1부터 읽어 내려가기 시작한다.)

건호: 일, 이, 삼, 사 …… (중략) …… 십칠, 십팔, 십구 (교사가 있는 쪽을 쳐다본다.)

교사: (숫자 20을 가리키며) 십구 다음은 이십이야. 이 숫자는 이십이라고 읽어.

건호: 그 다음은요? 이십일?

교사: 그래, 이십일이야.

(건호와 교사가 함께 29까지 숫자를 읽는다.)

건호: 이십구…… 그리고 이건 어떻게 읽어요?

교사: 응. (숫자 30을 가리키며) 이십구 다음에 오는 숫자는 바로 삼십이야. 3과 0이 만나면 이렇게 삼십이라고 읽는단다.

이 예는 건호가 달력을 보며 1부터 30까지의 수를 읽어 가면서 이루어진 교사와의 상호작용이다. 건호는 1부터 19까지 수를 잘 읽을 수 있지만 20과 30 읽기를 어려워하고 있었다. 이를 알아차린 교사는 정확하게 '이십', '삼십'이라고 수 이름을 알려 주었다. 물론 건호도 생활 속에서 다른 사람이 말하는 수 이름을 듣거나 경험이 누적됨에 따라 자연스럽게 수 이름을 스스로 깨달을 수 있을 것이다. 하지만 이와 같은 상황에서 교사는 건호가 현재 수 이름을 읽는 것에 흥미가 있음을 인식하고, 모르는 수 이름을 직접 알려 줌으로써 달력에 있는 숫자 읽기에 대한 흥미가 계속 유지될 수 있도록 돕고 있다.

여섯째, 주의 깊게 관찰하고 평가하기 영유아의 수학능력이 어느 정도인지 파악하는 일은 영유아에게 적합한 수학 활동을 제공하고 효율적으로 지원하기 위해 반드시 선행되어야 한다(황해익, 2008). 이를 위해 교사는 의도된 수학교육인 대·소집단과 자유 놀이 시간에 수학 영역에서 놀이하는 활동의 모습 및 상호작용을 주의 깊게 관찰해야 한다. 뿐만 아니라 수학적 경험은 바깥 놀이, 음률 활동 등 다른 교육활동과 일과 중에도 자연스럽게 일어나기 때문에 일화기록, 체크리스트, 활동 결과물, 사진 등 다양한 자료와 방법으로 관찰한 내용을 잘 기록하여 분석해야 한다.

지연: (오른팔을 들며) 선생님, 이쪽이 왼쪽이에요?

교사: 왼쪽과 오른쪽이 헷갈리지? 그쪽이 오른쪽이란다. 반대편이 왼쪽이고…….

지연: (웃으며) 아, 이쪽이 오른쪽이구나.

이 사례처럼 교사는 영유아와의 짧은 대화를 통해서 기하 개념, 즉 방향 인식과 관련 어휘 사용에 대한 영유아의 수학적 능력을 평가할 수 있다. 즉, 지연이는 왼쪽과 오른쪽을 구별하는 것에는 아직 미숙하나 오른쪽과 왼쪽이라는 위치와 방향을 나타내는 어휘는 인지하고 있음을 확인할 수 있다.

이와 같이 교사는 수학교육의 질을 향상시키고 영유아의 수학능력을 발달시키기 위해 교사 역할이 중요함을 인식하고, 상황에 맞게 적절한 역할을 수행해야 할 것이다.

2. 교사의 수학적 역량 증진 방안

영유아에게 효과적으로 수학을 가르치기 위해 교사가 갖추어야 할 전문성은 수학교육에 관한 지식, 기능, 태도를 모두 포함한다. 영유아교육은 초·중등교육과 달리 교과서가 없으며, 영유아의 흥미와 요구에 기초한 통합교육을 지향하고 있어 교사의 전문적 역량이 교육의 질에 크게 영향을 미친다. 이러한 영유아교육의 특성은 수학교육에도 해당된다. 따라서 영유아교사는 교사교육이나 반성적 사고를 통해 수학교사로서 전문적 지식, 기능 및 태도를 함양하기 위한 노력을 기해야 할 것이다.

1) 수학 교과내용 지식의 이해

수학 교과내용 지식은 영유아수학교육에서 다루고 있는 수학적 개념에 대한 지식을 뜻한다. 교사가 갖고 있는 지식이 영유아에게 무엇을 가르칠 것인가를 결정짓는 중요한 요인으로, NCTM(1991b)에서는 수학교사가 갖추어야 할 지식으로 교과내용 지식을 강조하였다. 영유아에게 적합한 수학교육내용은 수와 연산, 공간과 도형, 측정, 규칙성, 통계와 확률에 관한 수학적 개념으로, 교사는 각 영역과 관련 하위 개념을 명확하게 이해하고 있어야 한다.

영유아교사가 수학교육내용을 학습하기 전 혹은 후에 스스로 '수학 개념도'를 작성해 보는 경험은 수학교사로서의 전문성 계발을 위해 매우 의미가 있다. '수학 개념도 작성하기'는 교사가 '영유아수학교육의 내용'에 포함될 수 있는 개념을 자유롭게 적어 본 후, 각 개념 간의 관계성, 위계, 중요성 등을 비판적으로 검토해 보며 수학교육에 관한 전문 지식을 습득하고 정교화하는 활동이다. 개념도는 자신의 인지 구조를 표상한 것으로서(김혜진, 2003), 교사로 하여금 선행 지식을 있는 그대로 드러내도록 한다는 점에서 교사의 지식 수준과 정도를 파악하는 데 매우 효과적이다(Novak & Gowin, 1984). 개념도는 반드시 한 번에 모두 작성해야 한다거나 일정한 형식에 따라 작성해야 할 필요는 없다. 그러나 먼저 영유아수학교육의 내용에 포함될 수 있는 개념을 적어 보고, 다음으로 각 개념 간의 관련성을 고려하여 '상위 개념'과 '종속 개념'으로 구분하여 정리한다면 좀 더 효과적으로 자신의 지식 수준과 구조를 반성적으로 검토할 수 있다.

생각해 봅시다

수학 개념도를 작성해 보아요

1. '영유아수학교육내용'에 포함될 수 있는 개념을 적어 보세요.

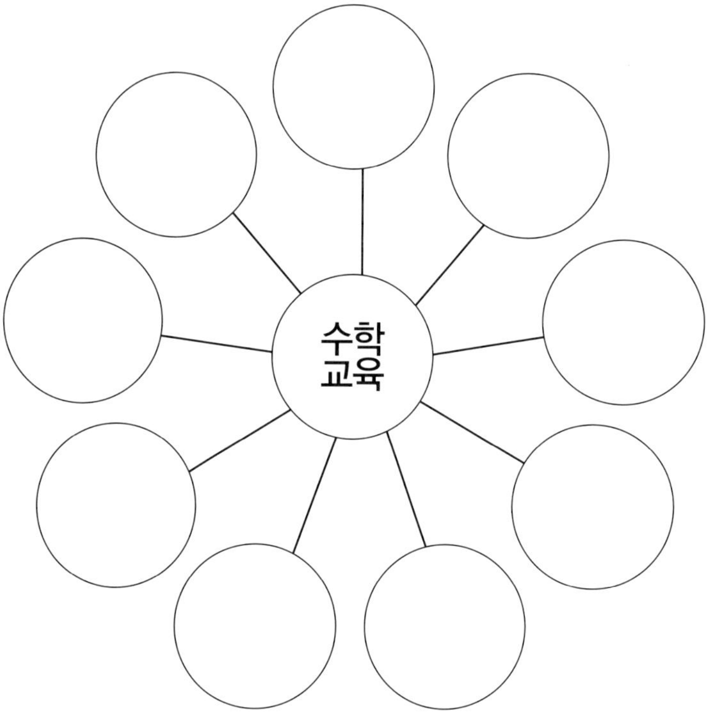

2. 개념별 연관성을 고려하여 유목화해 보고, 이를 상위 개념과 종속 개념으로 나누어 봅시다.

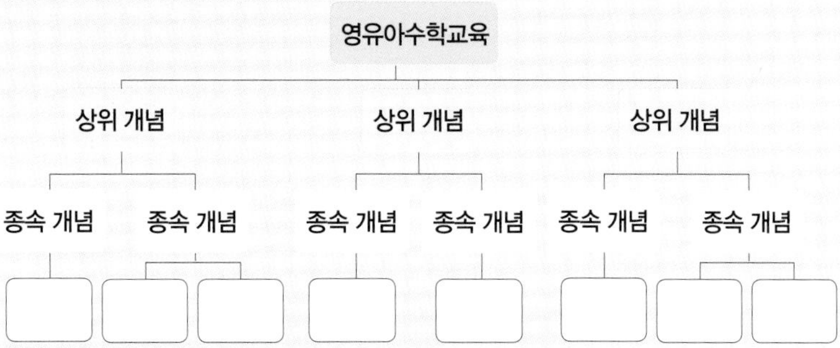

3. 내가 중요하게 다루고 있는 수학적 개념은 무엇인가요?

4. 보육과정과 누리과정에 제시된 교육내용과 비교해 봅시다. 내가 포함시키지 않은 수학적 개념이 있나요? 어떤 것인지 확인해 봅시다.

2) 수학 활동의 계획 및 운영

영유아교육현장에서 교사는 하루 일과를 효과적으로 계획하고 운영함으로써 자신의 전문성을 발휘하게 된다. 이러한 교사의 교수 행위는 영유아의 학습에 직접적인 영향을 미치므로 교사는 왜, 무엇을, 어떻게 가르칠 것인가의 수업 전반에 걸쳐 세심하게 계획하고 실행해야 한다. 따라서 교사가 영유아수학 활동을 보다 효율적으로 계획하고 운영할 수 있는 교수 능력을 갖추고 있다면 영유아에게 보다 다양하고 풍부한 수학적 경험을 제공할 수 있고, 이들의 수학적 능력도 최대한 발휘할 수 있도록 이끌어 줄 수 있다.

(1) 수학 활동의 구성

영유아의 수학적 경험은 일과, 놀이, 활동 중에 일어나며, 이를 위해 교사는 먼저 교재·교구의 선정, 환경 구성, 교사-영유아의 상호작용 등을 포함한 활동을 계획한다. 교재·교구의 선정은 각 기관과 교사의 철학에 따라 달라질 수 있다. 상업화된 수학적 자료를 준비하여 유아들이 놀이하면서 사용하도록 할 수 있고, 이러한 상업적 자료보다 교사가 직접 아이디어를 내어 제작하거나 자연물을 활용하기도 한다. 게임판의 경우 유아들 간 놀이 상황에서 자연스럽게 만들어지고 지속적으로 유아들이 참여하는 수학 놀잇감이 되기도 한다. 교사는 특정한 교재·교구만이 수학적이라는 생각에서 벗어나 유아들이 일상에서 접하는 다양한 자료를 놓아 둠으로써 유아가 놀이 상황에서 적절히 사용하도록 하는 것이 바람직하다. 도형이나 퍼즐 맞추기처럼 특정 수학적 개념만을 다룰 수 있는 교재·교구도 있지만, 나뭇가지, 공, 여러 가지 끈이나 병은 놀이 맥락에 따라 다양하게 변형되어 사용될 수 있다. 이처럼 융통성 있게 사용 가능한 자료를 마련해 두는 것은 교사의 중요한 계획 능력이라고 볼 수 있다.

수학적 환경은 특별히 어떠한 환경이라고 단정 짓기는 어렵다. 다만, 교사가 교실 환경 구성을 할 때 수학적으로 풍부한 환경을 마련해 주는 것을 염두에 두고 있으면 영유아들이 수나 측정 관련 경험을 더 많이 할 수 있다. 놀잇감을 준비할 때 무게를 재어 보거나 양을 비교해 볼 수 있는 곡식이나 용기, 색깔과 모양을 다양하게 변형해 볼 수 있는 환경과 더불어 공룡의 길이 재기와 같이 공간적 등을 변형을 필요로 할 때 이를 가능하게 하는 환경이 수학 활동 계획에서는 고려되어야 한다.

유아들이 놀이하는 중에 수학적 문제해결이 필요할 때, 교사는 수학 활동인 대소집단 활동을 통해 유아들과 상호작용할 수 있다. 가게 놀이를 하려고 음식과 그 값을 적으려고 할 때, 100원, 500원처럼 작은 단위로 쓰는 유아들도 있고 100만원처럼 큰 액수로 적는 경우도 있다. 유아들은 돈 단위에 대해 인식하고 있는 정도가 다르기 때문에 이러한 일은 자주 발생한다. 교사는 유아들의 대화에 귀를 기울이고 살피다가 유아 간 문제가 될 때 이를 대소집단 활동으로 끌어낼 수 있다. 단위가 달라서 어떤 문제가 생기는지, 어떻게 돈을 표시하면 모두 가게 놀이를 할 때 잘 할 수 있을지 토의해 볼 수 있다. 교사의 수학 활동 계획은 이처럼 유아들의 놀이 맥락을 통해 이끌어질 때 유아의 수학적 경험을 의미 있는 배움의 과정으로 만들어 줄 수 있다.

(2) 수학적 발문의 활용

교실에서 일어나는 수학 활동은 교사와 영유아 간의 언어적 상호작용에 의해 주로 이루어진다. 특히 교사의 발문은 교육적 의도와 목적을 갖고 영유아의 사고와 표현 활동을 이끄는 유의미한 교수 행위로서, 교사의 발문이 곧 수업의 질과 성패를 결정짓는 중요한 요인이기도 하다(변재현, 김민경, 2004). 그러므로 교사는 비형식적 혹은 형식적 맥락에서 영유아가 수학을 경험할 수 있도록 문제를 제기하고, 자신의 수학적 지식을 활용하여 해결하도록 이끌며, 이 과정에서 수학적 지식과 개념을 심화·확장시킬 수 있도록 발문해야 한다. 이때 발문의 형태로 폐쇄적인 발문은 지양하는 것이 좋다. 물론 영유아의 선(先) 지식과 경험을 파악하거나 영유아의 해결 방안을 검토하는 등 경우에 따라서 교사는 폐쇄적 형태의 질문을 활용할 수도 있다. 다만, 교사는 성급하게 답을 알려 주기 위해 발문하거나 정답만을 요구하는 형태의 발문을 하지 않도록 유의해야 한다. 왜냐하면 수학에서 영유아의 비형식적인 지식이나 오개념도 그 자체로 의미가 있으며, 이는 곧 형식적인 수학적 지식과 개념을 형성해 가기 위한 원동력이 되기 때문이다. 따라서 교사는 영유아가 자신이 알고 있는 수학을 이야기하고, 자신의 생각대로 문제 상황을 탐구하여 해결할 수 있도록 개방적이고 확산적인 발문을 활용하도록 한다.

생각해 봅시다

수학적 발문 생각해 보기

[예시 1] 행복반 만 4세 유아들은 교사와 함께 소집단으로 쿠키 만드는 요리 활동을 하고 있다. 밀가루, 설탕, 녹인 버터, 우유 등 다양한 재료를 섞어 반죽을 만들고, 여러 가지 모양으로 찍어 낸 후, 이를 오븐에 구워 보며 여러 가지 모양의 쿠키를 만들고 있다.

※ 내가 행복반 교사라면 어떠한 발문을 제공할 수 있을까요?

- 쿠키를 만드는 과정에서 이루어질 수 있는 교사의 수학적 발문을 적어 보세요.

[예시 2] 쇠라의 <그랑드자트 섬의 일요일 오후>를 감상해 봅시다.

※ 내가 교사라면 유아와 함께 이 명화를 감상하면서 어떠한 수학적 발문을 제공할 수 있을까요?

- 이 명화를 감상할 때 적절한 교사의 수학적 발문을 적어 보세요.

3) 수학에 대한 긍정적인 태도 함양

교사의 태도는 교실의 분위기, 상황, 교수 방법에 영향을 미치는 중요한 변인으로서(Spodek & Saracho, 1998), 교사의 수학에 대한 태도가 영유아의 수학학습에 직접적으로 영향을 미치게 된다. 수학에 대한 태도는 교사의 수학에 대한 흥미나 호기심, 수학 관련 활동에 대한 적극성 또는 열의, 자신감, 수학에 대한 가치 인식 등을 포함한다(이은영, 우민정, 2010). 이러한 태도는 수학과 관련된 유사한 경험이 반복적으로 일어나면서 축적되며, 수학을 할 때마다 비교적 일관된 방식으로 나타나는 것이 특징이다(김소향, 2004; 박경옥, 2003). 따라서 영유아교사는 무엇보다 자신이 수학에 대해 어떠한 태도를 갖고 있는지 객관적으로 평가해 보고, 긍정적인 태도를 형성하도록 노력해야 할 것이다. 이때 다음에 제시된 것처럼 타당도와 신뢰도가 검증된 표준화된 검사도구를 활용한다면 보다 쉽게 수학에 대한 태도의 정도를 평가할 수 있을 것이다.

표준화된 검사도구 외에 교사가 자신이 초·중·고등학교 시절에 받았던 수학 수업에 대해서 혹은 영유아에게 실시했던 수학 활동을 회상하며 수학과 관련된 경험, 느낌, 생각 등을 자유롭게 써 보는 저널 쓰기 활동도 수학에 대한 태도를 확인해 보고 그것을 긍정적으로 변화시킬 수 있는 좋은 방법이 된다.

저널 쓰기는 교사의 전문성을 높이기 위한 방법으로 교사교육에서 많이 활용되고 있는데, 이때 저널은 일상적인 이야기를 넘어서 전문성을 지닌 교사로서 의견을 기록하고 상황과 사건에 대해 해석하는 것을 포함해야 한다(박은혜, 1996). 처음 저널을 써 보는 교사에게는 교사교육자가 '학창 시절에 가장 재미있었던 수학 수업과 가장 지루했던 수학 수업은?', '수학을 전공으로 선택하지 않은 이유는?'과 같은 특정 주제를 정해 주면 보다 쉽게 접근할 수 있다. 이처럼 저널 쓰기 활동은 교사에게 반성적으로 사고할 수 있는 기회를 제공함으로써 자신이 갖고 있는 수학교육에 대한 인식과 태도를 명료하게 인식하도록 돕고, 영유아에게 수학을 가르치는 교사로서 전문성을 계발할 수 있도록 방향을 제시해 주는 데 매우 효과적이다.

생각해 봅시다

수학에 대한 태도

※ 다음은 예비유아교사의 수학에 대한 태도에 관한 질문입니다.
각 문항을 잘 읽고, 해당하는 부분에 ∨표시를 하십시오.

	문항	전혀 그렇지 않다	그렇지 않다	보통 이다	조금 그렇다	매우 그렇다
1	나는 수학을 좋아한다.					
2	수학을 배우는 것이 중요하다고 생각한다.					
3	나는 수학을 잘한다고 생각한다.					
4	나는 수학을 하는 것을 즐긴다.					
5	수학은 살아가는 데 도움이 되는 학문이라고 생각한다.					
6	수학을 하는 것이 어렵다고 생각한다.					
7	수학은 너무 세세한 것에 신경을 써야 하므로 골치 아픈 과목이다.					
8	나는 수학 활동에 관심이 있다.					
9	나는 수학이 얼마나 유용한 학문인지 알기 때문에 수학을 한다.					
10	수학은 어려운 과목이라고 생각한다.					
11	다른 사람이 나에게 수학 문제를 물어보면 자신있게 대답할 수 있다.					
12	수학은 나의 생활과 아무 관련이 없다.					
13	나는 수학을 하는 것에 대해 자신이 있다.					
14	수학과 관련된 일은 지루하다.					
15	수학을 이해하는 것은 나의 일상생활을 위해 필요하다.					
16	수학적 지식은 이해하기 어렵다.					
17	수학은 이 시대를 살아나 가는 사람들에게 필수적이다.					

18 나는 여러 가지 이유로 수학을 해야 하지만 항상 어렵게 생각된다.

19 현대사회에서 수학교육은 불가피하다.

20 나는 수학적인 문제를 해결하는 것을 좋아한다.

21 수학은 특별한 사람들이 하는 것이라는 생각에 나는 수학에 대해 부담감을 느낀다.

22 나는 수학을 잘할 수 있는 능력이 없다고 생각한다.

23 수학은 쉽게 이해할 수 있는 참고 자료가 부족하여 혼자서 학습하기 어렵다.

24 수학 관련 내용의 TV 프로그램이나 신문 기사는 재미가 없다.

25 나는 수학적 탐구를 좋아한다.

26 '나만 빼고 모든 사람이 그것을 할 줄 안다.'라는 생각에 질문하기가 두렵다.

27 나는 수학교육과 관련된 과목에 흥미가 없다.

28 인간은 수학적 방법을 활용함으로써 많은 분야에서 중요한 발전을 할 수 있었다고 생각한다.

29 초 · 중 · 고등학교 때 잘하지 못하였던 수학 과목을 대학에서 다시 배우게 된다면 불안할 것 같다.

30 수학교육 수업을 수강한다면 수업에 대한 걱정이 앞설 것이다.

31 나는 수학과 관련된 과목에서 좋은 결과를 얻을 수 있다고 생각한다.

32 내가 수학과 관련된 과목을 수강한다면 따라가기 힘들 것 같다.

33 수학교육 시간에 교수님이 나에게 질문할까 봐 불안하다.

34 수학은 학습할 가치가 있고 나에게 필요한 학문이라고 생각한다.

35 수학은 어른이 되면 일상생활에서 거의 사용되지 않는 학문이라고 생각한다.

36 학교를 졸업하면 수학을 거의 사용하지 않게 될 것이라고 생각한다.

37 수학자들은 정치, 경제 및 사회 발전에 중대한 영향을 미친다.

38 수학교육은 훌륭한 시민 정신 함양에 기여한다.

39 수학에 관한 연구는 사회적으로 유익하다.

40 수학교육은 사람들이 좀 더 논리적인 결정을 할 수 있도록 돕는다.

41 지속적인 수학 연구를 위해서는 수학에 대한 국가의 공적인 관심이 필요하다.

※ 검사도구의 문항 내용 및 문항 수

구분	내용		
	하위 요인	문항 번호	문항 수
수학에 대한 태도	흥미	1, 4, 8, 14*, 20, 24*, 25, 27*	8
	자신감	3, 6*, 11, 13, 21*, 22*, 23*, 26*, 29*, 30*, 31, 32*, 33*	13
	가치 인식	2, 5, 9, 12*, 15, 17, 19, 28, 34, 35*, 36*, 37, 38, 39, 40, 41	15
	선입견	7*, 10*, 16*, 18*	4

* 는 부정문으로 기술된 문항임.

※ 채점 방식

41개 문항에 대해 '매우 그렇다'를 5점, '조금 그렇다'를 4점, '보통이다'를 3점, '그렇지 않다'를 2점, '전혀 그렇지 않다'를 1점으로 환산한 후 총점의 평균을 낸다. 단,* 표시가 된 19개 문항은 역산 문항이다.

※ 해석

1점	2점	3점	4점	5점
부정적인 태도		보통		긍정적인 태도

출처: 이은영, 우민정(2010), 정명숙, 황해익(2008).

생각해 봅시다

수학 수업에 관한 저널 쓰기

1. 학창시절 가장 재미있었던 수학 수업과 가장 지루했던 수학 수업은?

	재미있었던 수학 수업	지루했던 수학 수업
어떤 수업이 있나요?		
이유는?		

2. 나의 일과를 회상해 보고 적어 보자. 나는 과연 어떤 수학을 경험했을까?

아침에 일어나서 학교에 오기까지……

함께 토의해 보세요!

1. 이 장에 제시된 검사도구를 활용하여 우리 반 전체 학생의 수학에 대한 태도를 평가해 봅시다. 우리 반의 예비교사 혹은 우리 원의 현직교사들의 수학에 대한 태도는 어느 정도인가요? 나는 전체 평균과 비교하여 수학에 대한 태도가 어떠합니까?

2. 유아들의 놀이가 '수영장 만들기'가 진행되고 있을 때 적용할 수 있는 수학 활동을 3~4명이 함께 모여 구성해 봅시다.
   첫째, 수학적으로 풍부한 환경 제공하기
   둘째, 영유아와 함께 수학 활동에 참여하기
   셋째, 수학적 어휘를 사용하여 상호작용하기
   넷째, 수학적 사고를 일으키는 발문하기
   다섯째, 수학적 지식 전달하기
   여섯째, 주의 깊게 관찰하고 평가하기

쉬어가기

수학 선생님 살인 사건!

글: 조르디 시에라 이 파브라
그림: 파블로 누네스
번역: 유혜경
출판사: 새터
출판연도: 2012년

이 책은 이야기를 통해 수학을 재미있게 이해할 수 있도록 도와주는 소설로, 수학을 하나의 게임 혹은 놀이로 접근하는 방법을 이야기하고 있으며, 유머와 함께 수학을 풀어 나가고 있다.

어느 날 한 선생님이 학생들에게 수학 시험 대신 게임을 제안한다. 금요일 오후에 선생님은 죽지만, 죽기 전 자신의 호주머니에 넣어 둔 봉투에 살인범을 잡는 방법이 적혀 있을 것이라고 말해 주면서 수학선생님 살인 사건을 풀기 위한 수학 탐구가 시작된다.

※ 수학 선생님이 내준 문제의 예

교실에 있는 학생의 수는 40명은 넘지만 50명은 넘지 않는다. 학생들은 3명씩 짝을 지으면 1명이 남고, 4명씩 짝을 지으면 2명이 남는다. 여학생이 27명이라면 남학생은 몇 명이 될까?(정답은 211쪽 참고)

출처: 유혜경 역(2012). 수학 선생님 살인 사건! (*The math teacher's murder*). (J. S. I Fabra 저). 경기: 새터. (원저는 2011년에 출판).

심화학습하기 수학과 수학자에 관한 이야기

수학이나 수학자를 주제로 다룬 다큐멘터리나 영상을 어렵지 않게 시청할 수 있다. 영유아에게 수학자의 일생이나 삶의 모습을 이야기해 주는 것만으로도 영유아의 수학과 수학 활동에 대한 흥미 및 호기심을 더욱 자극할 수 있다. 뿐만 아니라 교사 자신도 수학에 대한 새로운 시각을 갖게 되어 보다 폭넓은 관점에서 다양한 자료를 활용하여 수학 활동을 전개할 수 있게 된다.

1. 지식채널 e

	제목	회차	방송 날짜
1	끝없는 3.14	128화	2006.07.24.
2	기적이 일어날 확률	455화	2008.09.01.
3	1의 진화	536화	2009.06.15.
4	0의 진화	540화	2009.06.29.
5	Numbers 2부: 일상의 수	659화	2010.09.06.
6	수학자 1부: 푸앵카레의 추측	703화	2011.02.07.
7	수학자 2부: 페렐만의 증명	705화	2011.02.14.
8	신의 수	814화	2012.03.12.

참고: 'EBS 지식채널e' 홈페이지(http://home.ebs.co.kr/jisike/index)에서 무료로 시청할 수 있다.

2. 다큐프라임 5부작 〈문명과 수학〉

EBS에서는 '모든 문명에 숨겨진 비밀, 수와 기하'라는 제목으로 5부작 〈문명과 수학〉을 기획·방영하였다.

◈ 1부: 수학의 시작, 이집트의 수학

◈ 2부: 원론

◈ 3부: 신의 숫자

◈ 4부: 움직이는 세계, 미적분

◈ 5부: 남겨진 문제들

참고: 'EBS 다큐프라임' 홈페이지(http://home.ebs.co.kr/docuprime/index)에서 시청할 수 있다.

3. 학교수학의 목적 및 목표

	제목	감독	시간	국가	제작 년도
1	굿 윌 헌팅	구스 반 산트	126분	미국	1998년
2	큐브	빈센조 나탈리	90분	캐나다	1999년
3	뷰티풀 마인드	론 하워드	135분	미국	2002년
4	프루프	존 매든	99분	미국	2005년
5	박사가 사랑한 수식	코이즈미 타카시	116분	일본	2006년
6	페르마의 밀실	루이스 피에드라이타, 로드리고 소페나	88분	스페인	2007년
7	21	로버트 루케틱	122분	미국	2008년
8	옥스퍼드 살인 사건	알렉스 드 라 이글레시아	108분	스페인	2008년
9	용의자 X의 헌신	니시타니 히로시	128분	일본	2008년
10	이미테이션 게임	모튼틸덤	114분	영국 외	2014년

※ '쉬어가기' 정답: 19명

셋의 등장인물인 아델라, 니코, 루크가 풀이한 방법

“먼저 40과 50 사이에 있는 3의 배수를 찾은 다음, 문제에서 말한 1을 더해야 해.”

아델라는 머릿속으로 계산을 했어요.

42+1=43 / 45+1=46 / 48+1=49

“이제 40과 50 사이에 있는 4의 배수를 찾아서 2를 더하자. 공통되는 숫자는……”

42+2=42 / 44+2=46 / 48+2=50

“공통 수는 46이다!”

“46명의 학생 중에 여학생은 27명이고 남학생은 19명이야!”

/ 제8장 /

영유아수학교육의 평가

수학교육의 교육과정에 대한 평가는 교육과정의 내용, 교수-학습 방법을 점검해 봄으로써 교육의 질을 가늠하는 과정으로 매우 중요하다. 평가는 다양한 방법으로 이루어지는데, 평가의 목적이 무엇인지에 따라 평가 방법은 달라진다. 교사는 평가의 방법과 그 장단점을 파악하고 자신이 평가하고자 하는 요소를 포함하는 평가 방법을 선택하는 전문성을 지니고 있어야 한다. 또한 정확한 평가를 위해서는 평가 도구가 지닌 특성을 판단하고 평가 방법에 익숙해져야 한다. 이 장에서는 영유아수학교육의 평가의 목적과 방법, 그 활용 방안에 대해 살펴보고자 한다.

1. 평가의 목적

평가의 과정은 교육과정의 실행에 대한 반성적 사고를 통해 교육과정의 진단과 변화를 꾀할 수 있으므로 매우 중요하다. 잘 짜인 교육과정이라 할지라도 교수자와 학습자, 기관의 상황에 따라 다른 결과를 야기할 수 있으므로 학습자와 상호작용을 통해 얻은 결과를 반성적으로 살펴볼 필요가 있다. 평가의 중요성을 구체적으로 살펴보면 다음과 같다.

첫째, 개별 영유아의 발달적 수준을 발견할 수 있다. 평가를 통해 영유아가 현재 무엇을 알고 있는지, 무엇을 할 수 있는지를 진단하고 영유아의 성향과 태도를 발견할 수 있다.

둘째, 영유아들의 차이를 비교하여 개인의 발달 수준과 집단 전체의 특성을 알 수 있다. 영유아 개인의 발달적 수준이 전체에서 어느 정도 수준인지 알아보고 그 결과를 토대로 다른 영유아들과 차별화된 교수를 적용할 수 있다.

셋째, 영유아에게 영향을 준 학습 효과 및 발달상의 변화를 발견할 수 있다. 좀 더 개별화되고 반응적인 교수계획을 수립하고 의사결정하는 데 있어서 유용한 정보를 제공받을 수 있고, 얻어진 정보는 영유아 개인의 발달과 전체적인 수업 활동에 다시 적용된다.

넷째, 영유아의 학습준비도를 진단할 수 있다. 즉, 진단 평가를 통해 특별한 요구나 도움이 필요한 영유아를 알 수 있다. 따라서 전체 평가를 중심으로 하기보다는 개별 평가 위주로 진행되어야 한다.

다섯째, 영유아교육 프로그램에 대해 영유아와 부모 및 지역 사회 인사 등과 의사소통할 수 있는 기회가 된다. 자료를 수집하고 전시함으로써 교실에서 일어나는 활동을 알리고 문제 및 공동의 관심사의 해결에 도움을 줄 수 있다.

영유아수학교육에서 평가의 목적은 영유아가 교육과정을 통해서 얼마나 많은 내용을 습득했는지를 살펴보는 결과에 대한 평가가 아니라 영유아의 경험 내용과 그 이해 정도를 알아보는 것이다. 교사의 교육과정 계획이 영유아의 발달과 흥미에 적절했는지, 교수-학습 과정이 영유아의 학습 경험을 잘 반영하고 있는지에 관한 평가뿐 아니라 영유아들의 수학적 개념의 경험과 발달 과정에 대한 평가도 함께 이루어져야 한다. 평가는 학습자의 학습을 독려하고 교수를 결정하는 데 도움이 되는 방향으로 진행되어야 한다(NCTM, 2000). 그리하여 평가는 교사의 수학교육을 위한 교육계획의 내용과 영유아의 경험을 가장 잘 드러낼 수 있는 방법이 선택되어야 한다. 평가의 결과는 영유아의 발달에 대한 진단을 근거로 하여 부모상담 시 활용하거나 교사의 교육계획에 반영해야 한다. NCTM(1991)에서는 평가의 목적을 다음과 같이 제시하였다.

첫째, 평가에서는 영유아의 진보에 대한 자료를 수집하여 영유아가 수학학습에 있어서 어느 정도에 도달해 있는지를 판단하는 근거로 삼는다.

둘째, 평가는 교사가 질 높은 학습을 제공하기 위한 교수에 관한 결정을 돕는다.

셋째, 평가의 결과는 영유아의 성취를 평가하고 의사소통하기 위한 자료로 활용한다.

넷째, 영유아수학교육평가는 프로그램의 질과 효율성을 알아보기 위한 목적을 가진다.

다섯째, 평가는 교사 자신의 수행에 대한 정보를 제공하여 교사가 수업 기술에 대한 반성과 개선을 통해 전문성을 갖춰 가도록 돕는다.

평가의 주요한 목적은 교사 자신이 수립한 교육계획과 실행 과정에 대한 반성적 과정이다. 교육은 지속적으로 이루어지며, 평가는 프로그램의 질이나 학습자의 경험을 확인하는 단계이기도 하다. 교육과정이 미흡하더라도 체계적인 평가를 통해 보다 질 높은 교수계획을 수립할 수 있다. 이러한 목적을 가지고 평가를 수행할 때 고려해야 할 사항은 다음과 같다(NCTM, 2000).

첫째, 평가는 영유아가 학습해야 하는 목표와 기준에 맞는 내용을 평가해서 학습의 방향을 안내할 수 있도록 해야 한다.

둘째, 평가는 수학학습을 자극해야 한다. 평가는 '영유아가 무엇을 할 수 있는가?'와 '무엇을 아는가?'를 증명하면서 학습 과정의 한 부분으로 통합되어야 한다. 즉, 평가의 과정을 통하여 영유아는 자신이 알고 있는 것을 증명하고 강화를 받아 평가가 수학학습에 기여하도록 해야 한다.

셋째, 평가는 평등성을 가져야 한다. 즉, 각 영유아에게 수학적 힘을 증명할 기회를 제공해야 한다. 그래서 모든 영유아가 공정하게 수학 활동에 참여하여 자신이 알고 있거나 할 수 있는 것들을 나타낼 수 있어야 한다.

넷째, 평가는 개방된 과정이어야 한다. 영유아, 교사, 부모 및 다른 관계자들에게 어떤 것을 평가하며 어떤 방법으로 평가할 것인가에 대하여, 그리고 평가의 결과에 대하여 알려야 한다.

다섯째, 평가는 관찰, 인터뷰, 문제해결 상황 및 포트폴리오 등과 같은 다양한 평가 자료를 근거로 이루어져야 한다.

여섯째, 평가는 교육과정의 교육목표 및 교육내용과 일관성을 가져야 한다.

교사는 평가의 중요성을 인식하고 목적에 부합하는 수학 평가를 하기 위해서 평가의 방법을 익히고 평가를 실행함으로써 영유아의 수학적 탐구과정을 평가하는 안목을 길러야 한다. 또한 평가의 결과를 어떻게 활용할 것인지 미리 염두에 두어야 한다.

2019 개정 누리과정에서는 놀이중심 교육과정의 실행 과정에서 평가는 아래의 사항을 중점에 둘 것을 권고하고 있다.

가. 누리과정 운영의 질을 진단하고 개선하기 위해 평가를 계획하고 실시한다.
나. 유아의 특성 및 변화 정도와 누리과정의 운영을 평가한다.
다. 평가의 목적에 따라 적합한 방법을 사용하여 평가한다.
라. 평가의 결과는 유아에 대한 이해와 누리과정 운영 개선을 위한 자료로 활용할 수 있다.

NCTM과 개정 누리과정에서 공통적으로 제시하는 바는 평가가 현재 진행되고 있는 교육과정의 질과 유아의 변화를 살피고 개선하는 데 쓰여야 한다는 것이다. 교사는 형식적인 평가에 얽매이지 않고 자신의 현장에 적합한 평가와 그 결과의 활용 방법에 대해 지속적으로 노력해야 한다.

2. 평가의 방법

평가의 방법은 교사의 관찰에 의한 방법과 영유아와의 면담을 통한 방법, 객관화된 검사를 이용한 방법과 영유아의 활동 결과물의 수집을 통한 포트폴리오 평가가 있다. 교사는 평가의 목적과 평가 시기, 평가 결과의 활용 방안을 고려한 후에 적절한 방법을 선택하여 평가를 수행해야 한다.

1) 관찰법

관찰법은 교사가 영유아의 활동을 지속적으로 관찰하여 수학적 경험을 기록하는 방법이다. 형식적인 면담과 검사지를 이용할 경우 영유아는 심리적인 부담감으로 자신의 수학적 이해 상태를 잘 드러내지 못하게 된다. 이때 관찰법을 사용할 경우, 교사는 영유아의 자연적인 일상생활을 통해 수학적 관심과 흥미, 참여 정도를 파악할 수 있다. 관찰법의 경우, 영유아의 수학적 경험 정도를 사실적으로 나타내 주는 장점이 있다. 관찰법에는 대표적으로 일화기록과 체크리스트가 있다.

(1) 일화기록

일화기록은 영유아가 활동하는 동안 교사가 영유아의 행동을 관찰하여 기술하는 방식이다. 일화기록에서는 특별한 사건이나 영유아의 수학 관련 행동을 사실적으로 기록한다. 일화기록은 일어난 상황을 사실적으로 기록하는 것이므로 기록 시 많은 시간과 노력이 필요하다. 대신 일화기록을 통해 많은 정보를 얻을 수 있다는 장점이 있다.

일화기록을 할 때에는 일시, 상황, 시간, 영유아의 이름을 기록하고, 기술의 문구는 객관성을 유지하도록 해야 한다. 교사는 하루 일과 진행으로 바빠서 일화기록을 하기 어려우므로 수업 계획을 할 때 일화기록을 할 대상을 선정하여 하루 중 어느 시간에 기록할 것인지를 계획하며, 반 전체 영유아에 대한 정기적인 계획을 세워 기록한다. 일화기록을 할 때에는 다양한 장면에서 영유아의 행동을 기록하도록 계획을 세우는 것이 중요하다. 개별적 활동과 중 · 소집단 활동, 대집단 활동에서 나타내는 경험을 모두 담을 수 있도록 하고, 일화기록을 하는 동안 교사의 주의가 관찰 대상 영유아에게 집중되므로 교사는 기록을 하면서도 다른 영유아들을 잘 주시하여야 한다. 관찰을 보다 효과적으로 하기 위해 기록 준비를 하고, 관찰 장면에서 단어, 상황의 흐름만을 간단히 기록하고 수업이 끝난 후 자세한 상황을 바로 기록하도록 한다. 교사 평가 란에 영유아의 수학적 어휘 사용, 수 이해 정도를 해석하여 기록한다.

〈표 8-1〉 일화기록의 예

유아명	김은솔	관찰 일시	2015년 ○월 ○일 ○요일
관찰자	송혜빈	관찰 장소	역할 놀이

관찰 내용	비고
현승이와 은솔이는 손가락 인형을 갖고 논다. 현승이와 은솔이가 서로 "내가 먼저."라면서 그림책을 먼저 갖겠다고 한다. 교사: 그림책 순서대로 인형을 움직여 보자. 은솔: 내가 먼저 할게. 현승: 손가락!	그림책의 각 쪽과 인형 하나가 매치되는 자료
손가락 인형의 순서에 맞게 그림책을 읽는다. 은솔이가 먼저 읽고 나서 현승이에게 책과 인형을 건넨다. 현승이와 은솔이가 놀이하는 것을 지켜보던 채언이도 "선생님, 나도 그거 할래요."라고 이야기하며 손가락 인형을 가리켰다. 채언이가 얼굴이 붙은 손가락 인형을 함께 넣어 다시 새로운 순서가 정해졌다. 은솔: 첫 번째, 두 번째, 세 번째.(숫자를 세며 자기 순서를 기다린다.) 은솔: (채언이 차례가 되자) 이번에는 네 차례야. 너는 기다려야 해. (순서를 지켜 가며 인형을 움직이면서 그림책을 본다.)	채언이가 중간에 참여했는데 헷갈리지 않고 순서를 말한다.
교사평가: 아직 영아들이라 순서를 기다리고 자기 순서를 기다리는 일이 어려운데, 은솔이는 순서에 대해 알고 있으며 이를 표현한다. "네 차례야."라고 말하며 '차례'라는 말을 사용하게 되었으며, 순서에 대해서도 조금씩 인식해 가고 있었다.	

(2) 체크리스트

체크리스트는 수학 관련 행동의 목록이 기술된 내용을 보고 영유아의 행동 목록을 확인해 기록하는 방법이다. 행동 목록에 적힌 내용을 보고 해당 영유아의 행동에서 관찰했을 경우 '예'에, 관찰하지 못했을 경우 '아니오'에 체크한다. 체크리스트는 영유아의 수학적 행동을 관찰한 후에 해야 하므로 학기 초에 사용하기 어려우나 단기간에 많은 영유아의 수학 행동을 알아볼 수 있다는 장점이 있다. 체크리스트는 행동 목록이 정해져 있으므로 영유아의 행동을 구체적으로 심도 있게 파악하는 데는 한계점이 있다. 이러한 단점을 보완하기 위해 체크리스트를 1회만 하지 않고 한 학기에 2회 정도 체크하여 영유아의 변화 과정을 살펴보는 것이 좋다. 다른 방법으로는 초기에 행동 목록에 체크를 했을 때 나타나지 않은 행동을 집중하여 살펴봄으로써 관찰 자체를 보다 구체적으로 실행할 수 있다. 체크리스트는 개인용과 집단

용이 있다. 개인용은 수학 영역 내에서 개별 영유아의 이해 정도를 확인할 수 있고, 집단용은 영유아 간의 이해를 한눈에 비교해 볼 수 있다는 특징이 있다.

〈표 8-2〉 체크리스트 예

① 개인용

유아명	김경은		
관찰 일시	2015년 ○월 ○일	생년월일	2010년 6월 11일
관찰자	유혜미	관찰 빈도	1차(✓) 2차( )

항목	내용	예	아니오
수	숫자 모양을 인식한다.	✓	
	숫자 5까지 셀 수 있다.	✓	
	숫자 10까지 셀 수 있다.		✓
모양	여러 모양에 관심을 나타낸다.	✓	
	동그라미를 말한다.	✓	
	세모를 말한다.	✓	
측정	길다, 짧다와 같은 측정어휘를 사용한다.	✓	
	비교어휘를 사용한다.		✓

① 개인용

유아수학 영역 평가

관찰 일시: 생년월일 관찰자:

유아명	도형 명명하기	도형 그리기	5까지 세기	10까지 세기	방향 알기
강효정	✓		✓		
김민수	✓	✓	✓		✓
명세희		✓	✓		✓
정원준	✓	✓	✓	✓	

체크리스트의 단점을 보완하고 형식을 확장하여 평정척도를 사용하기도 한다. 평정척도는 주어진 항목에 대한 질적인 정도를 확인할 수 있는 방법이다. 한 가지

항목에 대해 질적 정도를 여러 단계로 구분하여 영유아가 어느 정도의 수학적 이해를 보이는지 표시한다. 평정척도를 사용하면 교사는 영유아가 개념별로 어느 정도의 수준에 이르렀는지 판단하기 쉽다. 평정척도에는 기술평정척도, 숫자평정척도, 도식평정척도가 있다. 〈표 8-3〉은 기술평정척도의 예를 보여 주고 있다.

〈표 8-3〉 기술평정척도의 예

이름:	생년월일:	성별:	평가일:	평가자:

• 사물 분류하기

___ 사물을 한 가지의 외적 준거(예: 모양, 크기, 색깔 등 외형)에 의해 분류한다.

___ 사물을 2가지 이상의 외적 준거(예: 노랗고 큰 것, 빨갛고 작은 것 등)에 의해 분류한다.

___ 사물을 개념적 준거(예: 과일, 연장 등)에 의해 분류한다.

___ 분류된 사물을 보고 분류 준거를 찾아낸다.

• 수의 기초 개념 이해 및 활용하기

___ 수를 순서에 맞게 5까지 말한다.

___ 수를 순서에 맞게 10까지 말한다.

___ 10까지의 일대일 대응을 한다.

___ 합해서 10 이내가 되는 수량을 더한다.

• 시간에 관한 기초 개념 가지기

___ 사건을 순서대로 이야기하지 못한다.

___ 대부분 순서대로 이야기하나 다소 혼동이 있다.

___ 사건을 순서대로 이야기한다.

___ 순서대로 이야기하며 시간과 관련된 부사(예: 어제, 그전에, 나중에 등)를 적절히 사용한다.

• 공간에 관한 기초 개념 가지기

___ 공간에 관한 기초 개념(예: 앞, 뒤, 위, 아래, 옆)을 모른다.

___ 공간에 관한 기초 개념을 안다.

___ 기초 개념은 알고 있으나 오른쪽과 왼쪽을 가끔 혼동한다.

___ 오른쪽과 왼쪽을 구별한다.

출처: 한유미(2009).

이러한 평정척도를 사용할 때는 '매우 그렇다', '그렇다' 등의 평가점수에 대한 판단을 미리 정해 두어야 한다. 특히 여러 사람이 평정척도를 표기할 때는 각 평가자 간의 평정기준을 마련하고 이를 사전에 협의해야 한다. 그렇지 않을 경우 평정척도의 객관성을 확보하기 어렵다. 영유아의 행동 내용을 평정척도 란에 기록해 봄으로써 객관적인 평가의 준거가 되도록 한다.

〈표 8-4〉 **체크리스트 예**

유아명: 김우빈	생년월일: 2011년 7월 25일		성별: 남		
관찰자: 최선미			관찰 일시: 2015년 ○월 ○일		
내용	매우 그렇다 (5)	그렇다 (4)	보통이다 (3)	그렇지 않다 (2)	매우 그렇지 않다 (1)
사물의 모양에 관심을 갖는다.		✓			
모양의 이름을 말한다.	✓				
사물을 한 가지 준거에 따라 나눌 수 있다.			✓		
수 세기를 한다.		✓			
수를 5까지 순서대로 말한다.		✓			
사건을 순서대로 말한다.		✓			

2) 면접법

면접법은 영유아가 지닌 수학적 관심, 이해, 개념 정도를 영유아에게 직접 질문하는 방법이다. 영유아에게 직접 질문하므로 영유아가 알고 있는 것을 정확하게 확인해 볼 수 있다는 장점이 있다. 특히 관찰을 통해서는 알 수 없었던 영유아의 수학적 행동에 대한 이유도 알 수 있다. 예를 들어, 간단한 사물을 분류한 후 분류 기준을 영유아 스스로 이야기해 보도록 함으로써 분류 개념 정도를 파악할 수 있다. 영유아가 이끌어 낸 방법이 비록 정답과 다를지라도 영유아가 논리적으로 준거를 마련하여 분류하였다면 기초적 분류 개념을 지니고 있다고 본다.

면접법에서는 영유아와의 직접적인 상호작용을 통해 정보를 획득하므로 면접자와 영유아가 친밀한 관계일 때 효과적이다. 영유아는 언어로 표현하는 능력이 원활하지 않거나 긴장 상태에서 대답을 할 경우 당황하여 자신이 알고 있는 바를 충분히 표현하지 못할 수 있다. 따라서 면접을 실시할 때는 영유아와 친해진 후 실시하도록 하고, 면접자가 담임교사가 아닌 경우 시간을 할애하여 친해지도록 해야 한다.

면접법을 할 경우 영유아에게 면접 과정에서 무엇을 하는지 이야기한 후 어떤 행동이 요구되는지 영유아가 이해할 수 있도록 설명을 해야 한다. 면접 시에는 영유아가 이해하기 쉬운 용어를 사용해야 하고, 영유아가 질문 내용을 충분히 이해했는지 살펴볼 필요가 있다. 면접은 반복할 수 없기 때문에 가능한 한 같은 연령의 영유아에게 예비 면접을 실시하여 영유아가 이해하는 단어를 미리 파악해 두는 것이 좋다. 영유아가 잘 이해하는지 살피기 위해 한두 가지를 시험적으로 물어본 후 본 면접을 실시한다. 면접을 통해 얻은 내용은 영유아가 보는 곳에서 기록하기보다는 영유아와의 면접이 끝난 후 작성하는 것이 바람직하다.

(훌라후프 · 공 · 튜브 · 수영복 그림 카드가 놓여 있다.)

교사: 이 그림 중에서 비슷한 것끼리 모아 볼 수 있니?

유아: (훌라후프 · 공 · 튜브 카드를 한곳에 모아 놓고 수영복 카드를 별도로 놓는다.)

교사: (카드들을 가리키며) 어떻게 모아 놓은 것인지 말해 줄래?

유아: (훌라후프 · 공 · 튜브 카드를 가리키며) 이것들은 모두 동그래요. 수영복은 안 동그래요.

교사: 그렇게 생각해서 나눈 것이로구나.

3) 검사법

검사는 영유아의 수학적 능력의 평가에서 객관적 평정을 통해 영유아의 발달과 행동 특성을 알 수 있는 방법이다. 검사로는 전체 영유아를 대상으로 표본을 선정한 후 평균적 발달 수준을 파악하여 표준화 절차를 거친 표준화 검사와 교사가 교육경험과 여러 자료를 바탕으로 제작하여 사용하는 검사가 있다.

(1) 표준화된 검사

표준화된 검사는 영유아의 수학적 이해가 잘 이루어지고 있는 영역과 취약한 영역을 알아볼 수 있는 장점이 있다. 또한 연령별 평균이 제시되어 있기 때문에 전체 영유아의 평균으로부터 개별 영유아가 어느 정도에 위치하고 있는지를 파악할 수 있다. 표준화 검사를 사용하기 위해서는 각 표준화 검사의 장단점을 파악하여 실시하고자 하는 영유아의 특성에 맞는 검사를 선택해야 한다. 검사 사용 전에 검사자 훈련을 받거나 검사 내용을 숙지한 후 모의 평가를 해 본 다음에 검사를 실시하는 것이 좋다. 검사에서 영유아의 반응을 어떻게 평가할 것인지를 판단해 두어야 객관적이고 타당한 검사가 수행될 수 있다. 표준화 검사에서는 수학능력 측정만을 목적으로 한 수학능력검사 혹은 지능검사, 학습준비도검사 항목의 일부를 사용하기도 한다.

〈표 8-5〉 표준화된 검사도구

검사 유형	검사도구	영역	소검사	측정 영역
지능검사	한국웩슬러유아지능검사(K-WPSSI)	동작성	도형	도형 개념
			토막 짜기	도형 개념
		언어성	산수	수의 기초 개념
	카우프만 아동용 개별 지능검사(K-ABC)	인지처리과정	삼각형	도형 개념
			사진 순서	순서 짓기
		습득도	산수	수의 기초 개념
학습준비도검사	유아지능검사(KISC)	수리력		대수
	유아학습준비도검사(한국교육개발원, 1988)	개념 형성		분류, 서열, 수 개념, 공간 및 시간
수학능력검사	유아수학능력검사(홍혜경, 이정욱, 정정희, 2006)	수학적 사고 능력 발달		수와 연산, 대수, 공간, 기하, 측정, 자료 분석과 확률
	유아그림수학능력검사(황해익, 최혜진, 2007)	수학 개념, 문제해결 능력		대수, 수와 연산, 기하, 측정

[그림 8-1] **표준화된 검사**

표준화된 검사의 경우 검사 사용 절차가 순서화되어 있고, 검사를 구입해야 하는 단점이 있다. 검사를 사용할 때는 안내 지침서를 반드시 읽고 사용 방법을 익혀야 한다. 검사도구가 블록이나 카드를 사용하는 경우가 많으므로 제시 방법을 반드시 연습해 본다. 또한 질문에 따라 응답 시간이나 블록의 모양을 그려서 기록하기도 하므로 영유아의 반응 처리 방법도 미리 알아 두어야 한다. 검사도구는 비용이 많이 들고 구입 전에 검사 항목을 정확하게 알기 어려워 실시하고자 하는 용도와 일치하지 않는 경우도 있어 사용 시 주의가 요구된다.

(2) 교사 제작 검사

교사 제작 검사는 표준화된 검사 이외의 내용이나 교사가 측정하려고 하는 특별한 내용이 있을 때 직접 제작하여 사용한다. 교사는 검사가 갖는 장단점을 인식하고 가능한 한 체계적이고 구조화된 검사를 만들도록 해야 한다. 교사 제작 검사의 장단점은 다음과 같다(임재택, 1997).

장점

- 잘 만들어진 교사 제작 검사에서는 검사 문항과 프로그램의 목표 간에, 검사 문항과 유사 발달 수준 간에 밀접한 연관성이 있다.
- 교사 제작 검사는 표준화 검사보다 시간적인 구애를 받지 않고 융통성 있게 활용할 수 있다.

- 영유아의 반응에 따라 다양한 검사 방법을 활용할 수 있다.
- 교사 제작 검사는 다른 여러 가지 검사와 연결하여 사용할 수 있다.
- 비용이 적게 들고, 검사의 실시, 채점 및 해석에서 전문가의 도움을 받지 않아도 된다.

단점

- 프로그램 목표를 잘 반영할 수 있는 검사 문항을 선정하는 것은 교사의 능력에 달려 있다.
- 검사 문항을 선정 · 작성하는 데 시간이 많이 소요된다.
- 수집된 자료의 객관성이나 타당도가 부족하다.

교사 제작 검사의 단점을 보완하기 위하여 다양한 검사도구를 살펴보고 교사 간의 협의 과정을 통해 검사 문항 및 자료를 준비하고, 실시할 때마다 검사에 따른 평가를 실시하여 객관성이나 타당도를 높여 가도록 한다. 또한 간헐적으로 표준화된 검사와 비교하여 객관적인 정보를 얻고 있는지 검토해 보도록 한다.

4) 포트폴리오

포트폴리오는 화집이나 작품집을 이르는 말로서, 수학과 관련한 영유아들의 행동상의 발달 과정을 파악할 수 있도록 영유아의 그림이나 그래프 활동, 쓰기를 한 작품, 영유아의 행동을 찍은 사진 및 동영상, 영유아의 언어를 기록한 관찰지 등의 자료를 활용하여 영유아의 변화 과정을 기록한 것을 말한다. 포트폴리오의 원래 목적은 영유아의 진보를 알아보기 위한 것이므로, 단순한 작품을 수집하여 파일에 묶어 놓는 것을 의미하지는 않는다. 포트폴리오 평가를 하기 위해서 작품의 수집 단계에서부터 교사와 영유아를 참여시키고, 가능하다면 또래나 부모의 의견도 수용하여 결정하도록 한다. 교사의 선택과 평가뿐 아니라 평가 대상인 영유아도 자신을 평가할 수 있으며, 더 나아가 영유아 주변의 의미 있는 타인도 평가의 주체로서 기능하게 되는 것이다.

다양한 자료를 수집하는 교사

포트폴리오 평가는 여러 평가 방법의 대안으로 유용하게 쓰이고 있다. 이것은 영유아의 수학적 경험과 분리되지 않고 조작적인 상황에서의 평가가 아니다. 영유아가 일상생활을 하면서 경험하고 수행한 결과를 모은 것으로, 영유아 자신이 주체적으로 평가할 자료를 선택하도록 함으로써 교육과정에서 효과적이며 영유아에게 의미가 있는 활동을 가늠할 수 있다. 이러한 포트폴리오 평가는 최근의 수학교육프로그램의 평가에서 수학적 이해, 문제해결, 직접적인 경험과 활동을 더 많이 강조하고 있기 때문에 대안적인 평가로서 필요하다(황의명, 조형숙, 서동미, 2009).

포트폴리오 평가에 포함되어야 하는 영역은 다음의 3가지다. 첫째, 영유아의 문제해결 능력을 평가한다. 즉, 문제를 이해하고 해결 전략을 모색하며 결과를 조사 · 검증하는 능력을 말한다. 둘째, 수학적 사고 능력을 평가한다. 이것은 사실, 사물의 특성, 관계에 대한 정보를 사용하고 결론을 이끌어 내고 답을 합리화하는 능력을 포함한다. 셋째, 수학적 관련성을 이해하는 능력을 평가해야 한다. 즉, 개념과 절차를 연결 짓는 능력, 서로 다른 수학적 주제들 사이의 관련성을 찾아내는 능력, 수학과 일상생활의 연관성을 이해하는 능력을 평가한다(이영석, 이정화, 2000).

포트폴리오 평가의 장점은 영유아 간의 비교가 아니라 개별 영유아의 변화에 관심을 둔다는 점이다. 시간이 경과함에 따라 영유아의 수학적 이해가 어떻게 달라지고 있는지, 관심 영역이 확장되는지, 모르던 내용을 알게 되어 가는지, 문제해결의 방법이 다양해지는지 등을 살펴볼 수 있다. 또한 표준화된 검사로는 틀리고 맞는 것으로 영유아의 수학능력을 평가하였다면, 포트폴리오 평가에서는 어느 정도까지 할 수 있는지, 현재 영유아가 생각하는 방법은 무엇인지를 파악하는 데 초점이 있다. 따라서 포트폴리오 평가는 과거와 현재를 바라보면서 미래를 예측해 볼 수 있는 방법이다.

포트폴리오에 포함될 수 있는 내용은 다음과 같이 매우 다양한데, 모든 자료를 수집하려고 노력하기보다는 기관에 따라 활동의 결과물이나 수집 자료가 다르기 때문에 융통성 있게 수집하고 체계화하는 것이 바람직하다.

포트폴리오 자료 목록

- 교사가 관찰한 일화기록
- 표준화 혹은 교사 제작 검사 결과
- 영유아 활동 시 교사가 기록한 자료
- 영유아가 선택한 활동 자료(그림, 활동지 등)
- 영유아의 활동 사진 및 영상
- 영유아와의 면담 자료
- 학부모 면담 자료
- 또래 평가 자료
- 반 전체 활동 결과물

교사는 영유아들의 작품을 수집하여 평가를 하고자 할 때 기관의 프로그램, 영유아의 연령, 자료의 활용 방법 등을 고려해야 한다. 구체적으로 교사가 참고할 만한 사항은 다음과 같다.

- 영유아의 다양한 작품을 수집한다. 결과물이 나오기까지의 초기 작품부터 중간, 마지막에 이르기까지 고르게 수집한다. 작품을 만드는 과정에서 도중에 아이디어를 바꾸었다면 그 과정과 관련한 자료도 수집한다. 일반적인 발달 경향을 보이는 작품과 더불어 개별 영유아가 나타내는 독특한 생각이 드러나는 작품도 수집한다.
- 포트폴리오를 위한 작품 수집 계획을 학기 초에 세우고 1년 동안 지속적으로 자료를 수집한다. 가능한 한 기간을 일정하게 두어 시간에 따른 발달적 평가를 위한 자료가 수집되도록 한다.
- 작품 수집은 영유아의 현재를 알아보기 위함이다. 작품은 영유아가 표현한 그대로를 보여 주도록 한다. 교사가 첨가하거나 교사의 의도를 기록하지 않도록 한다.
- 작품에 대한 영유아의 생각을 담아내도록 한다. 가능한 한 많은 시간을 들여서 포트폴리오에 수집된 자료가 영유아가 어떠한 생각이나 아이디어를 가지고 만든 결과물인지 기록한다.
- 다양한 수업 장면에서 작품을 수집한다. 개별 활동, 집단 활동, 실내외 활동에

서 관찰된 결과나 영유아가 생성한 자료를 수집한다.
- 영유아의 발달 평가에 초점을 두고 자료를 수집하며, 수집한 결과는 교수 활동 계획에 반영한다.
- 영유아, 동료교사와의 협력을 구하고, 부모와 의사소통하며 가정 연계 활동이 되도록 한다.
- 포트폴리오를 위한 작품 수집 장소를 일정한 곳에 두고 영유아마다 수집된 자료를 목록화하여 정리한다.

(1) 영유아의 작품 수집과 평가

포트폴리오를 통한 평가에서 영유아의 작품은 기초적인 자료가 된다. 영유아의 작품을 통해서 교사는 영유아의 행동 특성을 실질적으로 평가할 수 있다. 따라서 교사는 영유아의 작품 수집 시기, 방법 및 평가에 대한 고려를 해야 한다. 평가를 위한 계획을 학기 초에 세워 두면 교육과정의 진행 과정에서 다양한 자료를 수집할 수 있다. 작품의 수집은 정기적으로 이루어져야 하므로 영유아별로 자료가 모아지고 있는지 시기마다 확인할 필요가 있다. 작품을 수집할 때는 영유아별로 수집한 자료를 모을 바구니나 파일을 준비하도록 한다. 수집한 작품에는 관련 주제나 활동명, 날짜를 기록하고 영유아의 설명을 받아 적어 두도록 한다. 또한 영유아의 설명을 들으며 교사가 의미 있게 본 그림, 도형, 기호, 단어 등을 표시해 두는 것이 좋다. 영유아의 작품을 수집 및 평가하는 것에 따른 장단점은 다음과 같다.

장점

- 장기간에 걸친 변화 과정을 평가할 수 있다.
- 영유아교육과정 전체에서 작품을 수집할 수 있다.
- 작품을 직접 수집하면 되므로 직접적 평가 자료로 유용하다.
- 영유아의 발달 과정을 살피고 앞으로의 변화를 예측해 볼 수 있다.
- 검사를 통한 평가와 상호 보완적인 평가 자료로 사용할 수 있다.
- 작품에 나타난 개념 발달뿐 아니라 영유아의 개인적 느낌도 알 수 있다.
- 교사는 같은 연령의 영유아들이 나타내는 경향성을 이해하기 쉽다.

단점

- 평면 자료의 수집은 쉬우나 입체 자료의 경우 변환 과정이 필요하다.
- 보관할 장소와 체계적인 관리가 필요하다.
- 녹음 자료, 비디오 자료는 평가하는 데 시간과 비용이 든다.
- 교사는 영유아의 작품을 해석할 능력이 있어야 한다.
- 수집된 작품이 영유아를 대표하는 것인지 확신하기 어렵다.
- 부모와 영유아가 자신의 작품을 활동 후 바로 집으로 가져가기를 원한다.
- 의미 있는 작품을 선정하는 데 어려움을 겪을 수 있다.

(2) 포트폴리오 평가 사례

포트폴리오의 수집을 통한 영유아 평가가 유아교육기관에서 많이 시도되고 있으나 현실적으로 교사의 시간과 노력을 요하므로 일반적으로는 작품을 모아서 영유아들에게 나누어 주기도 한다. 수학적 개념에 초점을 두고 영유아들의 작품을 수집하여 평가하는 사례는 다음과 같다.

포트폴리오 평가 사례

대상 유아

평가 사례에 제시된 유아는 만 5세 남아이며 3년간 유치원을 다니고 있다. 대집단 및 개별 활동에 모두 적극적으로 참여하며 자유선택 활동에서는 쌓기 영역을 선호한다.

자료 수집 목록

자료 형태	수집 시기		수학 개념	활동 · 수집 형태
	1학기	2학기		
교사 관찰 일화기록	○		수 연산	자유 선택
표준화 혹은 간이 검사	○	○	수 개념, 분류, 시간, 공간	교사 평가
유아 선택 자료		○	규칙성	유아 평가
활동 사진 및 영상	○		공간	자유 선택
		○	공간	
조형 작품	○		공간, 도형, 수 개념	개별 활동
유아와의 면담 자료		○		개별 면담
학부모 면담 자료				개별 면담
반 전체 활동 결과물				집단 활동
가정 연계 활동		○	규칙성	개별 활동

평가를 위한 생각거리

포트폴리오 평가를 위한 자료 수집 목록을 살펴보면 현재 포트폴리오 평가를 위한 자료는 1학기와 2학기에 걸쳐 수집되었음을 알 수 있다. 학부모 면담 자료와 반 전체 활동 결과물은 아직 수집하지 못했다. 또한 수집 형태를 보면 개별 활동에 의한 활동 결과물이 많음을 알 수 있다. 활동 자료의 수집 목록이 이와 같을 경우, 집단 활동에서 나타나는 수학적 개념을 포함하는 자료를 수집할 필요가 있다.

포트폴리오 자료 1. 검사지

이름: 김재민　　생년월일: 2010. 6. 11.　　성별: 남
평가일: 2015. ○. ○.(2차)　　평가자: 유소진

• 사물 분류하기

___ 사물을 한 가지의 외적 준거(예: 모양, 크기, 색깔 등 외형)에 의해 분류한다.
___ 사물을 2가지 이상의 외적 준거(예: 노랗고 큰 것, 빨갛고 작은 것 등)에 의해 분류한다.
___ 사물을 개념적 준거(과일, 연장 등)에 의해 분류한다.
_✓_ 분류된 사물을 보고 분류 준거를 찾아낸다.

• 수의 기초 개념 이해 및 활용하기

___ 수를 순서에 맞게 5까지 말한다.
___ 수를 순서에 맞게 10까지 말한다.
___ 10까지의 일대일 대응을 한다.
_✓_ 합해서 10 이내가 되는 수량을 더한다.

• 시간에 관한 기초 개념 가지기

___ 사건을 순서대로 이야기하지 못한다.
___ 대부분 순서대로 이야기하나 다소 혼동이 있다.
___ 사건을 순서대로 이야기한다.
_✓_ 순서대로 이야기하면서 시간과 관련된 부사(예: 어제, 그전에, 나중에 등)를 적절하게 사용한다.

• 공간에 관한 기초 개념 가지기

___ 공간에 관한 기초 개념(예: 앞, 뒤, 위, 아래, 옆)을 모른다.
___ 공간에 관한 기초 개념을 안다.
___ 기초 개념은 알고 있으나 오른쪽과 왼쪽을 가끔 혼동한다.
_✓_ 오른쪽과 왼쪽을 구별한다.

평가를 위한 생각거리

체크리스트는 반 전체 영유아들에 대한 평가를 단시간에 확인할 수 있다는 장점이 있다. 항목별 내용을 확인해야 하기 때문에 반드시 2회 이상 실시하여 차이를 살펴보는 것이 바람직하다. 검사지 2개를 비교해 보고 교사는 무엇을 평가해야 할 것인지 고려해 보자. 재민이의 수학적 이해에 대해 어떠한 평가를 기록할 수 있는가? 그러한 평가를 내리는 이유는 무엇인가?

포트폴리오 자료 2. 일화기록

유아명	김재민	관찰 일시	2015. ○. ○.
관찰자	유소진	관찰 장소	수 조작 놀이(10:30~10:40)

관찰 내용	비고
도연이와 재민이는 수 조작 놀이에서 주사위를 던져서 나온 수만큼 이동하여 유치원에 도착하는 교구 놀이 중이다. 도연: (주사위를 던진다.) 삼. 삼이야.(말을 자기 자리까지 포함하여 세 칸만큼 움직인다.) 재민: 야, 거기 아니야.(도연이의 말을 한 칸 앞으로 움직인다.) 도연: 왜 내 걸 거기로 가. 재민: 삼! 삼이 나왔으니까. 거기가 맞아. 도연: 그러니까. 여기지. (다시 말을 움직인다.)	도연이는 주사위에서 나온 수만큼 말을 움직이는 것을 이해한다.
재민: (할 수 없다는 듯이) 자, 이제 내가 한다. 육이다, 육. 내가 앞이다. 도연: 걱정 마. 내가 잡아 줄 테니. 뭐가 나와야 하지? 재민: 삼. 삼만 넘으면 돼. 도연: 알았어. 나와라, 나와라, 삼. 재민: 더 넘어도 돼. 도연: 이. 이야.	재민이는 말을 움직일 때 자신이 서 있던 자리는 세지 않는다는 것을 이해한다.
계속 수 이름을 이야기하면서 주사위를 번갈아 가며 던지고 말을 옮긴다. 도연이가 '뒤로 2칸'이 나왔다. 도연이가 앞으로 가던 방법과 마찬가지로 뒤로 갈 때도 자기 자리를 센 후에 한 칸 움직인다. 재승: (에~휴 소리를 내며) 거기 아니라니까. 한 칸 더 와. 도연: 여기가 맞아. 재승: 이제 내 차례야. 내가 이기겠어.	도연이는 재민이의 말을 이해하지 못한다.

교사 평가: 재민이는 주사위를 던져서 가는 교구의 놀이 규칙을 정확히 알고 있으며 친구에게 설명해 주려고 했으나 상대인 도연이가 잘 이해하지 못했다. 재민이를 앞지르려면 몇 개가 나와야 하냐는 질문에 망설이지 않고 즉답을 하는 태도로 보아 재민이는 손가락을 사용하지 않고도 6 이내에서 빼기를 할 수 있음을 알 수 있다.

평가를 위한 생각거리

일화기록은 영유아들의 놀이 상황을 기록한다. 영유아 간의 상호작용에서 드러나는 수학적 개념에 관심을 갖고 기록 중인 영유아의 이해 정도는 다른 영유아들과 어떠한 차이를 보이는지, 영유아 간의 인지적 차이는 어떻게 극복되어 가는지 관찰하며 기록한다. 기록은 모든 것을 다 담을 수 없기 때문에 상황을 이해하면서 맥락을 기억해야 한다. 비고에는 단락별로 핵심적인 사실을 요약하여 정리한다. 교사 평가에는 영유아의 평가 및 근거를 함께 기록한다. 교사 평가로 기록된 내용 이외에 어떤 평가를 할 수 있는지 살펴보자.

포트폴리오 자료 3. 조형 작품 수집

유아명	김재민	날짜	2015. ○. ○.
생년월일	2010. 6. 11.	평가자	유소진

교사 평가: 견학을 가서 토끼에게 풀을 주고 있는 장면을 그렸다. 여러 아이가 둘러싸고 토끼에게 먹이를 주는 장면을 떠올리며 그리기를 시도했지만 여러 인물의 위치를 정하고 그리는 데에 어려움을 보였다. 위치를 정하지 못해 여러 차례 시도하다 포기한 흔적을 볼 수 있다.
나를 표현한 정도를 보면 몸통, 팔, 다리 등의 위치는 적절하게 그려지고 있다. 머리 부분은 아직 비율적으로 크게 그려지나, 얼굴 안의 눈, 코, 입의 위치 배열이 연령에 적합하다. 팔의 길이는 양쪽이 모두 비슷하게 그려지고 있으며, 이는 다리의 비율도 마찬가지다. 다만, 손가락 개수는 3개로 그려지고, 크기는 안정적이지 않다.

평가를 위한 생각거리

영유아의 조형 작품은 평면 자료와 입체 자료가 있다. 평면 자료는 영유아 공간적인 이해와 도형을 그리는 발달 단계를 이해하는 데 중요한 자료다. 작품을 평가할 때는 인물과 사물 간의 배치와 도형의 사용, 도형 간의 연결성 등을 고려하여 평가한다. 조형 작품은 다양하므로 포트폴리오를 위한 작품 선정에 신중을 기하고 영유아의 변화를 나타내는 자료를 선택한다. 입체 조형 작품은 사진을 2~3장 찍어 평가한다. 조형 작품에 대한 이야기를 영유아에게 질문하여 작품 설명을 붙여 둔다. 영유아의 설명과 표현의 일치 정도를 감안하여 평가서를 작성한다.

포트폴리오 자료 4. 관찰 일지

유아명	김재민	날짜	2015. ○. ○.
생년월일	2010. 6. 11.	평가자	유소진

교사 평가: 강낭콩을 관찰하고 그림을 그렸다. 그림만으로는 강낭콩의 형태를 알아보기 어렵다. 양쪽으로 줄기가 뻗어 나가는 모습을 잘 관찰하고 그렸다. 관찰한 후에 내용을 적은 글씨는 매우 정교하다. '7 곱게'라고 적어 7까지의 숫자는 셀 수 있음을 알 수 있다. 숫자를 센 후에 표기하는 부분에서 '7곱게'라고 적어 '일곱 개 또는 7개'로 쓰는 것은 아직 알지 못하고 있음을 알 수 있다. 숫자를 쓰고 말하는 데에서 아라비아 숫자에서 한글로 세는 것 간의 차이를 인식하지 못하고 있다.
글자의 모양에서 좌우 바뀜은 나타나지 않았다. 글자가 모두 일정한 크기를 보이고 있고 왼쪽에서 오른쪽으로 한 방향으로 글이 쓰였다.

평가를 위한 생각거리

영유아들의 활동 결과물에서 수학적 개념이 드러나는 활동 결과물을 모은다. 이 수집물은 과학 활동에서 영유아가 관찰 일지를 작성한 자료 중에서 수학적 개념을 평가하는 포트폴리오 자료로 수집하였다. 과학 활동에서는 주로 관찰과 실험 결과를 기록하는 자료가 수집된다. 자료들의 내용에서 숫자 읽기나 쓰기, 수 표상, 도형, 규칙성, 분류 등의 개념이 드러난 자료를 수학 평가를 위한 자료로 선택할 수 있다. 교사는 여러 활동 결과물에서 영유아의 시간의 흐름에 따른 발달적 변화나 개념적 오류를 확인할 수 있는 자료를 수집하도록 한다.

포트폴리오 자료 5. 자유선택 활동 관찰

유아명	김재민	날짜	2015. ○. ○.
생년월일	2010. 6. 11.	평가자	유소진

교사 평가: 땅따먹기 시합에서 땅을 많이 차지하기 위해 여러 가지 전략을 사용한다. 자신의 땅에서 조금씩 늘려 가는 방법을 썼는데, 오늘 사용한 전략은 면적을 넓게 하지 않고 길게 한 것이다. "이렇게 가운데로 돌아오면 이만큼 내 땅이에요." 하며 자신의 계획을 말한다. 땅을 조금씩 늘려 가는 데 집중하다 보면 전략을 구상하기 어려운데, 재민이는 새로운 전략을 시도한다.

유아명	김재민	날짜	2015. ○. ○.
생년월일	2010. 6. 11.	평가자	유소진

교사 평가: 고누 놀이를 하는 태도가 매우 신중하다. 한 번 움직일 때마다 서둘러서 하지 않고 손가락으로 자리를 짚어 가며 생각을 한다. 지더라도 다시 하자고 웃으며 상대에게 권해 다양한 방법으로 게임을 한다. 고누 놀이에서 말을 움직일 때 손가락으로 말이 지나갈 위치를 가늠해 본 후에 움직이는 것으로 보아 완전히 추상적으로 사고하는 데는 어려움이 있는 것으로 보인다.

평가를 위한 생각거리

자유선택 활동은 다양한 놀잇감으로 영유아들이 펼쳐 내는 수학적 이해를 관찰할 수 있는 시간이다. 한 활동을 자세히 관찰하는 것은 계획된 일화기록으로 진행하고, 자연스러운 활동에서 우연히 관찰되는 상황은 교사가 장면에 대한 사진을 촬영한 후 대략적인 단어를 기록한 후 수업이 종료된 후에 기억으로 평가를 작성한다. 두 사례를 통해서 재민이의 수학적 이해, 수학적인 태도는 어떤지 토론해 보자.

포트폴리오 자료 6. 가정 연계 활동

유아명	김재민	날짜	2015. ○. ○.
생년월일	2010. 6. 11.	생활주제	우리나라

수학-규칙성: 기와집 그리는 순서를 보고 따라 그려 보세요. 기와와 담의 모양을 규칙적으로 배열하여 그리세요.

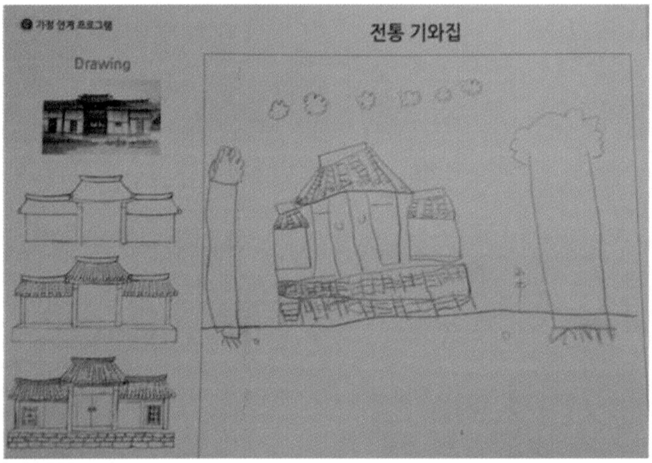

교사 평가: 가정 연계 활동을 완성하였다. 기와집의 구조를 보고 잘 따라 그렸으며, 가로로 넓게 그려야 하는 부분은 좁게 그려져 있다. 사전에 기와와 담의 모양을 잘 보고 그려 보라고 했는데 기와 부분을 꼼꼼하게 그려 넣었다. 간격을 촘촘하게 그려 넣은 것이 특징적이다. 기와집의 양쪽에 나무를 배치하여 전체 구도는 안정적인 느낌을 준다.

평가를 위한 생각거리

생활주제 '우리나라'를 진행하며 가정 연계 활동으로 기와집 그리기가 제시되었다. 기와집의 모양에서 중요한 부분은 기와 모양을 규칙적으로 반복하여 그리도록 하는 것이다. 가정 연계 활동으로 조사 활동이나 그리기, 만들기를 제시할 때 각 활동에 담긴 개념을 명확하게 표시해 주도록 한다. 우리 가족이 좋아하는 과일을 조사할 때 그래프로 그리거나 숫자로 표시하도록 하는 등의 팁(tip)을 제공하면 영유아가 자연스럽게 수학 개념을 경험할 수 있게 된다.

포트폴리오 자료 7. 유아 면담

교사: 이 작품은 왜 마음에 드니?
재민: 이건 오래 걸렸어요.
교사: 오래 걸렸기 때문에 마음에 든다는 거니?
재민: 네.
교사: 왜 오래 걸렸는데?
재민: 위에. 지붕에 있는 거 그릴 때.
교사: 아~ 기와 모습? 어떻게 그렸는데?
재민: 똑같이요. 똑같이 있어야 안 떨어지잖아요.
교사: 네가 그린 똑같은 부분이 어디니?
재민: 여기요(기와를 정교하게 그린 부분을 가리킨다.)
교사: 기와집이 무너지지 않게 그리느라고 힘들었구나.

(면담 일시: 2015. ○. ○.)

평가를 위한 생각거리

영유아 면담은 수학적 개념 정도를 알아보기 위해서도 진행할 수 있고, 포트폴리오 자료 수집의 과정에서 영유아의 참여와 주도권을 위해서도 실시한다. 이 사례는 포트폴리오 자료를 선택하는 과정에 영유아가 자신의 작품을 선택하는 면담의 내용이다. 자료를 선택할 때 영유아는 자신에게 의미 있는 작품을 선택한다. 활동 과정이 재미있었던 것이나 시간과 노력이 많이 들어간 것, 다른 영유아들로부터 반응이 좋았던 것 등, 그 선택의 이유는 매우 다양하다. 영유아 면담을 통해 작품에 대해 갖고 있는 영유아의 개념뿐 아니라 정서를 이해할 수 있다.

포트폴리오를 위한 자료는 이 외에도 영유아들의 직접적인 구성물, 유아가 활동하는 모습이 담긴 비디오 자료 등이 더 추가될 수 있다. 이와 같은 자료 수집을 통해 영유아의 수 개념, 공간에 대한 이해와 표상 능력, 규칙성 표현, 수학적 사고 등을 엿볼 수 있다. 또한 일화기록과 면담 등을 통해서 영유아가 나타내는 수학적 과정 기술 및 태도에 대해서도 평가해 볼 수 있다.

유아 평가하기

앞서 제시한 사례에 나타난 재민이의 여러 활동 결과물을 살펴보고 평가해 보세요.

- 재민이에 대해 알게 된 사실

- 수학적 탐구 능력에 대한 평가

3. 평가의 활용

영유아의 수학적 탐구 경험에 대한 평가는 영유아와 부모, 기관에서 활용할 수 있도록 해야 한다. 평가의 과정에는 영유아의 참여뿐 아니라 교사의 견해가 포함되어 있다. 평가 결과는 교사와 부모가 공유할 필요가 있고, 평가의 경험이 교사들에게 전문성을 확장시킬 수 있는 기회가 되어야 한다. 평가 결과의 활용은 영유아, 부모, 교육과정 모두에서 이루어져야 한다.

1) 영유아

교사가 영유아에 대한 평가를 위해 관찰하고 기록할 때 영유아는 많은 의구심을 갖는다. '선생님은 왜 사진을 찍을까?', '지금 적고 있는 것은 뭘까?', '내가 잘했다는 걸까?'와 같은 많은 긍정 혹은 부정의 마음을 지니고 있다. 이때 교사가 영유아가 활동한 결과물과 함께 영유아의 생각을 진지하게 들어 준다면 영유아는 활동에 더 많은 의미를 갖고 참여하게 된다.

영유아와 평가 결과에 대해 이야기할 시간을 마련하여 "네가 3월에는 5까지 셀 수 있었어.", "이젠 6하고 9를 틀리지 않고 쓰게 되었네."와 같이 성장 · 변화하는 모습을 언급해 주면 영유아의 태도가 변화한다. 자신도 모르는 변화를 교사를 통해 듣게 됨으로써 영유아는 성장에 대한 자부심을 갖고 자기 주변에서 일어나는 일들에 대해 더 많이 이해하려 한다. 자신이 알아 가는 것을 작품이나 말, 그림으로 표현해 내는 것의 가치를 인식하게 된다. 이러한 과정은 평가 대상인 영유아에게 평가가 누가 잘하고 못하는지를 나타내는 것이 아니라 자신이 활동한 자료를 관심 있게 모으고 다시 살펴보는 과정임을 이해하도록 돕는다.

2) 부모

영유아의 활동 결과물을 가정에 보낸 경우, 학부모는 어떠한 관점에서 살펴봐야 하는지 알지 못한다. 특히 발달적인 연속성에 대한 이해가 부족하기 때문에 결과물을 현재의 고정적인 수학 점수 결과로 받아들이기도 한다. 교육과정을 더욱 효과적으로 실행하기 위해 부모에게 영유아의 수학 활동에 대해 설명하고 이해를 돕는 과정이 필요하다.

우선 부모와의 상담을 통해 영유아의 활동 결과물에 대해 직접 대면하여 설명할 수 있다. 작품을 보면서 설명하고 부모가 이해하지 못한 부분과 가정에서의 영유아의 경험에 대해 공유하면서 의사소통의 효율성을 높일 수 있다. 다른 방안은 영유아의 활동 결과물에 대해 교사의 전문적인 견해와 해석을 적어 보내는 것이다. 교사는 수학적 개념의 이해 정도, 영유아가 지닌 강점과 약점, 활동 결과물에서 유의하여 볼 부분에 대해 언급한다. 교사의 해석을 통해 부모는 영유아의 개념적 이해와 발달적 과정을 상세히 이해할 수 있고, 양적으로 많은 자료를 중히 여기기보다는 영유아의 사고와 성장이 드러나는 질적인 자료를 중요하게 보는 견해를 갖게 된다.

기관에서 포트폴리오 평가를 실시하는 경우에는 가정 연계 활동 결과물을 선별하여 보낼 때 부모의 의견을 덧붙일 수 있다. 또 6개월 혹은 1년의 교육활동에 대한 포트폴리오 평가에서 부모의 참여와 해석을 권유하기도 한다. 평가를 통해 궁극적으로 얻을 효과는 교사와 부모가 각자 지닌 의견을 이해하고 공유하는 것이다.

3) 교육과정

평가의 중요 목적 중 한 가지는 교육과정의 전체적인 과정에 대한 반성적 사고와 개선에 있다. 영유아의 수학적 탐구 활동뿐 아니라 이러한 탐구과정을 이끄는 교사의 수업 계획, 활동 결과물의 수집과 분석, 교사의 교수 방법 개선 등 다각적으로 평가가 이루어져야 한다.

평가의 결과를 교육과정에 반영할 때는 다음의 사항을 점검해 보도록 한다.

- 수학적 탐구 활동에 대한 연간 계획이 마련되어 있는가?
- 검사는 언제 실시하는 것이 바람직한가?
- 수학적 개념을 확인할 수 있는 활동이 계획되고 있는가?
- 영유아가 의미 있는 수학 활동을 경험했는가?

- 교사는 수학적 탐구에 대한 지식을 갖추고 있는가?
- 수학적 탐구를 위한 자료는 충분한가?
- 활동 결과물의 수집 계획이 마련되었는가?
- 활동 결과물의 관리는 잘 이루어지는가?
- 교사는 영유아를 관찰하기 용이한가?

평가 결과를 교육과정에 적용하여 활용하는 것은 교사 개인이 해결할 수 있는 영역과 기관 전체가 변화해야 하는 영역이 있다. 다만, 수학적 탐구과정을 평가하고 그러한 결과를 교사가 심도 있게 들여다보는 경험이 교사의 수학적 안목뿐만 아니라 영유아의 행동을 보다 의미 있는 활동이 되도록 해야 한다. 교사의 넓고 깊은 수학적 안목이 갖춰질 때 교육과정에 수학적 탐구가 반영되어 영유아들의 경험이 확장될 수 있다.

함께 토의해 보세요!

1. 규진이는 매우 활동적인 아이이다. 앉아서 하는 활동을 매우 싫어하여 미술, 언어 활동을 비롯한 정적인 활동에 거의 참여하지 않는다. 규진이의 수학적 탐구 능력을 평가하기 위한 방법을 제안하고 그 이유를 말해 보세요.

2. 자신이 오늘 경험한 수학적 상황을 일화기록의 양식을 적용하여 작성해 보세요.

3. 자신이 이제까지 들었던 평가의 말을 떠올려 보고 그러한 평가가 자신에게 어떠한 영향을 끼쳤는지 말해 보세요.

영유아수학교육의 실제

- "동그라미는 굴러가요."
- "많아? 적어?"
- 위로 아래로
- "내 키까지 쌓아야지."
- "선생님, 신문지 찢어도 돼요?"
- "보물을 찾아라!"
- "찜질방 놀이를 해요!"

"동그라미는 굴러가요."

놀이 진행 과정

영아의 수학적 경험 읽기

영아들은 자동차 바퀴에 물감을 찍어 내는 활동에서 바퀴의 모양에 대한 관심을 갖게 되었다. 모양에 대한 교사의 어휘를 귀담아 들으며 모양과 관련한 어휘를 말하고 둥근 물체를 보육실에서 찾아보는 모습을 보였다. 바퀴의 모양을 보면서 바퀴 수를 세어 보고 '굴러간다'는 말을 반복하면서 물체의 특징을 탐색하였다. 다음날, 한 영아는 각진 물체를 굴려 보면서 어제와 같이 굴러가는지 시험해 보며 다양한 물체의 모양과 특징에 대해 인식을 넓혀 가는 경험을 하였다.

- 바퀴의 모양에 대해 관심을 갖는다.
- 장난감에 묻은 물감이 종이에 찍히는 과정에서 초보적인 추론을 경험한다.
- '동그라미'라는 모양 관련 어휘를 사용한다.
- 바퀴의 숫자를 세어 보며 수 세기를 한다.

- 바퀴 숫자를 비교하며 많고 적음을 표현한다.
- '둥글다'는 특징이 유사한 물체를 탐색한다.

1. 동그라미를 발견하다

'자동차 놀이를 해요'라는 주제로 활동하고 있다. 자동차 바퀴에 물감을 묻혀 어떻게 바퀴 모양이 찍히는지 탐색해 보고 있다. 장난감에 물감을 묻히는 것에 관심을 보이고 바닥에 깔린 전지 위에 장난감 자동차를 굴릴 때마다 물감이 찍히자 즐거워한다.

교사가 영아의 행동을 관찰하고 이에 대해 말한다.

교사: 자동차의 **동그란** 바퀴가 종이 위에서 데굴데굴 굴러가네.

(이 말을 듣고 규리가 자동차를 들어 바퀴를 유심히 본다.)

규리: 바퀴는 **동그라미**야.

(그러자 영아들이 '동그라미' 라는 말에 관심을 보인다.)

예슬: 나도 **동그라미**가 있다.
재성: 나도.
민서: 나는 **2개** 있어.
윤수: 나는 **더 많이** 있어.

(영아들이 **여기저기서** 동그라미를 찾는다.)

교사의 놀이 지원

- 영아들의 반응에 따라 교사도 동그라미를 찾아본다.
- 영아들이 찾은 동그라미가 아닌 물체도 굴려 보는 것을 지원한다.
- 2개보다 많은 바퀴의 수를 같이 세어 볼 수 있다.
- 바퀴가 아닌 동그란 물체를 찾는 영아들의 탐색을 격려한다.

2. 동그라미를 찾아 나서다

교사: 동그라미가 어디 있을까?

예슬: (보육실 창문을 가리키며) 저기.

교사: 여기 안에도 동그라미가 있네. 또 있을까?

윤수: 여기 있어요.

재성: 나도.

(영아들은 교실을 돌아다니면서 동그라미를 찾기 시작한다.)

교사: 여기로 와 보자. (영아들이 물건을 가져온다.)

윤수: (블록과 컵을 가져오며)나 많아.

교사: 윤수는 블록도 동그랗고 컵도 동그랗대.

교사의 놀이 지원

- 영아들이 평소 접하는 환경 안에서 동그라미를 탐색하도록 격려한다.
- 영아가 자유롭게 탐색하도록 하고 다양한 물체 모양에 관심 갖는 영아를 격려한다.
- 보육실 안을 돌아다니며 영아들이 찾는 모습을 지켜보고 찾은 사물의 명칭을 말해 줄 수 있다.

3. 동그라미를 소개하다

자신이 가져온 동그라미를 간단히 소개하는 시간을 가진다.

수린: 바퀴는 굴러가.

(영아들이 굴러간다는 이야기에 집중한다.)

재성: 굴러가. 내 꺼도.
교사: 바퀴만 굴러갈까?
규리: (플라스틱 우유병을 굴려 본다.) 굴러가.
민서: (둥근 그릇을 굴린다.) 이거도.

(영아들이 자신이 가져온 물건을 교실 바닥에서 이리저리 굴려 본다.)

규리: 둥그니까. 잘 가.
민서: 응. 잘 굴러가.

교사의 놀이 지원

- 영아들이 찾은 물건을 다른 영아에게 소개할 기회를 줄 수 있다.
- 영아들이 찾은 물건을 굴려 보는 시도를 격려한다.

4. 안 굴러가는 것을 느끼다

다음날 영아들이 자유 놀이 시간에 동그라미로 된 물건을 찾아 굴려 보기 놀이를 한다. 민이가 벽돌 블록을 가지고 놀이하고 있다. 벽돌 블록을 굴려 본다.

민이: (혼잣말을 하면서 블록을 굴린다.) 안 굴러가, 안 굴러가.

(교사는 옆에서 민이가 벽돌 블록을 굴리는 모습을 지켜본다.)

교사의 놀이 지원

- 경험을 반복하는 영아의 놀이 모습을 관찰한다.
- 영아의 놀이에 개입하기보다는 놀이를 지속할 수 있도록 정서적으로 지원한다.
- 영아의 혼잣말의 주의 깊게 듣는 모습을 보인다.
- 영아의 말의 의미를 지난 경험과 연관 지어 이해하고 영아의 탐색을 격려한다.

놀이 확장을 위한 제안

- 영아들의 특성상 모든 영아가 같은 놀이에 동시 참여하지 않을 수 있다.
- 영아들이 자발적으로 나타내는 행동을 격려한다.
- 영아들이 작은 둥근 물체와 서서 움직여볼 수 있는 큰 물체 등 크기가 다양한 둥근 물체를 탐색해 보도록 한다.
- 영아들이 찾아내는 물체의 모양을 시각적으로 살펴보고 손으로 만져보는 등 감각적으로 느낄 수 있도록 한다.

"많아? 적어?"

놀이 진행 과정

영아의 수학적 경험 읽기

가족사진은 영아들의 심리적 안정을 위해 보육실 내에 붙여 두고 있으며 영아들은 언제든지 가족의 얼굴을 볼 수 있다. 영아들은 자신과 가족들을 보며 자연스럽게 숫자를 세고 다른 영아와 가족이 많은지, 적은지에 대한 의견을 나누면서 많고 적음에 대해 관심을 갖는 경험을 하였다.

- 영아들마다 서로 다른 가족의 수에 관심을 갖는다.
- 가족사진을 보고 차이를 인식하는 경험을 한다.
- 가족의 수를 세어 보는 경험을 한다.
- 가족의 수를 비교하는 경험을 한다.
- '많다', '적다'의 수학적 어휘 사용을 경험한다.

1. 가족사진을 보다

교실 벽에 붙어 있는 가족사진을 보고 있다. 자신이 어디 있는지 찾아본다. 다른 영아들은 3~4명인데 민이네 가족은 11명이 사진 속에 있다.

현승: (사진의 자신을 가리키며) 여기. (자신의 몸을 두드린다.)

채언: (자신의 가족 사진을 보고) 나.

(민이도 영아들 옆으로 온다.)

교사의 놀이 지원

- 영아들이 자신의 모습을 볼 수 있는 사진을 게시한다.
- 영아들이 숫자에 관심을 가질 수 있는 환경을 마련한다.
- 영아들의 대화에 개입하지 않고 관찰하며 격려한다.

2. "많아."라고 말하다

민이: 많아. 많아.

(다른 영아가 민이 옆으로 가까이 간다.)

현승: 현승이엄마, 아빠, 현승이, 형아.

민이: (자신의 가족사진을 가리키며) 민이 많아.

현승: (자신의 가족사진을 가리키며) 이건 현승이.

채언: (민이에게) 많아?

민이: (자신의 가족사진을 가리키며) 많지? 할아버지, 할머니, 크아빠(큰아빠), 크엄마(큰 엄마)…….

교사: 민이야, 뭐가 많아?

민이: 사람이 많아.

교사의 놀이 지원

- 영아들의 대화를 지속적으로 관찰한다.
- 영아들의 대화에서 사용하는 어휘의 의미를 질문한다.
- 숫자가 다른 가족사진도 영아와 함께 본다.

3. 누가 더 많을까?

교사: 민이네는 얼마나 많아?

민이: 하나, 둘, 셋 …… 열 하나.

채언: (자신의 가족 수를 세기 시작한다.) 하나, 둘, 셋. 조금이야.

교사: 민이네 보다 채언이네 가족 수가 적구나.

채언: 네. 적어요.

현승: (자신의 가족사진을 보며) 현승이.

교사: 현승이네가 적을까? 채언이네 가족 수가 적을까?

채언: 적어.

민이: 음…… 채언이.

채언: 민이는 많아.

교사: 채언이네 가족은 몇 명이야?

영아들: 세 명.

교사: 그럼 현승이네는?

영아들: 네 명.

(영아들이 숫자 세기를 하고 있다.)

교사의 놀이 지원

- 교사는 '많다', '적다'의 어휘 사용 모델이 될 수 있다.
- 가족의 수 세기를 해 볼 수 있도록 격려한다.
- 영아가 세는 수를 교사도 함께 세어 본다.

놀이 확장을 위한 제안

- 영아들의 숫자 세기는 영아들에 따라 차이가 있다.
- 영아들이 세는 숫자보다 조금 더 세어 보며 숫자 세기에 대한 관심을 높인다.
- 영아에 따라 가족의 숫자보다는 가족과 자신에 대해 관심을 갖기도 한다.

위로 아래로

놀이 진행 과정

영아의 수학적 경험 읽기

영아들의 작품을 교실 환경으로 구성하는 중에 자신의 작품이 붙을 위치를 정하는 에피소드에서 출발하였다. 낮은 곳보다는 높은 곳에 붙이길 원하는 영아의 의사 표현을 존중하여 교사가 작품을 붙이며 영아가 사용한 '위'라는 공간적 어휘에 대응하여 '아래'라는 말을 함으로써 영아들이 공간에 대해 관심을 갖게 되었다. 작품 붙이기와 율동을 하며 영아들은 감각적으로 위, 아래를 알아보는 경험을 하게 되었다.

- 사물의 위치에 관심을 갖는다.
- '위', '아래'의 공간적 어휘에 관심을 갖는다.
- '위', '아래'에 적합하게 신체를 움직이는 경험을 한다.

1. 작품 붙이기

영아들이 만든 작품을 벽에 붙이고 있다.

교사: 어디에 붙일까?

지언: 위에.

교사: 어디?

지언: 저기, 위에.

교사: (다른 영아의 작품 위쪽을 가리키며) 여기.

지언: 응.

교사: 그럼 준우 거 아래에 붙여야겠네.

지언: (고개를 끄덕이며) 아래. 아래.

교사의 놀이 지원

- 영아가 위치를 인식할 수 있도록 기회를 준다.
- 영아의 이야기를 듣고 수용한다.
- 영아가 어휘를 다양하게 듣고 구사할 수 있도록 위치 관련 어휘를 사용하는 모델링을 보인다.

2. 위로, 아래로

놀이 시간에 〈옆에 옆에〉 노래를 틀어 두었다. 영아들이 놀이를 하며 노래를 흥얼거린다.

지언: (노래를 듣다가 '위로 아래로'가 나오자) 내 거 위에.

교사: 뭐가 위에?

지언: (자신의 작품을 가리키며) 저기. 위에. 내거.

(교사가 고개를 끄덕인다. 노래를 계속 들으면서 '위로, 아래로' 가사를 따라한다.)

준우: (노래에 맞춰 폴짝 뛴다.) 위! 아래!

교사: 지난 번에 한 것처럼 리본 줄까?

영아들: 네.

(리본 막대를 들고 노래에 맞춰 위, 아래로 흔들어 본다.)

교사의 놀이 지원

- 위, 아래와 연관된 영아의 이전 경험과 현재 경험의 연관성을 인식한다.
- 영아의 경험을 수용하고 영아가 보이는 반응에 따라 관련 자료를 제시한다.
- 영아가 관심 있는 새로운 자료를 제공하여 놀이를 확장한다.

3. 미끄럼 타고 와요

다음날 간식 시간에 '○○별이 올라갑니다.' 노래를 부르며 간식을 먹고 놀이를 하는 시간이다.

간식을 다 먹은 태희가 미끄럼틀 계단을 올라간다.

교사: 태희가 한 발, 두 발… 위로 올라가네.

(태희가 미끄럼틀을 올라갔다가 내려온다.)

교사: 태희가 미끄럼틀을 타고 쭈르르륵 아래로 내려오네.
슬기: 나도.
태희: 위에. 간다.
슬기: (미끄럼틀을 타고 내려온다.) 도착!

교사의 놀이 지원

- 영아의 경험이 반복될 수 있도록 기회를 주고 탐색을 격려한다.
- 교사가 어휘를 반복하여 영아들이 어휘를 인식할 수 있도록 한다.

놀이 확장을 위한 제안

- 공간적 어휘는 기회가 있을 때 교사가 모델링을 하는 것이 좋다.
- 영아의 행동을 묘사하는 것으로 격려할 수 있다.
- 기준이 되는 사물이나 대상을 고려하여 '~보다 위에 있네.', '~보다 아래에 있네.'의 문장형을 사용해 본다.
- 위, 아래에 놓여 있는 물건 찾기 놀이를 한다.

"내 키까지 쌓아야지."

놀이 진행 과정

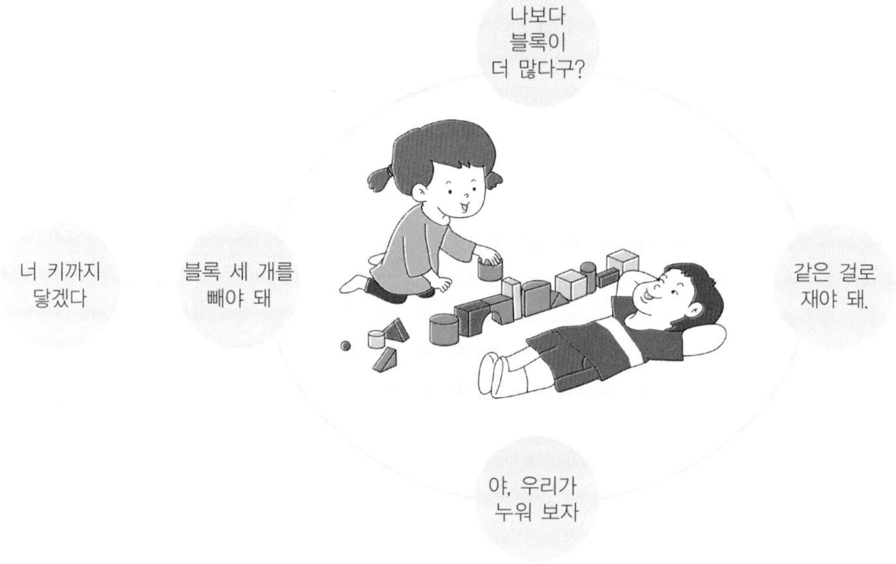

유아의 수학적 경험 읽기

유아들은 블록을 쌓으면서 또래와 함께 키를 재어 보는 놀이를 하는 과정을 통해 수학적 학습의 기초가 되는 형태, 크기, 길이, 높이, 넓이, 부피의 개념과 관련된 경험을 하게 되었고, 일대일 대응, 수 세기, 짝짓기, 분류, 공간에 대한 지각 등 많은 구체적 조작을 접하게 되었다. 유아들은 블록을 높게 쌓으면서 블록이 가지고 있는 모양을 경험하고, 구조물의 특징, 크기, 모양 등의 관계에 대해 다양한 측면에서 생각해 보는 경험을 가졌다. 또한 키를 재어 보는 과정에서 단순히 블록의 숫자만으로 '크다', '작다'로 이야기하는 데에는 오류가 있음을 깨닫고 임의측정단위가 같아야 함을 알게 되었으며, 유아들은 자신의 신체도 임의측정단위가 될 수 있음을 경험하였다.

• 키 재기를 통해 측정에 관심을 갖는다.

- 블록을 세어 보며 수 세기를 한다.
- 블록을 색깔에 따라 분류한다.
- 블록을 임의측정단위로 활용하여 키를 잰다.
- 자신과 친구의 키를 비교한다.
- 자신의 신체를 임의측정단위로 활용한다.
- 임의측정단위의 특징을 경험한다.

1. 너 키까지 닿겠다

한 유아가 블록을 하나씩 쌓고 있는데 옆에 있던 유아가 관심을 보이며 서로 대화를 한다.

찬호: 너 뭐하는 거야?

규완: 응, **빨간색만** 쌓는 거야.

찬호: 어디까지?

규완: 몰라.

찬호: 그러다 너 **키까지** 닿겠다.

규완: (씩 웃으며) 어, 나 **키까지** 쌓을 거야.

찬호: 나도 **파랑색으로만** **내 키까지** 쌓아야지.

규완: 벌써 나는 **허리까지** 왔어.

찬호: 나두 조금만 더 쌓으면 **어깨까지** 가.

규완: 아, 블록이 넘어지려고 해.

찬호: 나도.

교사: 블록이 쓰러지려고 하는구나. 블록이 넘어지지 않고 **높게** 쌓을 수 있는 방법은 없을까?

찬호: (고민하다) 세우지 말고 바닥에 눕혀 놓고 끼워요.

규완: 그럼 키를 어떻게 재?

미경: (카펫에 누워 보이며) 우리가 이렇게 누우면 돼.

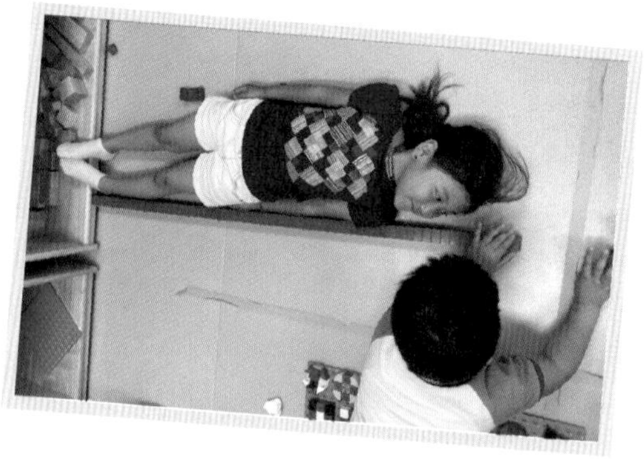

교사의 놀이 지원

- 색깔별로 높이 쌓기 놀이를 할 수 있도록 블록을 색깔별로 충분히 제공한다.
- 블록을 쓰러뜨리지 않고 높게 쌓을 수 있는 방법을 탐색해 볼 수 있도록 안내한다.

2. 블록 세 개를 빼야 돼

블록을 열심히 쌓던 유아들은 어림짐작으로 자신의 키와 비슷하게 되었다고 생각되자 카펫에 누워 블록으로 키를 재기 시작한다.

찬호: 야, 너 여기 블록 옆에 누워 봐. 그러면 우리가 재어 볼게.

(카펫에 누운 유아의 키를 블록으로 재던 유아들은 서로 다른 의견들을 낸다.)

재호: 발가락부터 재야 돼.
민수: 아니야. 발뒤꿈치부터 재야 돼.
찬호: 머리카락을 눌러야 돼. 머리카락은 키가 아니야.
교사: 그러면 키를 정확하게 재려면 어떻게 하면 좋을까?
찬호: 똑바로 누워야 해요.
민수: 발가락도 세워야 돼.
찬호: 머리카락이 위로 올라왔어. 머리카락은 아니야.

(유아들은 자신들이 정한 기준에 맞게 측정을 시작한다.)

찬호: 키하고 똑같으려면 블록 **세 개를** **빼야** 돼.

재호: 맞아. **키보다** 블록이 **더 높아**.

민수: 맞아. 블록이 **더 많아**. 블록을 **빼야** 돼.

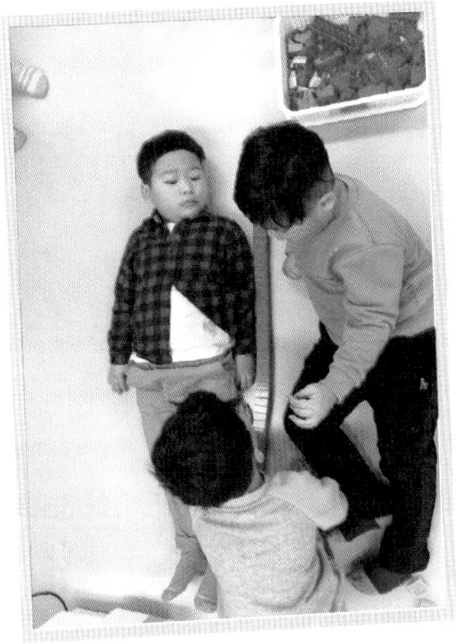

교사의 놀이 지원

- 키를 정확하게 재는 방법에 대해 탐색해 볼 수 있도록 안내한다.
- 유아들이 키는 재는 놀이를 할 때 공간의 제약을 받지 않도록 충분한 공간을 마련한다.
- 유아들이 블록 개수를 기록하여 비교할 수 있도록 종이와 펜을 제공한다.

3. 나보다 블록이 더 많다구?

유아들은 각자 자신이 쌓아 올린 블록으로 키를 재어 보면서 블록의 높이로 자신이 키와 친구의 키를 비교하고 블록 수도 비교한다

찬호: (키를 잰 블록을 보며) 내 블록 높이가 **더 높다**.

규완: 내가 **너보다** 키가 **더 커**.

민수: 규완이보다 찬호 키가 더 크다.

찬호: 내 블록은 40개도 넘어.

규완: 나두.

(유아들은 각자 자신의 키를 잰 블록 수를 세어 본다.)

규완: 내 키는 52개야.

찬호: 내 키는 45갠데…… 너가 나보다 키가 작은데 왜 너가 더 많아?

규완: 진짠데. 나는 52개야.

(유아들은 블록을 함께 다시 세어 본다.)

민수: 진짜, 찬호가 키는 더 큰데 블록은 더 적네.

찬호: 이상하다…….

교사: 우리가 같이 세어 봤는데도 규완이 블록이 더 많네. 찬호가 키는 더 큰데 왜 블록 수는 규완이보다 더 적을까?

교사의 놀이 지원

- 블록을 일대일 대응을 하면서 세어 볼 수 있도록 바구니를 제공한다.
- 유아들이 서로 궁금증에 대해 상호작용하면서 문제를 해결할 수 있도록 격려한다.

4. 같은 걸로 재야 돼

교사의 발문에 유아들은 블록을 보면서 고민한다.

민수: 아, 알았다. 찬호 꺼랑 규완이 꺼랑 블록이 달라요.

교사: 두 블록은 서로 다른 점이 무엇일까?

재호: 크기가 달라요.

찬호: 내 블록이 더 커요.

규완: 맞아. 네 블록은 나랑 달라. 내 블록이 너 꺼보다 더 작아.

재호: 색깔도 달라.

민수: 색깔은 상관없어. 크기가 같은 블록으로 해야 돼.

규완: 맞아, 누가 더 큰지 알아보려면 같은 걸로 해야 돼.

교사의 놀이 지원

- 유아들이 놀이하면서 서로의 생각을 이야기하고 고민이나 갈등을 함께 해결해 나갈 수 있는 충분한 시간을 제공한다.
- 유아들이 두 블록의 차이점에 대해 상호작용하면서 문제를 해결할 수 있도록 격려한다.

5. 야, 우리가 누워 보자

블록으로 키를 재는 유아들 옆에서 다른 유아들이 종이컵을 길게 연결하고 있다

수현: 야. 종이컵을 완전 길게 길게 해야 돼~

미영: 와~ 종이컵 다 연결됐다. 완전 길어~

연지: 진짜 길다.

미영: 이게 종이컵 뱀이라구.

(블록으로 키를 재던 유아들이 합류하여 종이컵 길이도 재어 보자고 제안한다.)

민수: 야. 너네가 길게 만든 종이컵 뱀이 **얼마만큼 긴지** 재어 보자.

수현: **이렇게 긴데** 어떻게 재?

교사: 종이컵 뱀이 진짜 기네. 종이컵 뱀이 얼마만큼 긴지 알아볼 수 있는 방법이 뭐가 있을까?

수현: 손으로 재 봐요~

미영: 손이 **너무 작아**. 그러면 완전 **많이** 해야 돼~

민수: 그럼 발로 할까?

재호: 우리가 누워 보자.

(유아들이 신나서 한 명씩 누워 본다.)

미영: 종이컵 뱀에 **4명까지** 누웠다~

미수: 종이컵 뱀이 우리 **4명만큼** **길어**.

교사의 놀이 지원

- 유아들이 종이컵 뱀 만들기 놀이를 하기에 충분한 양의 종이컵을 제공한다.
- 종이컵 뱀을 측정할 수 있는 다양한 방법에 대해 생각해 볼 수 있도록 격려한다.

놀이 확장을 위한 제안

- 종이컵 외에 줄자, 긴 끈, 작은 블록, 전지 등 다양한 방법으로 키를 재어 볼 수 있도록 여러 가지 도구와 자료를 마련해 줄 수 있다.
- 몸무게, 시력, 손과 발의 크기 등 신체 각 부분을 측정할 수 있도록 체중계, 시력 검진표 등 여러 가지 도구와 자료를 제공할 수 있다.
- 유아들이 측정한 결과를 비교해 보기를 원할 경우, 그래프나 표를 만들어 보는 활동을 전개할 수 있다.

- 〈100층짜리 집짓기〉 동화와 같이 유아들의 길이 측정에 대한 호기심과 경험, 사고를 확장시키는 데 도움을 줄 수 있는 도구를 제공할 수 있다.
- 유아들이 놀이 중 문제 상황에 놓일 때 적절한 발문을 통해 스스로 답을 찾고 놀이를 지속할 수 있도록 지원할 수 있다.
- 유아들이 측정에 관심을 갖고 임의측정단위를 활용하여 교실 외의 다양한 장소를 측정해 보는 놀이를 원한다면 놀이를 지원할 수 있다.

"선생님, 신문지 찢어도 돼요?"

놀이 진행 과정

유아의 수학적 경험 읽기

유아들은 신문지를 찢으면서 놀이를 하는 과정 속에 한 장의 신문지를 찢으면 두 조각이 되고 두 조각을 또 찢으면 네 조각이 되는 경험을 하면서 나누기의 구체적 조작을 하게 되었다. 친구를 신문지 속에 감추어 주는 놀이 속에는 크기, 높이, 공간, 방향에 대한 지각 등 많은 수학적 경험이 포함되어 있다. 또한 신문지를 하늘로 높이 날리는 놀이 속에서 높이에 대해 다양한 측면에서 생각해 보는 경험을 하였다. 또한 신문지 눈싸움을 위해 신문지를 뭉쳐 눈을 만드는 과정에서 평면인 신문지가 많이 모이면 입체인 눈이 되는 경험도 하게 되었다.

- 신문지를 찢으면서 나누기에 관심을 갖는다.
- 신문지를 많이 찢을수록 크기가 점점 작아지는 것을 안다.
- 찢어진 신문지의 크기를 비교한다.
- 신문지 조각을 던지는 높이를 비교한다.
- 신문지를 찢으면서 방향에 대해 알아본다.
- 신문지를 뭉치는 과정을 통해 평면과 입체를 경험한다

1. 선생님, 신문지 찢어도 돼요?

한 유아가 미술 재료로 내어 준 신문지를 조금씩 찢으면서 재미있어 한다.

주희: 너 왜 신문지 찢어?

미영: 그냥. 재밌어. 너도 해 봐~

주희: (머뭇거리다가) 선생님, 신문지 찢어도 돼요?

교사: 그럼~ 미영이처럼 조금만 찢어도 되고 신문지 위에서부터 아래까지 다 찢어도 되구.

주희: 진짜요? 야, 선생님이 신문지 막 찢어도 된대.

(유아들이 하나둘씩 모여들면서 신문지를 하나씩 들고 찢기 시작한다.)

혜영: 나는 위에서부터 찢어야지.

찬호: 나는 가운데부터 찢을 수 있어.

하나: 나는 옆으로 옆으로 가면서 찢을 줄 알아.

교사: 신문지를 위에서 아래로 찢을 수도 있고 왼쪽에서 오른쪽으로 찢을 수도 있구나. 가운데부터 찢을 수도 있고. 신문지를 찢는 방법도 여러 가지가 있구나.

수찬: 선생님, 저는 아래에서 위로도 찢을 수 있어요.

찬호: 나도.

교사의 놀이 지원

- 신문지를 충분히 제공한다.
- 유아들이 친구들과 교실에서 신문지를 찢으면서 놀 수 있는 허용적인 분위기를 제공한다.
- 유아들이 방향에 관심을 가지고 신문지를 찢는 방법을 탐색해 볼 수 있도록 안내한다.

2. 나는 더 더 더 더 많이 찢을 수 있어

신문지를 어느 방향으로 찢는지에 관심을 갖던 유아들은 신문지를 찢으면서 누가 더 많이 찢을 수 있는지에 관심을 갖기 시작한다.

찬호: 야, 나는 두 번 찢었는데 신문지 많아졌어. 4개 됐어.
주희: 야, 그건 나도 할 수 있어. (열심히 찢더니) 나는 너보다 신문지 더 많아졌어.
하나: 진짜. 주희가 더 많다. 주희는 6개야.
혜영: 그건 누가 못해? 계속 찢으면 더 더 많아져. 나는 10개도 넘어.
수찬: 나는 더 더 더 더 많이 찢을 수 있어.
교사: 신문지를 찢을수록 갯수가 많아지네. 얼마만큼까지 더 많이 찢을 수 있을까?
주희: 하늘만큼 땅만큼요.

(유아들은 경쟁적으로 서로 더 많은 수로 찢으려고 한다).

수찬: 그런데… 이젠 신문지가 너무 <u>좁아서</u> <u>길게</u> 찢기가 어려워.

주희: 맞아. 아까는 신문지가 <u>넓어서</u> 잘 됐는데…….

찬호: 난 그만 찢을래. (찢어진 신문지 조각을 세어 보며) 난 <u>16개야</u>.

하나: 난 <u>20개</u>.

수찬: 난 <u>21개</u>.

혜영: 난 <u>18개</u>.

교사: 16개, 20개, 21개, 18개, 그럼 누가 제일 많은 거지?

하나: 저요. 제가 <u>제일 많아요</u>.

수찬: 아니야. 내가 <u>21이니까</u> 내가 너보다 <u>하나 더 많아</u>.

교사의 놀이 지원

- 신문지를 찢는 횟수와 신문지 크기가 반비례되는 것을 탐색해 볼 수 있도록 안내한다.
- 교실이 어질러지는 것에 허용적인 태도를 갖는다.
- 유아들이 신문지 조각의 수를 비교할 수 있도록 격려한다.

3. 우리가 숨겨 줄게

수찬이가 찢은 신문지 조각들을 머리 위에 올리자 다른 유아들이 재미있다고 웃는다.

찬호: (자신이 찢은 신문지 조각을 수찬이 머리 위에 올리며) 내 것도 같이 해 봐.

하나: 수찬아, 너 여기 누워 봐. 우리가 너 안 보이게 숨겨 줄게.

(수찬이가 바닥에 눕고 유아들이 신문지 조작으로 수찬이가 보이지 않게 덮는다.)

주희: 아직 발이 보여. 신문지를 아래쪽으로 더 많이 보내.

혜영: 팔도 보여. 팔에 더 많이 올려. 오른팔이 보이는데 왼팔을 더 덮자. 아니, 거기 말고 저기.

교사: 왼팔 말고 오른팔 말하는거니?

혜영: 예. 오른팔이요.

찬호: 등이 너무 많이 올라왔어. 수찬아, 등 내려.

하나: 다리를 더 안쪽으로 구부려 봐.

(유아들은 서로 친구의 몸을 신문지로 숨겨 준다.)

주희: 신문지 이불 덮은 거 같아.

찬호: 우리 이불이 더 크다.

하나: 맞아, 우리가 한 게 더 커.

교사의 놀이 지원

- 방향에 대한 수학적 어휘를 사용할 수 있도록 격려한다.
- 유아들이 충분히 놀이할 수 있는 시간을 제공한다.

4. 신문지 비가 내린다구

유아들은 신문지로 몸을 덮는 놀이를 하다가 일어나면서 신문지 조각을 위로 던지기 시작한다.

혜영: (신문지 조각을 위로 던지며) 하늘에서 비가 내린다구.
주희: 신문지를 **높이 높이** 올려야 돼.
수찬: 내가 **높이** 던질 수 있어.
하나: 의자 **위에** 올라가서 하면 **더 높이** 할 수 있어.
찬호: 한꺼번에 많이 던져야 돼.
주희: **더 많이** 많이 모아서 이렇게 던져.
혜영: 이렇게 뛰면서 던지면 **더 높이** 할 수 있어.
교사: 서서 던지는 거보다 뛰면서 던지면 **더 높이** 할 수 있구나.
수찬: 하늘까지 점프, 점프.
하나: 내 꺼가 **제일 높이 올라간다**.

교사의 놀이 지원

- 유아들이 신문지 조각을 높이 던질 수 있는 방법에 대해 서로의 생각을 이야기하도록 격려한다.
- 유아들이 놀이에 충분히 몰입할 수 있는 시간과 공간을 제공한다.

5. 야, 신문지 눈싸움하자!

교사는 신문지 조각을 모아 동그랗게 뭉친다.

주희: 선생님, 뭐해요?

교사: 이거 뭐 같아 보여?

주희: 눈덩이 같아요.

하나: 저도 눈덩이 같아요.

교사: 정말, 그렇게 보이네. 모양도 동글동글한 게.

하나: 나도 뭉쳐야지.

수찬: 나도 크게 할 거야.

찬호: (뭉친 신문지 덩이를 보여 주며) 내 꺼가 제일 크지?

주희: 난 벌써 3개 만들었다.

혜영: 나도 3개. 우리 똑같다.

(유아들은 열심히 신문지 조각을 동그랗게 뭉친다.)

찬호: (신문지 덩이를 수찬이한테 던지며) 내 눈을 받아라~

수찬: 야, 우리 눈싸움하자. 공격~

(유아들은 신문지 덩이를 던지며 신나게 눈싸움을 한다.)

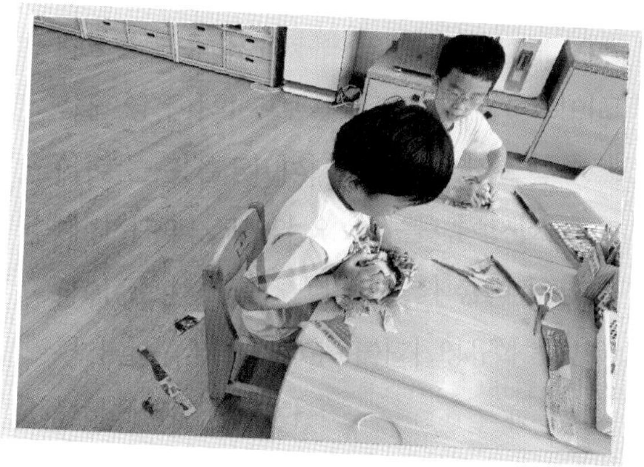

교사의 놀이 지원

- 유아들이 새로운 놀이를 창안해 낼 수 있도록 격려한다.
- 유아들이 놀이에 충분히 몰입할 수 있는 시간과 공간을 제공한다.

놀이 확장을 위한 제안

- 나누기에 대한 일상생활 속의 경험들을 함께 이야기 나누고 나누어 보는 활동을 할 수 있다(예: 피자 나누기).
- 신문지 찢는 놀이를 할 때 타이프라이터(The Typewriter, 앤더슨 곡)의 음악에 맞추어 일정한 소리가 날 때만 신문지를 찢는 게임으로 확장할 수도 있다.
- 유아들이 놀이 중 문제 상황에 놓일 때 적절한 발문을 통해 스스로 답을 찾고 놀이를 지속할 수 있도록 지원할 수 있다.

"보물을 찾아라!"

놀이 진행 과정

유아의 수학적 경험 읽기

유아들은 보물찾기 놀이를 통해 수, 기하, 측정 개념과 관련된 다양한 수학적 경험을 하였다. 보물을 숨기고 찾는 놀이를 하며, 유아들은 실외 놀이터 주변 공간을 탐색하고, 보물이 있는 위치를 지각하고, 수학적 어휘와 신체를 이용하여 이를 표상하는 모습을 보였다. 또한 유아들은 보물 지도를 만들면서 3차원적 공간을 2차원으로 사고하여 표상하는 기회를 가졌으며, 주변 공간과 놀이기구를 기준으로 보물이 있는 위치를 설명하기 위해 걸음을 세어 보며 수 세기와 임의측정을 하기도 하였다. 이때 유아들은 임의측정단위를 사용할 경우 측정 오차가 발생할 수 있음을 인지하고, 보물 지도에 표시된 위치와 실제 보물이 있는 위치가 달라서 발생하는 시행착오를 겪어 나가며 표준화된 도구의 필요성을 인식하고 이와 관련된 측정 경험도 하게 되었다.

- 실외 놀이터를 돌아다니며 적극적으로 공간을 탐색한다.
- 3차원적 공간을 2차원 공간으로 표상한다.
- 지도에 표시된 장소의 실제 위치를 추론한다.
- 1부터 10까지 수를 세어 본다.
- 임위단위를 이용하여 거리를 측정한다.
- 측정 오차를 줄이는 방안을 모색한다.
- 표준화된 도구인 자를 이용하여 깊이를 측정한다.
- 센티미터의 의미를 이해하고 적절하게 사용한다.

1. 보물찾기 놀이

정원이가 화단에서 찾은 작은 돌을 가지고 정원이와 진혁, 영은, 수연이 함께 보물찾기 놀이를 시작한다.

정원: 내가 먼저 숨길게. 너희들 저기 가 있어. 숨기는 거 보면 안 되잖아.

(수연, 영은, 진혁이가 유치원 안으로 들어가는 계단을 보며 뒤돌아 서 있다.)

영은: 너무 멀리에다가 숨기면 안 돼!
정원: 알았어.
수연: 우리 10까지 센다. 시작!

수연, 영은, 진혁: 하나, 둘, 셋, 넷, 다섯, 여섯, 일곱, 여덟…….

정원: 야, 천천히! 아직 못 숨겼어.

교사: 수연이가 보물 숨길 시간이 부족하나 봐. 천천히 10까지 다시 세어 볼까?

진혁, 수연: 네!

영은: 다시 시작한다!

교사, 수연, 영은, 진혁: 하나, 둘, 셋, 넷, 다섯, 여섯, 일곱, 여덟, 아홉, 열!

(주변을 두리번거리다 상추를 심어 놓은 텃밭 안에 숨긴다.)

정원: 야! 이제 찾아! 하하

(수연, 영은, 진혁이 실외 놀이터를 돌아다니며 보물을 찾기 시작한다.)

진혁: 내가 찾았다! 여기 있네! 내가 찾았어.

정원: 하하~ 내가 거기다 숨겼어!

교사: 진혁이가 찾았구나. 어디에서 찾았니?

진혁: 저기 상추 안에 있었어요.

교사의 놀이 지원

- 보물을 숨기기에 적당한 공간을 탐색하도록 안내한다.
- 타이머를 마련해 주고, 유아들이 보물을 숨기는 데 필요한 시간을 직접 정하고 측정해 보도록 돕는다.

2. 보물이 없어졌어요

실외 놀이 시간에 영은, 수연, 건호는 어제와 마찬가지로 보물찾기 놀이를 하고 있다. 영은이는 미끄럼틀 아래 모래를 파서 보물(작은)을 숨기고 그 위에 모래를 덮는다. 건호와 영은이가 보물을 찾기 시작했지만 보물이 보이지 않자 수연이가 힌트를 주고 있다.

수연: 여기야! 모래 속에 숨겨 놨어.

(수연이는 자신이 숨긴 곳으로 가서 모래를 걷어 내지만 보물이 보이지 않는다.)

수연: 어? 없네. 여기에다가 숨겨 놨는데…….

영은: 여기 맞아?

건호: 선생님, 수연이가 숨긴 보물이 없어졌어요.

수연: 여기 모래에 보물을 넣어 놨는데 안 보여요. 없어졌나 봐요.

건호: 모래 속으로 들어간 거 아닌가?

영은: 다 같이 찾아봐요.

수연: (자신이 생각한 위치보다 약 1미터 떨어진 곳에서 찾는다.) 아, 여기 찾았다! 내가 여기에 숨겼나 봐. 하하.

교사: 찾았다니 다행이구나. 그런데 앞으로 보물을 숨긴 위치를 잘 기억하기 위해서 어떻게 하면 좋을까?

건호: 아! 보물섬 놀이처럼 지도를 만들어요!

교사: 지도를 만들면 좋겠니?

건호: 네, 보물 지도요. 보물 지도를 그려 주고 술래가 찾으면 되잖아요.

영은: 재미있겠다.

수연: 지도를 보면 되겠네.

교사의 놀이 지원

- 보물 지도를 그릴 수 있도록 스케치북과 색연필을 마련해 준다.
- 보물을 숨긴 장소를 다양한 위치와 방향에서 탐색해 볼 수 있도록 안내한다.

3. 보물 지도 그리기

정원이와 영은이가 보물 지도를 그리기 위해 보물을 숨긴 위치와 거리를 측정하고 있다.

정원: 알았어. <u>몇 걸음이야</u>?

영은: <u>10걸음이야</u>.

정원: 어디서부터?

영은: 신발 신고 나와서부터야.

수연: 그럼, <u>10걸음 앞으로 가라고 해야지</u>.

영은: 나는 12걸음인데?

수연: (다시 걸어서 거리를 잰다.) 난 10걸음이야.

교사: 왜 수연이랑 영은이가 잰 걸음이 다를까?

영은: 수연이가 천천히 와서 그래요.

교사: 천천히 걸었기 때문이라고 생각하니?

정원: 아니요. 수연이는 다리를 (보폭을 조금 넓게 벌리며) 이렇게 걸었고, 영은이는 요 (보폭을 조금 벌리며) 이렇게 걸었어요.

수연: 야! 우리 같이 걸어 보자.

교사의 놀이 지원

- 발이나 보폭과 같은 임위단위는 측정치가 달라질 수 있음을 경험해 보도록 교사를 포함한 다른 친구들의 걸음으로 몇 걸음인지 세어 보고 비교해 본다.
- 유아들이 다양한 비표준화 단위로 거리를 측정해 보는 경험을 가질 수 있도록 긴 끈, 수수깡, 띠 블록 등을 제공한다.

4. 이곳이 맞는데……

보물찾기 놀이에 대한 흥미가 높아짐에 따라 오늘은 반 전체 유아가 함께 보물찾기 놀이를 하기로 했다. 20명의 유아가 4개 소집단으로 나뉘어 각 팀별로 보물을 숨기고 지도를 그리는 역할과 보물을 찾는 역할을 맡아서 보물찾기를 한다.

수빈: (보물 지도를 보며) 보물은 그네랑 미끄럼틀 가운데 있다. 그치?

호정: 그네부터 7걸음이라고 되어 있어.

(수빈, 호정, 정원이 모두 그네가 있는 곳으로 뛰어간다.)

정원: (그네 앞에 서서) 같이 시작하자.

수빈, 호정, 정원: 하나, 둘, 셋, 넷, 다섯, 여섯, 일곱!

수빈: 여기야! 여기!

호정, 정원: 찾았다!

(보물을 찾기 위해 함께 모래를 파 보지만 보물이 나오지 않는다.)

수빈: 어디 있지? 박준영! 여기 없어!

(성민이와 준영이가 함께 그네부터 7걸음 걸으며, 수빈, 호정, 정원이가 있는 곳으로 간다.)

성민, 준영: 여기 맞는데?

(5명의 유아가 함께 힘을 합쳐 모래를 깊게 파니까 보물이 나온다.)

성민: 내가 찾았다! 준영아, 진짜 속 안에 있다. 그치?

교사의 놀이 지원

- 보물 지도와 보물을 찾은 실제 장소를 비교해 보며 지도에서 수정 혹은 추가해야 할 그림이나 설명을 적어 보게 한다.
- 유아가 보물을 숨기거나 찾은 장소를 공간 관련 어휘를 사용하면서 의사소통할 수 있도록 격려한다.
- 다양한 기호, 상징, 숫자 등을 이용하여 보물 지도를 좀 더 정확히 그릴 수 있는 방안을 생각해 보게 한다.

5. 얼마나 깊이 묻었을까?

보물을 찾기 전 성빈이와 영은이가 보물 지도를 보며 이야기 나누고 있다.

성빈: (지도를 보며) 보물을 어디에 숨겼지?

영은: 여기 파란색 시소에서 미끄럼틀 쪽으로 하나, 둘, 셋, 넷, 다섯, 여섯 걸음만 가면 있대.

성빈: 20센티미터? 20센티미터면 깊은 건가?

영은: 20이니까 깊은 거 아니야?

성빈: 그래? 그럼, 모래를 많이 파야겠네?

교사의 놀이 지원

- 유아들이 표준화된 단위인 센티미터에 대한 이해를 도모할 수 있도록 줄자나 막대자를 이용하여 다양한 사물과 놀잇감의 길이를 측정해 보게 한다.
- 유아에게 20센티미터 길이로 자른 끈을 제공하여 교실이나 실외 놀이터에서 20센티미터인 물건을 찾아보는 놀이로 확장할 수 있다.
- 걸음으로 거리를 재는 것 외에도 '~보다는 멀다.', '~와 가깝다.', '○○과 ○○의 가운데에 있다.' 등과 같이 위치나 장소를 설명하는 과정에서 다양한 수학적 어휘를 활용할 수 있도록 격려한다.

놀이 확장을 위한 제안

- 실외 놀이터 전체 모습을 담은 커다란 지도로 만들어 보물찾기 놀이를 하는 전 과정에서 보물이 발견된 장소를 표시해 보게 할 수 있다.
- 여러 가지 형태의 지도를 알아보고, 다양한 재료와 방식으로 지도를 만들어 보는 놀이로 확장할 수 있다.
- 실외 놀이터 전체 혹은 일부 공간을 보물섬으로 꾸며 보물섬 놀이를 전개할 수 있다.

"찜질방 놀이를 해요!"

놀이 진행 과정

찜질방 속
매점 놀이

목욕탕을
만들어요

불가마를
만들어요

주인은
심심해요

즐거운
찜질방 놀이

유아의 수학적 경험 읽기

유아들은 찜질방 놀이를 하면서 수, 기하, 측정 개념과 관련된 다양한 수학적 경험을 하게 되었다. 먼저, 유아들은 찜질방 놀이를 하기 위해 직접 목욕탕과 관련 소품을 만들었는데, 이 과정에서 인원을 고려하여 길이와 넓이, 부피 등을 측정하였다. 수 개념과 관련된 경험을 살펴보면, 유아들은 라커 열쇠와 바구니에 적힌 수를 보며 이름수를, 목욕탕 물과 사우나의 온도를 확인하고 찜질방 놀이를 위해 화폐를 주고받으며 기수를 경험하였다. 뿐만 아니라 찜질방 이용료를 지불하고 매점 놀이를 진행하면서 100 이상 큰 수를 다루기도 하고, 더하기와 빼기와 같은 연산 능력도 발휘할 수 있는 기회를 갖게 되었다. 그런데 대부분의 유아가 손님 역할을 원하게 되면서 역할 갈등이 생겼는데, 교사는 직접 해결 방안을 제시하지 않고, 유아들이 함께 토의하면서 직접 해결 방안을 모색할 수 있도록 활동을 진행하였다. 그 결과, 유아들은 한 번에 해당 역할을 놀이할 수 있는 시간을 정하고, 타이머라는 시간을 측정하는 도구를 이용하는 방안을 생각해 냈는데, 이 과정에서 유아들은 수학적으로 사고하고 의사소통하며 문제를 해결해 가는 모습을 보였다.

- 기수와 이름수를 구별하여 사용한다.
- 수를 더하고 빼는 경험을 한다.
- 인원수를 고려하여 필요한 공간의 크기를 탐색한다.
- 화폐 단위를 이해하고 큰 수를 다룬다.
- 길이, 넓이, 부피, 온도 등 측정 가능한 다양한 속성을 탐색한다.
- 타이머를 이용하여 시간을 측정한다.
- 놀이 과정에서 발생한 문제를 수학적으로 사고하여 해결한다.

1. 목욕탕을 만들어요

유아들이 목욕탕 놀이를 하기 위해 벽돌 블록을 이용하여 목욕탕을 만들고 있다.

승진: 우리 큰 목욕탕 만들자.

준수: (반대편 교구장을 가리키며) 그럼, 저기 끝까지 쌓아야 해.

석현: 어디까지?

준수: 저기 교구장 있는 데까지.

소미: 여기 10명도 넘게 들어갈 것 같은데?

석현: 10명?

지은: 10명은 못 들어가. 한… 7명?

승진: 지금 우리가 들어가 보자.

지은: 나도 들어갈래.

(모두 목욕탕 안으로 들어간다.)

준수: 우리가 하나, 둘, 셋, 넷, 다섯! 5명이다!

지은: 10명 들어오려면 더 크게 만들어야 해.

교사의 놀이 지원

- 10명이 들어갈 수 있는 목욕탕의 크기를 직접 측정해 볼 수 있도록 돕고, 유아들이 원하는 놀이를 할 수 있도록 충분한 공간을 확보해 준다.
- 유아들이 목욕탕뿐만 아니라 샤워실, 탈의실 등 목욕탕 놀이를 위한 공간을 직접 가늠해 보고 구성할 수 있도록 지원한다.

2. 불가마를 만들어요

유아들이 찜질방 놀이에 필요한 소품인 불가마 장작을 점토로 만들고 있다.

수희: 내가 너가 만든 것보다 **짧은 모양**이야. 하나야, 나랑 비교해 볼래?

(서로 만든 장작 나무 길이를 대어 본다.)

하나: 내가 짧아.

(수희, 하나 서로 마주 보고 웃는다.)

수희: 선생님, 저는 지금 길이를 재고 있는 중이에요.

교사: 그렇구나.

수희: 네. (자신이 만든 장작을 하나 들고) 2그램 같은데?

교사: 무게가 2그램일 것 같니?

교사의 놀이 지원

- 무게는 킬로그램, 그램 등, 길이는 센티미터, 미터 등 수학적 개념과 어휘를 적절하게 연결 지어 사용할 수 있도록 돕는다.
- 유아들이 만든 장작을 길이가 긴/짧은 순서대로 놓아 보거나, 저울을 이용하여 무게를 측정해 보는 놀이를 안내할 수 있다.

3. 찜질방 속 매점 놀이

찜질방 놀이 영역 중 매점에서 음식을 사고파는 놀이를 하고 있다.

서진: 식혜 하나 주세요. (천 원을 건넨다.)

지선: 그러면 (거스름돈이) 900원이네. (계산대에 남아 있는 동전을 세며) 하나, 둘, 셋... 일곱. 일곱개 밖에 없어요! 두 개가 모자라!

서진: 두 개가 모자라면 1,000원 한 개 주면 되잖아.

지선: 아니야. 그러면 안 맞아.

서진: 거스름돈 주세요.

지선: (계산에 있는 돈을 계속 응시하면서 고민한다.)

교사: 지선아, 선생님이 오백 원짜리 동전을 줄 수 있는데 오백 원짜리로 계산할 수 있니?

지선: (웃으며) 네!

교사의 놀이 지원

- 사례처럼 물건값을 계산할 수 있는 유아가 많을 경우, 100원, 500원, 1,000원 등 다양한 크기의 놀이 화폐를 제공해 준다. 단, 덧셈과 뺄셈을 어려워한다면 음식의 값을 통일하고 100원짜리 놀이 화폐 혹은 색깔 종이를 마련해 준다.
- 찜질방 매점에서 팔고 싶은 메뉴를 조사하거나 그래프 만들기 활동으로 확장할 수 있다.

4. 즐거운 목욕 놀이

유아들이 찜질방 놀이를 하고 있다. 지선이와 수정이는 손님 역할을 맡아 1,000원씩 지불하고 주인 역할을 맡은 승진이로부터 라커 열쇠와 수건을 받는다.

지선: 너 몇 번이야? 난 2번!

수정: 난 3번!

지선: 너 내 옆이야. 난 2번 바구니에 양말 넣어야 해.

(서진이와 수희가 목욕탕에 들어가서 놀이하고 있다.)

서진: 여기는 온탕이야.

수희: 맞아. 나 언제 진짜 뜨거운 물에 들어간 적 있는데……

서진: 너, 뒤돌아 봐. 내가 등 밀어 줄게.

수희: 그다음에 바꿔서 내가 너 해 줄게! 히히히.

(서로의 등을 번갈아 밀어 준다. 지선이와 수정이는 불가마가 있는 곳으로 간다.)

지선: 우리 여기 들어가자. 여기 진짜 뜨거워! 100도야. 100도!

수정: 앗! 뜨거워! 크크크~

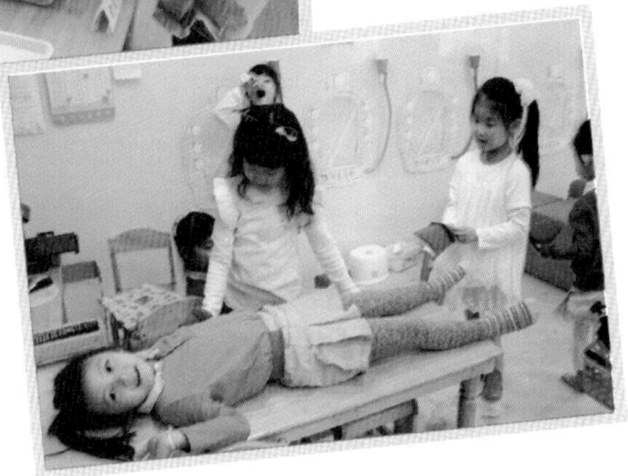

교사의 놀이 지원

- 온탕, 냉탕, 사우나에 각 공간의 온도를 표시해 주어 유아들이 수치를 비교하며 온도의 차이를 구별할 수 있도록 돕는다.
- 찜질방 놀이를 통해 이름수(열쇠와 바구니에 적힌 수), 기수(온도 수치, 화폐 등) 등 다양한 수의 기능을 경험할 수 있도록 격려한다.

5. 주인은 심심해요

찜질방 놀이를 하면서 주인은 하는 역할이 많지 않아 손님을 하고 싶은데, 손님 역할을 맡은 유아들이 역할을 바꾸어 주지 않는 것에 대해 지열이가 불만을 이야기하고 있다.

교사: 손님 역할을 할 수 없어서 지열이가 속상했구나.

우민: 선생님, 근데요. (목욕탕) 거기 안에 들어가 보니까 한 자리가 조금 남아요.

수정: 네, 한 명 더 들어와도 돼요.

지열: 아니면 손님한 친구들이 빨리 나가면 되잖아요.

서언: 네, 시간을 정해서 번갈아 놀면 될 것 같아요.

(중략)

교사: 그럼, 한 번에 얼마 동안 놀이하기로 하면 좋을까?

규현: 6분?

승진: 10분이나 5분?

유아들: 10분! 10분이요!

승진: 근데요. 시간을 누가 알려 줘요?

교사: 누가 알려 주면 좋을까?

우민: 나 시계 볼 줄 알아. 긴 바늘이 두 칸 지나가면 10분이에요.

교사: 그런데 놀이하면서 시간을 자주 확인할 수 있을까?

지선: 타… 이… 머?

진영: 아니야, 모래시계!

유아들: 타이머! 타이머!

규현: 10분이라고 맞춰 놓고!

교사의 놀이 지원

- 놀이 시간인 10분을 확인할 수 있는 모래시계 혹은 타이머를 준비해 준다.

- 시간의 길이를 가늠해 볼 수 있도록 10분 동안 놀이해 본 후, 놀이 시간이 부족했는지 혹은 충분했는지 평가하는 시간을 가져 본다.
- 손님 역할을 원하는 유아들이 놀이할 수 있도록 놀이 공간을 넓혀 줄 수 있다.

놀이 확장을 위한 제안

- 시트지, 색종이 등을 이용하여 여러 가지 패턴을 이용하여 목욕탕 타일을 꾸며 본다.
- 유아들이 직접 찜질방 이름을 정해 보는 활동을 통해 자료를 수집하고 그래프로 정리해 보는 경험을 제공할 수 있다.
- '주인은 심심해요' 활동과 같이 놀이 과정에서 발생하는 문제를 유아들이 직접 토의하며 해결해 가고, 이 과정에서 수학적으로 사고할 수 있도록 안내한다.

참고문헌

교육과학기술부(2012). 5세 누리과정 교사용 지도서. 서울: 교육과학기술부.

교육부(2015). 2015 개정 수학과 교육과정. https://www.moe.go.kr/boardCnts/view.do?boardID=141&lev=0&statusYN=W&s=moe&m=0404&opType=N&boardSeq=60303에서 2020년 6월 11일 인출.

교육부, 보건복지부(2019). 2019 개정 누리과정 해설서. 세종: 리드릭.

권유선, 최혜진(2010). 그림책을 활용한 수학적 의사소통하기 및 표상 활동이 유아의 수학능력과 창의성에 미치는 영향. 열린유아교육연구, 15(1), 63-84.

김경미(2011). 유아 · 교사 그리고 교수가 행복한 유아수학교육. 서울: 창지사.

김명화, 김세루(2016). 바깥놀이를 통한 수학활동이 유아의 수학적 능력 및 친사회적 행동에 미치는 영향. 어린이문학교육연구, 17(3), 273-291.

김미경, 정경미(2013). 유아수학 활동 및 프로그램이 수학적 소양에 미치는 효과에 대한 메타분석. 유아교육학논집, 17(2), 71-89.

김민정(2017). 일상물중심의 수학활동이 유아와 예비교사에게 미치는 효과. 유아교육학논집, 21(1), 609-631.

김보연(2005). 버들 유치원 만 5세 유아가 역할놀이영역에서 경험하는 수학활동에 관한 문화기술적 연구. 이화여자대학교 대학원 석사학위논문.

김상윤(2004). 유아의 공간 개념 발달을 위한 칠교 놀이의 효과. 아동연구, 13, 877-114.

김소향(2004). 수학게임을 통한 유아의 수학적 지식, 수학적 과정 기술, 수학적 태도에 대한 평가도구 개발 연구. 덕성여자대학교 대학원 박사학위논문.

김숙자, 김현정(2005). 유아수놀이교육. 서울: 문음사.

김영선(2000). 교실의 물리적 환경 구성이 유아의 분류 능력 발달에 미치는 영향. 한국영유아보육학, 23, 1-19.

김영선(2005). Piaget의 수 개념과제 수행에 있어서의 유아의 언어적 표현 능력과 수학적 사고 능력 간의 관계. 한국영유아보육학, 17, 331-353.

김진수(2011). STEAM 교육을 위한 큐빅 모형. 한국기술교육학회지, 11(2), 124-139.

김혜린 역(1999). 앵무새 열 마리[*Cockatoos*]. Q. Blake 저. 서울: 시공주니어. (원저는 1994년에 출판).

김혜진(2003). 유아과학교육에 대한 유치원 교사의 개념도 분석. 이화여자대학교 대학원 석사학위논문.

김혜환(2003). 한 조각 두 조각 세 조각. 서울: 초방책방.

박경옥(2003). 수학적 문제해결력 및 추론 능력과 관련된 정의적 요소와 그 차이에 관한 분석. 청주교육대학교 교육대학원 석사학위논문.

박은혜(1996). 반성적 사고와 유아 교사교육. 유아교육연구, 16(1), 175-192.

박은혜, 신은수, 조형숙(2012). 세계 유아교육과정 동향에 비추어 본 국가수준 교육과정 개정방향: 영국, 뉴질랜드, 미국의 유아교육과정 비교를 기반으로. 유아교육학논집, 16(5), 487-514.

박재규 역(1987). 삐아제 이론에 따른 유아의 수 지도[*Number in preschool and kindergarten: educational implications of Piaget's theory*]. C. Kamii 저. 서울: 창지사. (원저는 1982년에 출판).

백경미, 최보가(2004). 자유선택 놀이 시간에 나타나는 유아의 수학 활동 유형과 맥락. 한국영유아보육학, 37, 25-45.

변재현, 김민경(2004). 교사의 단계적 발문이 학습자의 수학적 사고에 미치는 효과. 교과교육학연구, 8(2), 199-217.

보건복지부(2020). 제4차 어린이집 표준보육과정. http://www.mohw.go.kr/react/jb/sjb0406vw.jsp?PAR_MENU_ID=03&MENU_ID=030406&CONT_SEQ=354045에서 2020년 8월 19일 인출.

브루너(1996). 브루너의 교육의 과정. 서울: 배영사.

서동미, 염지숙(2006). 유치원 삶 속에서 유아들이 겪는 수학 경험에 대한 질적 연구. 열린유아교육연구, 11(1), 237-266.

서소영 역(2014). 숫자로 보는 놀라운 동물의 세계[*Lifetime: the amazing numbers in animal lives*]. L. M. Schaefer & C. S. Neal 저. 서울: 키즈엠. (원저는 2013년에 출판).

서현아, 배지미(2004). 유치원 교사의 유아수학교육에 대한 인식. 미래유아교육학회지, 11(1), 115-146.

송지선(2015). 일상적 경험과 연계한 수학활동이 유아의 수학능력 및 수학적 태도에 미치는 영향. 중앙대학교 교육대학원 석사학위논문.

신은수(1995). 3, 4, 5세 유아의 비형식적 더하기와 빼기의 수학능력 및 인지적 전략의 발달에 관한 연구. 유아교육연구, 15(1), 101-122.

신인선, 장영일, 권점례(2002) 수학교육논문집, 14, 177-195.

신준식, 최창우, 김상룡, 류성림, 최재호, 박문환, 김진호, 이종학, 손교용 역(2013). 수학 수업에 숨어 있는 코끼리: 수학다운 수학 가르치고 배우기[*What's math got to do with it?*]. J. Boaler 저. 서울: 경문사. (원저는 2008년에 출판).

신현기, 이병혁, 이태수 역(2012). 아동의 수학 발달: 연구와 실제의 적용. [*Children's mathematical development: Research and practical applications*]. D. C. Geary 저. (원저는 1994년에 출판).

신희영(1991). 유아의 분류 개념형성과 인지양식과의 관계연구. 교육논총, 16, 145-180.

유연주(1999). 사회적 구성주의 수학교육론 연구. 서울대학교 대학원 석사학위논문.

유지연(2002). 수학, 음악 통합 활동이 유아의 패턴 이해 능력에 미치는 영향. 덕성여자대학교 교육대학원 석사학위논문.

유현주(1997). 수학적 사고의 교수 방법으로서의 수학화. 한국초등수학교육학회지, 1, 123-140.

윤소영(2001). 유아의 수세기 능력에 따른 수 표상에 관한 연구. 덕성여자대학교 대학원 석사학위논문.

이경민(2001). 상호작용적 교수법에 의한 과학교육이 유아의 과학적 개념, 탐구 능력, 태도에 미치는 효과. 유아교육연구, 21(4), 261-284.

이경민, 서동미, 엄은나(2009). 유치원 교사들이 인식한 '좋은 수업'의 의미. 한국교원교육연구, 26(1), 109-144.

이경우, 이은화, 곽향림, 홍혜경, 김순환(1998). 문학중심의 수학교육프로그램. 교과교육학연구, 2(2), 5-20.

이금구, 이정욱(2010). 유치원 수학 활동에 나타난 교사의 교수전략 고찰. 유아교육연구, 30(5), 291-309.

이기숙, 장영희, 정미라, 홍용희(2002). 가정에서의 유아 조기 · 특기교육 현황 및 부모의 인식. 유아교육연구, 22(3), 153-171.

이선애, 김종석, 이채호(2009). 유아와 바깥놀이: 이론과 실제. 서울: 창지사.

이영석, 이정화(2000). 영역별 포트폴리오 평가 방법의 적용 원리와 실제. 서울: 교육과학사.

이은영(2010). 역할 놀이를 활용한 유아수학교육프로그램 구성 및 적용효과. 중앙대학교 대학원 박사학위논문.

이은영(2013). 사고력 중심 유아수학교육을 위한 교사교육프로그램 모형 개발. 열린유아교육연구, 18(6), 65-93.

이은영, 우민정(2010). 예비 유아교사의 수학에 대한 태도 및 수학 교수효능감에 관한 연구. 유아교육연구, 30(4), 213-229.

이정욱, 유연화(2006). 유아수학교육. 경기: 정민사.

이정욱, 유연화(2008). 유아수학교육. 경기: 정민사.

이지현(1999). 유아 수교육내용 및 방법에 대한 문화 심리학적 고찰. 유아교육연구, 19(1), 111-131.

이혜경(2007). 유아의 포괄적 공간 능력 증진 프로그램 구성 및 적용. 중앙대학교 대학원 박사학위논문.

이혜경(2012). 유치원교사들의 수학교수 경험 돌아보기. 유아교육학논집, 16(1), 375-399.

이혜경(2013). 영아교사의 수학 활동 지도 경험. 유아교육학논집, 18(1), 273-295.

임재택(1997). 영유아교육과정. 서울:양서원.

장명덕(2006). 초등 예비 과학교사들의 과학 수업지도안 작성 전략 분석. 초등과학교육, 25(2), 191-205.

정명숙, 황해익(2008). 수학 활동과 통합된 요리 활동이 예비 유아 교사의 수학에 대한 태도와 지식에 미치는 영향. 유아교육학논집, 12(3), 47-67.

정은경(2002). 유아기 예술교육의 재이해를 위한 고찰. 미래유아교육학회지, 9(3), 129-148.

조국현 역(2008). 99센티미터 한스[*Der 99-Zentimeter-Peter*]. Annette Huber & M. Olten 저. 경기: 토마토하우스. (원저는 2006년에 출판).

조희연(2011). 한국과 프랑스 부모: 유아 간 놀이 속에 나타난 수 표기법 비교. 유아교육학논집, 15(3), 277-298.

차현화, 홍혜경(2005). 유아의 대수적 사고 능력 발달에 대한 분석. 유아교육연구, 25(5), 31-54.

최상수(1985). 한국 민속 놀이 연구. 서울: 성문각.

최수란(2016). 어린이집 쌓기 놀이 영역에서 이루어지는 만 5세 유아의 수학적 경험. 중앙대학교 교육대학원 석사학위논문.

최은설(2016). 바깥 놀이를 통한 유아수학교육 프로그램 개발 및 적용. 경북대학교 대학원 박사학위논문.

최재천(2012). 환경의 세기와 통섭형 인재. 한국환경교육학회 학술대회 자료집, 7, 1-17.

최지현 역(2013). 까만 토끼[*The black rabbit*]. P. Leathers 저. 서울: 알에이치코리아.

태진미(2011). 창의적 융합인재양성. 왜 예술교육에 주목하는가?. 영재교육연구, 21(4), 1011-1032.

한국교육개발원(1998). 유아학습준비도검사. 서울: 동아출판사.

한유미(2009). 유아수학교육. 서울: 창지사.

한정민, 박만구(2010). 수학적 창의성 관점에서 본 교사의 발문 분석. 한국초등수학교육학회지, 14(3), 865-884.

한종화(2003). 탐구중심 유아수학교육프로그램의 구성 및 적용 효과. 중앙대학교 대학원 박사학위논문.

한종화(2006). 유아교사의 수학 교수 효능감 증진을 위한 현직교사교육의 효과: 교육대학원 수업을 중심으로. 유아교육학논집, 10(3), 285-309.

한종화(2007). 학부모의 유아수학교육에 대한 인식과 가정수학교육현황. 유아교육학논집, 11(4), 29-54.

홍혜경(1990). 한국유아의 수단어 획득에 관한 연구. 아동학회지, 11(2), 5-23.

홍혜경(1999). 유아의 수 표상능력 발달에 대한 분석과 교육적 활용. 유아교육연구, 19(2), 95-118.

홍혜경(2004). 유아수학능력발달과 교육. 경기: 양서원.

홍혜경(2009). 더하기와 빼기 문제 유형에 따른 유아의 연산 능력과 문제해결 전략의 차이. 유아교육연구, 13(6), 103-123.

홍혜경(2010). 영유아수학교육의 방향과 과제에 대한 고찰. 유아교육학논집, 14(4), 29-51.

홍혜경, 이정욱, 정정희(2006). 유아수학능력검사도구개발. 유아교육연구, 26(5), 377-400.

황윤세(2010). 유치원 평가지표의 교육과정 영역 기준에 따른 교육계획안 평가 분석. 미래유아교육학회지, 17(3), 297-317.

황의명, 조형숙, 서동미(2009). 유아수학교육. 경기: 정민사.

황해익(2008). 유아의 수학학습 능력에 대한 역동적 평가도구 개발. 교육평가연구, 21(1), 201-226.

황해익, 최혜진(2007). 유아그림수학능력검사. 경기: 양서원.

황혜정, 나귀수, 최승현, 박경미, 임재훈, 서동엽(2007). 수학교육학신론. 서울: 문음사.

Ann, A. (1997). Families and mathematics: A study of parent-child interaction. *Journal of Research in Mathematics Education, 28*(4), 484-511.

Balfanz, R., Ginsburg, H.P., & Greenes. C.(2003). *Big math for little kids*. NY: Dale Seymour Publications.

Bandura, A. (1973). *Aggression: A social learning analysis*. Englewood Cliffs, NJ: Prentice Hall.

Baroody, A. J. (1987). *Children's mathematical thinking*. New York & London: Teachers college & Columbia University Press.

Baroody, A. J. (2000). Does mathematics instruction for three-to five-year-olds really make sense?. *Young Children, 55*, 61-67.

Basile, C. G. (1999). Collecting data outdoors: Making connections to the real world. *Teaching Children Mathematics, 6*(1), 8.

Bergen, D. (1998). *Readings from play as a learning medium*. Olney, MD: Association for Childhood Education International.

Berger, A., Tzur, G., & Posner, M. I. (2006). Infant brains detect arithmatic errors. *Proceedings of the National Academy of Sciences, 103*, 12649-12653.

Boaler, J. (2008). Promoting relational equity and high mathematics achievement through an innovative mixed ability approach. *British Educational Research Journal, 34*(2), 167-194.

Bodrova, E., & Leong, D. J. (1996). *The Vygotskian approach to early childhood*. Ohio: Merrill. Prentice Hall.

Boonen, A. J. H., Kolkman, M. E., & Kroesbergen, E. H. (2011). The relation between teachers' math talk and the acquisition of number sense within kindergarten classrooms. *Journal of School Psychology, 49*(3), 281-299.

Borasi, R., & Siegel, M. (2000). *Reading counts: Expanding the role of reading in mathematics classroom*. New York: Teachers College Press.

Brannon, E. M., & Jordan, K. E. (2006). The multisensory representation of number in infancy. *Proceedings of the National Academy of Sciences, 103*(9), 3486-3489.

Bruner, J. S. (1960) *The process of education*. Cambridge, MA: Harvard University Press.

Carpenter, T. P., & Moser, J. M. (1984). The acquisition of addition and subtraction concepts in grades one through three. *Journal for Research in Mathematics Education, 15*, 179-202.

Chard, D. J., Baker, S. K., Clarke, B., Jungjohann, K., Davis, K., & Smolkowski, K. (2008). Preventing early mathematics difficulties: The feasibility of a rigorous kindergarten mathematics curriculum. *Learning Disability Quarterly, 31*, 11-20.

Charlesworth, R., & Lind, K. K. (2007). *Math and science for young children* (5th ed.). Clifton Park, NY: Delmar Learning.

Chomsky, N. (2006). *Language and mind* (3rd ed.). Cambridge, MA: Cambridge University Press.

Clements, D. H. (1984). Training effects on the development and generalization of Piagetian logical operations and knowledge of number. *Journal of Educational Phychology, 76*(5), 766-776.

Clements, D. H. (2003). Math: A civil right. *Early Childhood Today, 17*(4), 4.

Clements, D. H., & Sarama, J. (2000). Young children's ideas about geometric shapes. *Teaching Children Mathematics, 6*(8), 482-488.

Copple, C. (2004). *Mathematics curriculum in the early childhood context*. Mahwah, NJ: Lawrence Erlbaum.

De Corte, E., & Verschaffel, L. (1987). Using retelling data to study young children's word problem solving. In J. Sloboda & D. Rogers (Eds.), *Cognitive processes in mathematics* (pp. 42-59). Oxford: Oxford University Press.

Del Grande, J. J. (1987). Spatial perception and primary geometry. In M. M. Lindquist & A. P. Shulte (Eds.), *Learning and teaching geometry, K-12, 1987 Year book* (pp. 126-135). Reston, VA: Natinal Council of Teachers of Mathematics.

Devlin, K. J. (2002). *The millennium problems: The seven greatest unsolved mathematical puzzles of our time*. New York: BasicBooks.

Donlan, C. (2007). Mathematical development in children with specific language impairments. In D. B. Berch & M. M. M. Mazzocco (Eds.), *Why is math so hard for some children? The nature and origins of mathematical learning difficulties and disabilities* (pp. 151-172). Baltimore, MD: Brookes.

Eliason, C. F., & Jenkins, L. T. (1990). *A practical guide to early childhood curriculum*

(4th ed.). Columbus, OH: Merrill Publishing Company.

Forston, L. R., & Reiff, J. C. (1995). *Early childhood curriculum: Open structure for integrative learning*. Needham Heights, MA: Allyn & Bacon.

Fromberg, D. P. (2002). *Play and meaning in early childhood education*. Boston, MA: Allyn & Bacon.

Fuson, K. C., & Kwon, Y.,(1992). Korean children's understanding of multi-digit addition and subtraction. *Child Development, 63*, 491-506.

Garner, B. P., & Bergen, D. (2006). Play development from birth to age four. In D. P. Fromberg & D. Bergen (Eds.), *Play from birth to twelve: Contexts, perspectives, and meanings* (2nd ed.). New York: Routledge.

Geary, D. C. (1994) *Children's mathematical development: Research and practical applications*. Washington, DC: American Psychological Association.

Geist, E. (2001). Children are born mathematicians: Promoting the construction of early mathematical concepts in children under five. *Young Children, 56*(4), 12-19.

Geist, E. (2003). Teaching and learning about math-infant and toddlers exploring mathematics. *Young Children, 58*(1), 4.

Gelman, R., & Gallistel, C. R. (1978). *The children's understanding of number*. Cambridge, MA: Harvard University Press.

Gelman. R. (1980). What children know about numbers. *Educational Psychologist, 15*, 54-68.

Ginsburg, H. P., Inoue, N., & Seo, K. H. (1999). Young children doing mathematics: Observing of everyday activities. In J. Copley (Ed.), *Mathematics in the early years*. Washington, DC: NAEYC.

Ginsburg, H. P., Klein, A., & Starkey, P. (1998). The development of children's mathematical thinking: Connecting research with practices. In W. Damon, I. E. Sigel, & K. A. Renninger (Eds.), *Handbook of child psychology, Vol. 4, Child psychology in practices* (5th ed.). New York: Wiley.

Glenn, J. (2000). Before it's too late. A report to the nation from the national commission on mathematics and science teaching for the 21st century. Retrieved March, 20, 2014, from http://www.ed.gov/americacounts/glenn/.

Hannibal, M. A. (1999). Young children's developing understanding of geometric shapes. *Teaching Children Mathematics, 5*(6), 353-57.

Hoffer, A. R. (1977). *Mathematics resource project: Geometry and visualization*. Palo Alto, Calif: Creative Publications.

Jensen, E. (2000). *Brain-based learning*. San Diego, CA: The Brain Store.

Kamii, C., & DeVries, R. (1978). *Physical knowledge in preschool education:*

Implications of Piaget's theory. New York: Teachers College Press.

Katz, L. G. (1984). The professional early childhood teacher. *Young Children, 39*(5), 3-10.

Kennedy, L. M., Tripps, S., & Johnson, A. (2004). *Guiding children's learning of mathematics*. Belmont, CA: Wadsworth/Thomson Learning.

Kilpatrick, J., Safford, J., & Findell, B. (2001). *Adding it up: Helping children learn mathematics*. Washington DC: National Academy Press.

Linn, M. C., & Peterson, A. C. (1985). Emergence and characterization of sex differences in spatial ability: A meta analysis. *Child Development, 56*, 1479-1498.

Lipton, J. S., & Spelke, E. S. (2005). Preschool children's mapping of number: Words to nonsymbolic numerosities. *Child Development, 76*(5), 978-988.

Maclellan, E.(1997). The importance of counting In Ⅰ. Thompsm(Ed.), *Teaching and learning early number.* Buckiughan:Open University.

Moses, R., & Cobb, J. C. (2001). *Radical equations: Math, literacy and civil rights*. Boston, MA: Beacon Press.

Munn, P. (1997). Children's beliefs about counting. In I. Thompson (Ed.), *Teaching and early number* (pp. 9-19). Buckingham: Open University.

National Association for the Education of Young Children, & National Council of Teachers of Mathematics (2002). *Early childhood mathematics: Promoting good beginnings*. Retrieved August, 22, 2009, from http://www.naeyc.org/positionstatements/mathematics.

National Council of Teachers of Mathematics (1989). *Curriculum and evaluation standards for school mathematics*. Reston, VA: National Council of Teachers of Mathematics.

National Council of Teachers of Mathematics (1991a). *1991-1992 Handbook: NCTM goals, leaders, and positions*. Reston, VA: NCTM.

National Council of Teachers of Mathematics (1991b). *Professional standards for teaching mathematics*. Reston, VA: NCTM.

National Council of Teachers of Mathematics (2000). *Principles and standards for school mathematics*. Reston, VA: NCTM.

National Council of Teachers of Mathematics (2008). Position statement: Equity in mathematics education. Retrieved August, 22, 2009, from http://www.nctm.org/about/content/aspx?id=13490.

National Research Council (2001). Adding it up: Helping children learn mathematics. In J. Kilpatrick, J. Swafford, & B. Findell (Eds.), *Mathematics learning study committee, center for education, division of behavioral and social sciences and education*. Washington, DC: National Academy Press.

Newcombe, N. S., & Huttenlocher, J. (2003). *Making space the development of spatial representation and reasoning*. Cambridge, MA: The MIT Press.

Novak, J. D., & Gowin, D. B. (1984). *Learning how to learn*. Cambridge: Cambridge University Press.

Piaget, J., & Inhelder, B. (1967). *The child's conception of space*. New York, NY: Norton.

Radford, L. (2011). The evolution of paradigms and perspectives in research: The case of mathematics education. In J. Vallés, D. Álvarez, & R. Rickenmann (Eds.), *Teacher's activity: Intervention, innovation, research*. Girona: Documenta Universitaria.

Rowland, T. (1995). Between two lines: The language of mathematics. In J. Anghileri (Ed.), *Children's mathematical thinking in the primary years* (pp. 54-73). London: Cassell.

Sfard, A. (2008). *Thinking as communicating: Human development, the growth of discourse, and mathematizing*. Cambridge: Cambridge University Press.

Smith, S. (1997). *Early childhood mathematics*. Needham Heights, MA: Allyn & Bacon.

Sophian, C. (1999). Children's way of knowing: Lessons from cognitive development research. In J. Copley (Ed.), *Mathematics in the early years*. Reston, VA: NCTM.

Sousa, D. A. (2008). *How the brain learns mathematics*. Thousand Oaks, CA: Corwin.

Spodek, O. N., & Saracho, B. (1998). Preschool children's cognitive play: A factor analysis. *International Journal of Early Childhood Education, 3*, 67-76.

Strauss, M, S., & Curtis, L. E. (1981). Infant perception of numeriosity. *Child Development, 52*, 1146-1152.

Tegano, D. W., Sawyers, J. K., & Moran III, J. D. (1989). Problem-finding and solving in play: The teacher's role. *Childhood Education, 66*(2), 92-97.

Trabasso, T. (1975). Representation, memory, and reasoning: How do we make transitive inferences? In A. D. Pick (Eds.), *Minnesota symposia on child psychology, Vol. 9*. Minneapolis, MN: University of Minnesota Press.

Usiskin, Z. (1996). Mathematics as a language. In P. C. Elliott (Ed.), *Communication in mathematics K-12 and beyond*. Reston, VA: NCTM.

Van Oers, B. (2010). Emergent mathematical thinking in the context of play. *Educational Studies in Mathematics, 74*(1), 23-37.

Wynn, K. (1990). Children's understanding of counting. *Cognition, 36*, 155-193.

Wynn, K. (1992). Addition and subtraction by human infants. *Nature, 358*, 749-750.

찾아보기

인명

내용

저자소개

이경민(Lee Kyungmin)
중앙대학교 대학원 유아교육학과(문학박사)
현 경인교육대학교 유아교육과 교수

〈주요 저서 및 논문〉
『건전한 진로 인식과 자아형성을 위한 유아진로교육』(공저, 양성원, 2017)
『유아교사를 위한 교직실무』(2판, 공저, 학지사, 2018)
『유아교육개론』(공저, 파워북, 2019).
「협동적 수학활동을 통한 바깥놀이가 유아의 수학개념과 친사회적 행동에 미치는 영향」(2016) 외 다수

이혜경(Lee Hyekyung)
중앙대학교 대학원 유아교육학과(문학박사)
현 오산대학교 유아교육과 교수

〈주요 저서 및 논문〉
『영유아교수학습방법론』(공저, 공동체, 2019)
「유치원 교사들의 수학교수 경험 돌아보기」(2012)
「영아 교사의 수학탐색 활동 지도 경험」(2014)
「예비유아교사의 수업경험에 대한 반성적 사고과정」(2019) 외 다수

이은영(Lee Eunyoung)
중앙대학교 대학원 유아교육학과(문학박사)
현 경인교육대학교 유아교육과 교수

〈주요 논문〉
『유아교육개론』(공저, 파워북, 2019)
「스토리텔링을 활용한 미술 · 수학 통합활동이 유아의 수학적 능력과 미술성향에 미치는 영향」(2017)
「유아 미술감상교육을 위한 교수매체로서 구글 아트 앤 컬쳐의 교육적 가치 및 과제」(2019)
「디자인 사고 적용 대학원 강좌 운영이 유아교원의 창의적 문제해결력에 미치는 영향」(2020) 외 다수

영유아수학교육(2판)

Mathematics Education for Young Children (2nd ed.)

2015년 9월 5일 1판 1쇄 발행
2017년 9월 25일 1판 2쇄 발행
2020년 8월 30일 2판 1쇄 발행

지은이 • 이경민 · 이혜경 · 이은영
펴낸이 • 김진환
펴낸곳 • (주) 학지사
04031 서울특별시 마포구 양화로 15길 20 마인드월드빌딩
대표전화 • 02)330-5114 팩스 • 02)324-2345
등록번호 • 제313-2006-000265호

홈페이지 • http://www.hakjisa.co.kr
페이스북 • https://www.facebook.com/hakjisa

ISBN 978-89-997-2168-7 93370

정가 20,000원

이 도서의 국립중앙도서관 출판시도서목록(CIP)은 서지정보유통지원시스템 홈페이지(http://seoji.nl.go.kr)와 국가자료공동목록시스템(http://www.nl.go.kr/kolisnet)에서 이용하실 수 있습니다.
(CIP 제어번호: CIP2020033877)